세상물정의
사회학

세상물정의 사회학
세속을 산다는 것에 대하여

2013년 12월 30일 1판 1쇄
2022년 11월 30일 1판 13쇄

지은이	노명우
편집	조건형·진승우
디자인	백창훈·권지연
제작	박흥기
마케팅	이병규·양현범·이장열
홍보	조민희·강효원
출력	블루엔
인쇄	천일문화사
제책	정문바인텍
펴낸이	강맑실
펴낸곳	(주)사계절출판사
등록	제406-2003-034호
주소	10881 경기도 파주시 회동길 252
전화	031)955-8588, 8558
전송	마케팅부 031)955-8595 편집부 031)955-8596
홈페이지	www.sakyejul.net
전자우편	skj@sakyejul.com
블로그	blog.naver.com/skjmail
페이스북	facebook.com/sakyejul
트위터	twitter.com/sakyejul
인스타그램	instagram.com/sakyejul

ⓒ 노명우, 2013

값은 뒤표지에 적혀 있습니다. 잘못 만든 책은 구입하신 서점에서 바꾸어 드립니다.
사계절출판사는 성장의 의미를 생각합니다.
사계절출판사는 독자 여러분의 의견에 늘 귀 기울이고 있습니다.
이 책은 저작권법에 따라 보호받는 저작물이므로 무단전재와 무단복제를 금합니다.

ISBN 978-89-5828-715-5 03330

노명우 지음

세상물정의
사회학

세속을
산다는 것에
대하여

| 머리말 |

　세상에 책은 이미 많다. 아니 너무 많다. 그럼에도 우리들의 평범한 삶을 들여다보고자 또 한 권의 책을 세상에 보탠다. 대중을 모아 놓고 선동하는 목소리를 담아 쓰지 않았다. 각자의 소중한 삶은 선동의 대상이 될 수 없다. 선동이 아니라 세상살이에 대한 성찰로 이끄는 나지막한 권유를 담으려 했다. 이 책은 사회학자가 아카데미의 좁은 틀을 벗어나 세속을 살고 있는 개인의 자격으로 자신의 삶과 마주하고 나누었던 독백의 기록이자, 동시대에 살고 있는 사람들의 세속 풍경에 대한 비평적 방백이기도 하다. 독자가 이 책을 펼쳐 읽기 시작하면, 독백은 대화로 바뀔 것이다. 언제나 그렇듯 독백보다는 대화가 좋다. 대화가 통하는 사람을 친구라 한다.
　상아탑 취급을 받는 대학 울타리의 보호 속에서 학자가 특별하고 예외적인 삶을 살 수 있었던 시대가 있었다. 하지만 1퍼센트에 속하는 특별한 사람과 그에 속하지 못하는 99퍼센트의 평범한 삶으로 갈라지는 양극화라는 광풍으로부터 대학도 안전하지 않다. 대학은 예전에 누리던 특별한 성소聖所의 지위를 박탈당했다. 성소 지위의 박탈은 분명 노스탤지어의 시선으로 보자면 일종의 타락 현상으로 보인다. 이슬만 먹고사는 듯 보였던 대학 안의 학자가 오물을 뒤집어 쓴 것처럼 느껴지기도 한다. 하지만 대학이 더 이상 사회의 특별구역도 아니고 학자가 대학이라는 기업화된 조직에 고용된 임금노동자의 처지에 가까워지면서 얻게 된 가능성도 있다. 이제 학자들은 성소가 아니라 세속에 발을 딛고 서 있는 존재로서 자기를 인식할 수 있게 되었다. 아카데미라는 성소 속에서 보호받던 과거의 학자들은 갖지 못했던 보편적 삶에 대한 감수성은 그래서 중요하다.

사회학은 사회를 구성하고 있는 사람들의 삶을 설명할 수 있는 능력을 지닐 때 존재 이유가 있다. 만약 사회학이 어떤 한 개인의 삶도 설명할 수 없다면, 혹은 그 연구대상이 사회 속에 살고 있는 사람들의 일상적인 삶으로부터 완벽하게 유리되어 있다면, 사회학은 학자라는 전문가 집단의 호사스러운 말잔치가 만들어 낸 신기루에 불과할 것이다. 대학과 학자를 둘러싸고 있던 '특별보호명령'이 해체되었을 때, 호사가들의 허망한 지식 견주기나 사회조사기법의 현란한 테크닉에 의해 살해당할 지경에 처한 사회학이라는 학문은 그 '마지막 비상구'를 사회 속에 살고 있는 구체적인 사람들의 삶을 설명할 수 있는 능력의 회복에서 찾을 수 있다.

본래 학자는 사유의 대리인이다. 직접적으로 사회에 유용한 그 어떤 것도 생산해 내지 않음에도 불구하고, 학자의 존재가 무익하다고 판단되지 않는 이유는 사유의 기능이 학자라는 전문집단에게 위임되어 있기 때문이다. 사유의 대리인으로 쥐임장을 받았기에, 학자의 전문성은 사람들이 이해할 수 없는 희한한 조어를 만들어 내는 능력이 아니라 보편적 삶에 대한 성찰을 대리할 수 있는 능력에 뿌리를 내리고 있어야 한다.

사회학이 전문화의 길을 걷는 동안 잃어버린 세속적 삶으로 이끄는 '아리아드네의 실'을 찾기 위해 사회학자는 연구실을 나왔다. 그리고 사람들의 삶 속으로 걸어 들어갔고, 사람들을 관찰했다. 그 잠입은 짜릿했다. 사회학자가 세상 속에서 사람들이 각자의 방식으로 해석하는 세상에 대한 견해를 엿들을 수 있는 공간은 정말 많았다. 술집에서 사람들은 열변을 토하며 자신의 경험을 통해 깨우친 세상 이치를 서로 주고받았다. 트위터와 페이스북을 도배하고 있는 수다 속에 담긴 사람들의 경험과 통찰력은 사회학자를 즉석 인터뷰어로 만들어 주었다. 버스에서 사람들이 나누는 삶에 대한 근심어린 걱정과 진지한 이야기 속에서 빛나는 통찰에 매료된 사회학자는 혼자 세상과 마주하는 승용차 운전을 포기하고 대중교통 이용을 고집했다. 술집과 카페, 그리고 버스와 지하철에서 엿들을 수 있는 세상 사람들의 대화는 그 어떤 사회학적 텍스트보다 생생하게 날 것 그대로 우리의 세속 풍경을 증언하고 있었다.

세속으로의 잠행을 마치고 다시 연구실로 돌아오면 세속의 풍경을 체계화하는 데 도움을 줄 책을 꺼내 다시 읽기 시작했다. 책을 고른 기준은 학자들만의 첨예한 논쟁도 책을 쓴 학자의 저명도도 아니었다. 책은 어디까지나 우리들의 삶을 구성하고 있는 요소들을 생각할 수 있는지 여부에 따라 선정되었다. 세속 풍경을 담아 책으로 완성하는 동안 '삶의 평범성이 학문적 보편성의 근원'이라는 단순한 사실을 존중하고자 했다. 학문의 보편성이란 자연과학의 법칙처럼 역사적으로 변화하지 않는 초역사적인 법칙을 의미하지 않는다. 학문의 보편성은 그 사람이 교양 독자든 전문학자든 교수든 혹은 학생이든 상관없이 누구나 노출되어 있고 공유할 수밖에 없는 삶의 평범성에 있다. 전문적 식견 구비 여부에서 학자와 학자가 아닌 사람은 분명 다르다. 하지만 태어나서 학교를 다니고 성인이 되어 직장을 얻고 아등바등 살면서 부딪히는 삶의 굴곡과 그 굴곡 속에서 피할 수 없는 희로애락이라는 감정에 주목한다면, 학자와 학자가 아닌 사람 사이의 직업상 다름이 무색해질 정도로 세속의 모습은 놀랄 만큼 비슷하다.

'고독한 사람들의 사회학'이라는 부제를 지녔던 지난 책 『혼자 산다는 것에 대하여』에서 처음으로 시도했던 '자전적 사회학'의 주제 영역은 이 책에서 삶 전체로 확대되었다. 이 책은 한 사회학자의 세상 경험에 대한 자전적 기록이자, 자기도 모르는 채 세속의 사회학자였던 세상 사람들의 경험이 하나로 묶이는 공간이다. 사회학자는 자신의 자전적 경험과 세속으로의 잠행을 통해 채집한, 이미 자신도 모르게 '자전적 사회학자'였던 사람들의 세상 경험을 각각 씨실과 날실로 삼고 사회학 이론의 도움을 받아 '세상물정의 사회학'이라는 태피스트리tapestry를 짜는 제작자이고자 했다.

    이 책을 쓰기에 적당한 공간은 연구실이 아니었다. 대부분의 집필 작업은 연구실보다는 삶의 현장에서 이루어졌다. 어디를 가든 태블릿 피시와 함께했다. 첫 원고는 도쿄 롯폰기힐스 앞의 스타벅스에서 시작되었지만, 방콕 발 깐짜나부리행 기차와 오스트레일리아의 브리즈번에서 골드코스트로 가는 기차에서 쓴 원고도 있다. 어떤 원고는 사람들이 사랑하고 다투기도 하고 심지어 공부까지 하는 일산 웨스턴돔의 프랜차이즈 커피 전문점에서, 또 다른 원고는 물건 파는 잡상인도 등장하고 노약자 배려석을 두고 언쟁도 벌어지는 지하철 3호선 안에서 썼다. 그렇게 쓴 원고는 잠이 부족한 직장인들이 자리에 앉자마자 잠들거나 이어폰을 끼고 서로에게 무관심한 채 음악도 듣고 다운받은 '미드'도 보고 팟캐스트도 듣는 일산과 강남을 오가는 M7412번 버스에서, 강남역에서 아주대학교까지 가는 3007번 버스 속에서 수정되었다. 그렇기에 이 책이 완성되는 동안 술집과 카페와 버스와 지하철에서 지나쳤던 무수히 많은 '여러분'은 이 책의 숨겨진 공저자이기도 하다.

    어느 책이나 그러하듯 이 책이 세상에 나오기 위해 많은 사람의 도움을 받았다. 이 책에 등장하는 수많은 저자와 그들의 책이 없었다면, 자칫 산만해질 수도 있었던 채집된 세속 풍경에 체계를 불어 넣는 일은 불가능했다. 그 책의 어깨 위에 올라 새로운 세상을 볼 수 있었다. 1923년 생 아버지에게 이 책 원고의 일부를 보여드리면 아버지는 마치 어린아이가 동화책을 읽듯 낭독하며 즐겁게 읽으셨다. 이 책이 완성되는 사이 사람을 어린 시절로 이끄는 치매라는 병이 깊어진 아버지는 더 이상 책을 읽을 수 없게 돼 버리셨다. 비록 완성된 이 책을 읽지는 못하시겠지만, 그 누구보다 아버지가 걸어왔던 삶을 생각하며 이 책을 썼다. 그리고 무엇보다 이 책이 현재의 형태를 취하는 데 결정적인 조언과 눈에 보이지 않는 수고를 해 준 사계절출판사의 편집자 조건형 씨와 진승우 씨에게 직접 전하지 못했던 감사의 말을 전하고 싶다. 언제나 나를 응원해 주는 아주대학교 사회학과 대학원생들도 든든한 후원자였다.

대부도에 있는 경기창작센터의 레지던시에 입주해 난생 처음 작은 텃밭에서 허브 농사를 지으며 원고를 마무리했다. 도시에서 싹만 겨우 틔웠던 메모라는 씨앗이 글 농사를 통해 책으로 완성되는 데, 여름 내내 쑥쑥 잘 자라던 허브가 결정적인 기여를 했다. 뜨거운 여름 원고를 마무리하는 동안 바질은 스파게티의 맛을 완성하는 데 도움을 줬고, 민트는 기꺼이 모히또의 재료가 되어 주었다.

이 책은 '프롤로그', '에필로그'와 더불어 각각 독립된 스물다섯 편의 글로 구성되어 있다. 각 부분은 서로 연결되어 있지만, 독자들은 반드시 편집된 순서대로 읽을 필요는 없다. 또한 이 책에서 다루고 있는 저자와 책들에 대한 설명은 끝 부분에 '키워드로 책 읽기'로 별도로 다루었다.

쌀은 누룩을 만나야만 술이 된다 했다. 이 책은 이름난 명주는 아닐지라도 잔치를 위해 정성과 관심으로 빚은 술과 같다. 술을 나누는 자리를 우리는 잔치라 하고 서양에서는 심포지엄이라 한다. 이 책은 우리가 함께 바쁘다는 핑계로 돌아보지 못했던 자신의 삶과 마주하는 잔치로의 초다장인 셈이다.

경기창작센터 레지던시에서

차례

머리말···5

프롤로그 처세술이라는 세상에서 가장 가련한 단어를 위하여···14

1부 세속이라는 리얼리티

상식 | 상식의 배반, 양식의 딜레마···25
명품 | 럭셔리라는 마법의 수수께끼···34
프랜차이즈 | 맥도날드에 대한 명상···42
해외여행 | 선진국이라는 유령···53
열광 | 열광이라는 열병···61
언론 | 여론의 흥망성쇠···71
기억 | 역사라는 이름의 공허한 기억···80
불안 | 위험은 기술을 먹고 자란다···90
종교 | 자본주의가 종교를 만날 때···100

2부 삶의 평범성에 대하여

이웃 | 나 홀로 고스톱···111
성공 | 자기계발서의 장르 규칙···120
명예 | 명예의 기원···129
수치심 | 수치심, 자기통제의 덫···136

취미 | 취미인간 오타쿠를 위한 변명 ··· 145
섹스 | 문제적인, 너무나 문제적인 ··· 155
남자 | 남자다움의 리얼리티 ··· 164
자살 | 그리고, 자살은 계속되고 있다 ··· 172

3부 좋은 삶을 위한 공격과 방어의 기술

노동 | 임금노동의 운명 ··· 185
게으름 | 노동과 게으름에 대한 불편한 진실 ··· 194
인정 | 인정받고 싶은 당신 ··· 204
개인 | 상처받은 개인 ··· 213
가족 | 가족이라는 운명과 화해하는 방법 ··· 223
집 | 고물상 강 씨네 집을 위하여 ··· 231
성숙 | 배운 괴물들의 사회 ··· 239
죽음 | 죽음에 대한 성찰 ··· 247

에필로그 사회로부터 고립당할 위험에 처한 사회학자의 고백 ··· 256
키워드로 책 읽기 ··· 267
주 ··· 304

| 프롤로그 |

처세술이라는 세상에서 가장 가련한 단어를 위하여

> 당신의 이 삶은 또한 그저 세계의 사건 중 한 조각이 아니라,
> 어떤 의미에서는 세계의 사건 전체이다.
> 다만 이 전체는, 한 번의 시선으로 개관할 수 있도록 만들어지지 않았다…
> 각 구성원은 어떤 의미에서는 '짐이 곧 국가다'라고 말할 권리가 있다.[1]
> ─ 슈뢰딩거, 『물리학자의 철학적 세계관』 중에서

세상은 만만하지 않다. 우리는 살면서 자기 뜻이 이뤄지는 순간보다 좌절하는 순간을 더 많이 경험한다. 때로 세상은 마땅치 않다. 도덕 교과서의 주장과는 달리, 선함이 항상 대접을 받지는 않는다. 사악하다고 손가락질을 받고 있는 사람이 높은 지위를 차지하고 돈까지 거머쥐곤 하는 게 세상이다.

시간은 흐른다. 세상에 대해 갖고 있는 불만이 사춘기의 열풍처

럼 한때의 격정일 거라 여겼지만, 세월이 흘러도 못마땅한 세상은 그대로이다. 아니 때로 심지어 더 나빠졌다는 생각까지 들 때도 있다. 어느 날 부모님에게나 있는 줄 알았던 흰 머리카락이 자신에게도 숨겨져 있었음을 처음 발견했을 때, 가슴속에서 유영하듯 떠도는 서늘함이 가져다주는 충격은 꽤나 강하다. 세상은 변한 것이 없는데, 속절없이 흘러만 가는 세월은 절대 유쾌한 정서를 선물하지 않는다. 나이를 헛먹고 있는 게 아닐까 하는 불안이 엄습할 때, 젊음을 잃어 가는데 그에 상응하는 그 무엇이 마음속에 꽉 들어차는 느낌이 도통 생기지 않을 때, 우리는 자신에게 심통을 내기도 하고 누군가 정서적 보복의 대상을 찾아내 그 사람을 욕하고 저주하기도 한다. 안으로 밖으로 심통을 부려도 헛헛함이 사라지지 않으면 돈 몇 푼으로 가능한 소비에 기대려 한다.

소비는 도취의 혼을 갖고 있다. 소비는 개혹적이다. 한 편의 잘 만들어진 상업영화를 소비할 때 우리는 잠시나마 세상의 근심에서 벗어날 수 있다. 맛있는 음식은 미각세포를 즉각적으로 흥분시키고, 마음에 드는 옷 한 벌은 피부의 세포들을 자극해 황홀경으로 이끈다. 하지만 소비는 풍요豊饒를 약속하는 듯해도, 또 다른 소비로 이어지는 채워지지 않는 밑 빠진 독과도 같다. 채워지지 않기 때문에 욕망이라 한다. 욕망은 채울 수 있다는 기대로 도장된 유혹이다. 욕망은 채워지지 않기 때문에, 혹은 채워질 것 같은 그 순간 또 다른 욕망으로 치환되기 때문에, 욕망에 저당 잡힌 인생의 행로는 끝이 없다. 욕망의 악순환에서 벗어날 수 있는 탈출구는 소비주의에도 세속적 성공에도 없다.

　소비주의에 의해 잠식당한 영혼이 때로 럭셔리나 트렌디함이라고 혼동하고 있는, 그래서 본래의 뜻을 잃어버린 풍요라는 단어의 뜻에 대해 생각해 본다. 풍요는 좋은 삶을 누리는 사람에게만 허락된 행복이다. 풍요로운 곳은 비싼 옷과 희귀한 음식이 넘쳐흐르는 곳이 아니라, 좋은 삶이 펼쳐지는 터전이다. 이전에 비해 비싼 옷을 입고 예전에는 꿈도 꾸지 못했던 기름진 음식을 매끼 먹고 있지만, 풍요로운 삶과 거리가 멀다고 느껴진다면, 어느새 우리가 좋은 삶에서 멀어진 채 하루하루를 살고 있다는 뜻일 것이다.

―

좋은 삶은 특별한 삶이 아니다. 좋은 삶이 특별한 삶으로 귀착된다면, 좋은 삶에 대한 그리움은 평범한 사람에게는 언감생심이 아니겠는가? 특별한 삶은 제로섬게임의 승자에게만 보장된다. 성공하지 못한 사람에게 특별한 삶은 오르지 못할 나무에 불과하다. 특별한 삶과 달리 좋은 삶은 제로섬게임의 관계가 아니라 화수분貨水盆처럼 나누어도 줄어들지 않는 호혜의 관계를 통해 얻을 수 있다. 아니, 그래야만 좋은 삶이라는 궁극의 뜻에 가까워진다.

　좋은 삶이 화수분의 관계를 통해 얻어질 때, 특별한 삶이 아닌 평범한 삶을 살아가는 사람도 좋은 삶을 감히 꿈꿀 수 있다. 누구나 좋은 삶을 사는 풍요로운 사회에서는 성공했기에 특별해진 사람에게만 화려한 삶이 보장되지 않는다. 풍요로운 사회는 세속적 성공 여부와 상관없이 행복을 꿈꾸는 사람에게 좋은 삶에 도달할 수 있는 길을 제시하는 곳이다.

좋은 삶은 선물 받을 수도 없다. 좋은 삶은 삶의 주인의 오랜 습관으로만 도달할 수 있는 경지이다. 좋은 삶은 착한 삶과 동일하지 않다. 착하지만 지혜롭지 못한, 우리가 흔히 말하는 '착한 바보'는 타인을 공격하지 않고 모독하지 않는 소박한 방어의 삶을 사는 것이지 좋은 삶을 살고 있다고 말할 수 없다. 좋은 삶은 삶을 살아가는 사람의 선한 의지만으로 이루어질 수 없다. 우리가 살고 있는 사회는 그렇게 만만하지 않다. 현실은 선한 의지만을 가진 사람을 겉으로는 칭찬하지만, 그 사람에게 좋은 삶을 보장해 주지는 않는다. 그런 사람의 현실적 삶은 좋은 삶이라기보다, 빈한한 삶에 가깝다.

착한 의지는 제로이지만 술수에 능한 사람 또한 좋은 삶과는 거리가 멀다. 권모술수에 능한 사람은 부유한 삶을 살 수 있어도, 좋은 삶에는 도달하지 못한다. 좋은 삶은 단지 선한 의지로만 구성되어 있는 빈한한 삶고도, 지혜와 결합하지 못한 영악함만으로 구성되어 있는 화려한 삶과도 다르다. 좋은 삶은 한편으론 영리하되 영악하지 않은 지혜로움을 구하고, 다른 한편으론 선함이 지나쳐 주어진 모든 것들을 긍정으로 받아들이는 무비판적 태도와 거리를 둘 때 가능하다.

좋은 삶을 살기 위해서 교활해서는 안 되지만 영리할 필요는 있다. 영리하기 위해서는 세상을 파악할 수 있는 능력이 있어야 한다. 세상이 돌아가는 이치를 알아야만 우리는 좋은 삶을 지키기 위한 방어술을, 그리고 좋은 삶을 훼방 놓는 악한 의지의 사람을 제압할 수 있는 공격술을 모두 터득할 수 있다. 좋은 삶은 그래서 공격과 방어의 기술을 요구한다. 좋은 삶은 공격과 방어의 기술을 능숙히 사용해서 세상과 교류할 수 있는 방법을 터득한 사람들이 얻을 수 있다.

―

세상과 교류하는 방법을 처세라 한다. 처세만큼 타락하여 슬프게 들리는 단어도 없다. 어느 사이 우리는 처세라는 단어를 들으면, 지문이 닳도록 아부하는 손동작과 아첨하는 입을 연상하게 되었다. 처세의 기술, 즉 처세술은 인정사정없이 타인을 제압하여 성공을 독점하는 능력과 목적 달성을 위해 수단과 방법을 가리지 않고 온갖 술책을 생각해낼 수 있는 잔머리를 뜻하는 단어로 타락해 버렸다. 처세술이 권모술수의 기법이라는 뜻으로 뒤바뀐 시대에 살고 있다는 건, 그만큼 우리 모두가 좋은 삶에서 멀어진 곳에 살고 있음을 의미한다.

    타락하여 세상에서 가장 가련한 처지로 전락한 처세술이라는 단어에게 새 생명을 불어넣어야 한다. 그리하여 처세술을 익힐수록 좋은 삶에서 멀어지는 게 아니라, 세상에 대처하는 방법인 처세술을 익힘으로써 좋은 삶에 모두가 한 발 더 다가설 수 있도록 해야 한다. 성공의 비법으로 타락한 처세술을 습득하기 위해서는 자기계발서를 읽어야 하겠지만, 좋은 삶을 향해 가는 비법이라는 의미의 복원된 처세술을 위해서는 자기계발서 대신 세상물정의 이치와 냉정하게 마주하는 시간이 필요하다.

누구나 태어나서 단 한번만 삶을 살 기회를 얻는다. 한번뿐인 삶은 연습을 위한 시간을 허락하지 않는다는 것을 우리는 너무나 잘 알고 있다. 각자의 삶에 대해 우리는 모두 더할 나위 없이 절실하다. 각자는 이 우주 속에서 자신의 삶에 대한 생각에 가장 진지하게 몰입하는 주체이다. 고통·회의·기쁨·사랑·의심·기대·분노·질투 등등으로 버무려진 삶이라는 맥락에 우리는 모두 각자의 방식으로 절실하게 반응한다. 각자는 자신의 삶에 대해 가장 절실하게 다가서지만, 절실함이 반드시 항상 좋은 삶을 가능하게 하는 공격과 방어의 기술로 이끌지는 않는다. 때로 그 절실함은 자신을 제대로 바라보지 못하도록 만드는 일종의 눈에 씐 콩깍지이기도 하다. 그 콩깍지는 엉뚱한 길로 개인을 데려가기도 한다.

누구나 자신의 삶의 경험에 근거해 세상에 대한 해석을 내린다. 그 해석은 매우 구체적이고, 구체적인 사례를 통해 내리는 세상에 대한 해석은 구구절절하다. 하지만 술자리에서 끊임없이 반복되는 직장 상사의 과장된 옛날이야기, 세상을 오래 살았기에 그 누구보다 삶의 경험이 풍부하지만 그 풍부한 삶의 경험에 대한 자기 확신이 지나친 나머지 "내가 해봐서 아는데"로 시작되는 경험주의의 오류에 빠져 버린 노인들의 경로당 수다에 진절머리를 내본 사람이라면 그 절실함의 한계를 분명하게 깨닫는다.

절실함이 지나치면 때로는 기억 자체가 왜곡된다. 자신의 애틋함에만 포획되어 세상의 이치를 파악하는 사람은 자신의 삶에서 기억하고 싶은 요소만 기억하고, 기억하고 싶지 않은 요소들은 걸러 낸다. 이 왜곡을 통해 파악된 세상 이치는 그 당사자 이외의 사람들로부터는 공감을 획득하지 못한다. 이와 달리 각자의 절실함이 공통감각共通感覺 sensus communis 속에서 서로 만나기 위해 우리는 자칫 왜곡되기 쉬운 기억이 아니라 세속의 리얼리티와 마주하는 다소 고통스러운 순간이 필요하다.

좋은 삶을 기대하는 유토피아적 희망은 삶의 무시무시한 리얼리티와 마주할 수 있는 용기를 먹고 자란다. 듣기 좋은 말은 때로는 거짓이다. 몸에 좋은 약은 불가피하게 쓴 맛을 지닐 수도 있다. 아름답게만 보이는 세상도 사실은 환영일 수 있다. 세상은 분명 아름답지만 언제나 세상이 아름답지는 않다. 세상은 아름다운 만큼이나 추하고, 사람들은 선한 만큼이나 악하다. 꽃보다 아름다운 사람도 있지만, 짐승만도 못한 인간도 있는 법이다. 이러한 세속의 양면성을 드러내는 삶의 리얼리티는 모든 것이 아름답다고 착각하게 만드는 판타스마고리아phantasmagoria라는 환등상幻燈像의 등불을 끄게 만드는 힘의 근원이다. 거창하게 말하면 유토피아적 희망, 소박하게 말하자면 좋은 삶에 대한 기대는 약간은 가슴 쓰라린 세상의 리얼리티에 대한 인식으로부터 출발해야 한다. 공통감각을 상실한 애절한 신세타령이 아니라 삶의 보편성에 의한 공명을 지향하는 사회학은 이럴 때 쓸모 있는 학문이다.

사회학은 삶에 대한 근거 없는 희망이나 '하면 된다'와 같은 사실상 거짓말에 가까운 헛된 기대가 아니라 철저하게 삶의 리얼리티에 뿌리를 두고 있는 학문이다. 자신의 처지를 공통감각과 연결시키지 못하는 한, 자신의 삶에 대한 절실하고 치열한 생각은 팔자타령을 크게 벗어나지 못한다. 팔자타령에서 벗어나기 위해 우리는 삶에 대한 개인의 생생한 느낌과 때로는 냉정한 사회학이 균형을 이루는 시도에 '세상물정의 사회학'이라는 이름을 부여한다. '세상물정의 사회학'은 사회학과 삶의 느낌의 조우이지만 그 둘은 만났을 때 힐링이라는 값싼 동정과도 신세한탄이라는 투덜거림과도 좋은 삶에 대한 기대를 포기한 시니컬한 태도와도 다르다. 비판이란 본래 투덜대지 않으면서도 세상에게 불만을 말할 수 있는 능력이다. 이러한 비판 고유의 능력은 세속이라는 리얼리티와의 용감한 대면에서부터 시작된다. 우리에겐 용기가 필요하다.

1부

세속이라는 리얼리티

| 상식 |

상식의 배반, 양식의 딜레마

안토니오 그람시, 『옥중수고』와 『감옥에서 보낸 편지』
신영복, 『감옥으로부터의 사색』

"전 상식적인 사람입니다." "상식이 존중받는 사회가 되어야 합니다!" 누구나 한번은 해봤을 '상식'적인 주장이자 희망이다. 부동산 투기 혐의에 대해 기억이 나지 않는다는 변명이나 늘어놓던 함량 미달의 후보자가 청문회를 통과하여 장관이 되고, 공약 따위는 언제든지 뒤집을 준비가 되어 있는 정치인들의 무책임함을 목격할 때, 우리는 마음속으로 외친다. "대체 상식은 어디 있냐고?" 만약 상식적인 사람들만 모여 사는 사회가 있다고 하자. 과연 그 사회는 유토피아일까?

'부자 되기'는 IMF 관리체제 이후 상식과도 같은 목표이다. 부자 되기는 소박하고 상식적인 희망이다. 하지만 소박하고 악의 없는 상식적 희망도 악마적 결론을 낳을 수 있다. 한 사회에 살고 있는 모든 사람들이 부자가 되겠다는 목표를 추구한다고 생각해 보자. 개인은 소박한 꿈을 따를 뿐이지만, 부자 되기가 유일한 상식이 되는 순간 몰상식이 시작된다. 모든 사람이 부자가 되겠다고 부동산 투기에 나서고, 이과생들이 기초과학을 멀리하고 돈벌이가 된다는 이유로 모두 의사만 되려 하고, 모든 의사 지망생이 성형외과 전문의를 선택하는 상황은 상식에서 분명 벗어나 있다. 하지만 이러한 몰상식한 상황 속에 있는 사람들 각각이 상식에서 벗어나는 것은 아니다. 사람들은 각자 상식적인 판단을 한다. 단지 각자의 상식적인 판단이 모였을 때, 무시무시한 몰상식이 생겨나는 것이다.

상식과 상식이 서로 견제할 때는 몰상식이 생겨나지 않는다. 하나의 상식만이 존재하는 사회가 비상식적인 사건을 낳을 뿐이다. 부자 되기가 다른 상식을 모두 먹어 치우고 유일한 상식으로 등극하면, 상식은 괴물이 된다. 부자 되기라는 상식은 부동산 거품이 바람직하지는 않지만 내가 사둔 아파트의 가격은 하락해서는 안 된다는 자폐적 사유가 자라는 온상이 된다. 지배적인 상식의 괴물에게 바쳐질 제물이 될 위험에 처하고 나서야, 순진한 믿음과는 달리 모든 상식이 정의가 아니었음을 우리는 깨닫는다. 모든 상식이 올바르지 않다는 생각, 어떤 상식은 독이 될 수도 있다는 판단이 들 때 안토니오 그람시를 만나면 적절하다.

그람시는 감옥이라는 척박한 환경 속에서 후에 『옥중수고』라는 이름으로 출판된 방대한 메모를 남겼다. 완성된 원고가 아니라 감옥에서 남긴 일종의 메모 모음집이기에 『옥중수고』는 읽기 쉬운 책이 아니다. 메모와 메모 사이에 끊겨진 맥락을 독자가 자신의 힘으로 상상해 가며 읽어야 하기 때문이다. 읽기에는 결코 쉽지 않지만, 『옥중수고』 전체를 관통하는 그람시의 질문은 분명하고도 선명하다. 『옥중수고』에서 그람시는 상식의 역설에 대해 성찰한다.

많은 사람들이 당연하다고 여기는 상식은 힘이 세다. 상식은 분명 양적 다수에 근거한 보편성이기 때문이다. 상식을 잘 이용하는 사람은 다수의 지지를 확보하기 쉽다. 자신의 생각을 시대의 상식으로 만들 수 있는 사람은 세상을 장악할 수 있다. 만약 자신이 만든 생각을 세상의 보편적 상식으로 만들 수 있는 설득력을 확보하고 있지 못하다면, 시중에 떠도는 상식을 이용해 자기가 원하는 대로 세상을 조정하는 방법도 생각해 볼 수 있다. 우둔한 사람은 힘으로 지배하지만, 교묘한 사람은 상식을 이용해 사람들을 자기가 원하는 대로 움직인다.

정치인만큼 상식의 이런 특성을 잘 간파하고 있는 사람들도 없다. 일방적으로 부자 편을 드는 정당 소속의 의원이 '민생'이라는 단어를 사용하기 시작하면, 민생이라는 표현은 계급적 불평등을 집어삼키는 마법을 부른다. 정책 중심의 정당정치가 실현되어야 한다고 정치평론가들이 한결같이 주장해도, 정치인들은 정책보다 상식을 이용하는 편이 양적 다수를 자신의 편으로 만드는 데 유리함을 동물적인 감각으로 알고 있다. 정당의 정책을 담은 정치 구호는 선거철에만 사람들의 판단에 영향을 주지만, 상식은 1년 365일 일상의 모든 영역을 결정한다. 상식은 정당의 정치 노선보다 강력하고, 학자들의 이론보다 방대한 영향력을 개인에게 행사한다. 평범한 사람들은 상식의 명령대로 살아간다.

지배적인 상식은 우리가 일상생활에서 자주 사용하는 관용적 표현과 행동 속에 숨어 있다. '불우이웃'이나 '수재민'을 사회복지 제도가 아니라 시민의 성금으로 도와야 한다는 건 우리 시대의 상식이다. 성금함 앞에 줄 서 있는 사람들에게 수재의연금을 내는 이유를 묻는 방송 인터뷰에 단골로 등장하는 관용적 표현인 "국민의 한 사람"에도 상식이 숨 쉬고 있다. 기름 유출 사고를 낸 기업에게 책임을 묻기 전에 기름띠 제거에 나선 선량한 시민의 행동 뒤에도 상식이 있다. 불미스러운 일로 기자회견을 해야 하는 연예인은 "공인의 한 사람으로서"라는 표현을 쓰며 사과한다. 물론 사회과학적으로 공인이라는 표현은 적당하지 않다. 하지만 사회과학적으로 그 개념이 올바르게 사용되고 있는지 여부에 대한 판단보다, 사람들이 관습적으로 어떤 단어를 사용하는지, 그리고 어떤 단어와 어떤 단어가 결합하는지가 더 중요하다. 상식은 언어의 관습 속에 숨어 있기 때문이다.

상식이 발휘하는 힘은 대단하다. 상식은 엄밀한 사회과학적 분석보다 힘이 세다. 봉건적 냄새를 풍기는 '서민'은 보다 정확한 표현인 '빈민', '저소득층'이라는 단어보다 더 많이 사용된다. '서민'이라는 단어는 사람들의 상식을 자극한다. 그래서 정치인들은 빈민 정책보다는 "서민의 살림살이"를 언급하고, 새벽시장의 '서민'에게 목도리를 둘러 주고 눈물지으며 상식을 자극한 효과가 지지율 상승으로 나타나기를 기대한다.

상식이 바람직함을 갖추면 양식良識이 된다. 하지만 상식은 양식보다 힘이 세다. 권력자들은 상식에 대한 대중들의 믿음을 이용해 정치를 하기에 상식적인 말을 늘 언급하지만, 상식에만 머물 뿐 상식으로부터 양식으로까지 나아가지 않는다. 양식은 상식 앞에서 무력하다. 상식을 이용하는 세력과 상식을 교정하려는 세력이 싸움을 벌일 때, 보통 상식을 이용하는 편이 승리한다. 상식을 자극하는 "경제를 살리겠다"는 슬로건을 내세운 보수정당은 '서민'의 표를 얻고, 경제 정의를 외치는 진보정당은 빈민층의 전폭적인 지지를 받지 못한다.

상식을 이용하는 베스트셀러는 승승장구하고, 양식을 설파하는 추천도서는 서가 구석에 처박힌다. 추천도서는 양식일 수 있지만 사람들이 잘 읽지 않기에 영향력이 없다면, 베스트셀러는 양식은 아니어도 사람들을 장악한다. 세계적 저널에 논문을 실은 학자는 대학 외부에서 실어증에 빠지고, 대중도 그 사람 앞에선 귀머거리인 체하지만, 상식의 편을 들어 준다고 생각하는 '시골의사' 앞에선 보청기라도 낄 태세를 보인다.

상식에는 없는 올바름을 갖추고도, 양식은 상식과의 경쟁에서 대체 왜 늘 지고 마는 것일까? 이유는 상식과 양식의 말투 차이에 있다. 상식은 상냥하고 어루만져 주는 어투를 사용하지만, 양식은 공식적이고 엄격하고 훈계하는 말투를 사용한다. 상식이 나를 무조건 이해해 주는 연인 행세를 한다면, 양식은 냉정한 심사위원과도 같다.

자식의 잘못을 지적하는 듯한 부모의 말투를 사용하는 학자와는 달리 광고는 야단치지 않고 속삭인다. 훈계의 말투로만 말하는 학자는 상식을 교정하지 못한다. 학자가 양식에 근거해 대중의 상식을 교정하려 할수록, 사람들은 모범적인 인간이 아니라 상식적인 인간이 등장하는 텔레비전 드라마의 영향력 속으로 빨려 든다. 지배적인 상식이 양식을 집어삼킨 사회는 그람시를 감옥에 가두었다. 감옥 속에서 그람시는 양식을 선택한 진보주의가 실패한 원인을 집요하게 파고든다.

진보주의가 가르치는 말투를 유지하는 한, 상식을 이용하되 상식의 잘못된 점은 문제 삼지 않는 대중문화와의 싸움에서 패배할 수밖에 없다. 상업주의와 보수주의자들이 대중의 상식을 기막히게 이용하는 능력을 갖추었다면, 지식인과 진보주의는 상식을 대체할 양식을 훈계의 어투로 늘어놓는 능력만을 갖고 있을 뿐이다. 말투의 차이로 인한 설득력 때문에 올바른 내용일수록 대중에게 영향력을 미치지 못하는 지독한 역설이 벌어진다.

감옥에 갇힌 그람시는 지식인의 한계에 대해 생각한다. "대중적인 요소는 '느낌'인 반면 항상 앎이나 이해는 아니다. 이에 반해 지식인적 요소는 '앎'이지만, 항상 이해는 아니며, 특히 느낌은 더더욱 아니다. …… 지식인의 오류는 이해나 심지어 느낌 및 열정 없이도 알 수 있다고 믿는 데 있다. …… 즉 민중의 기본적 열정을 느끼고 이해함이 없이도 지식인일 수 있다고 믿는 데 있다."[1] 대중의 느낌을 장악하지 못하는 한 진보주의는 올바른 길을 제시하고도 대중을 얻지 못한다.

대중의 상식과는 유리된 지식인들은 양식이라는 선한 앎이 냉철한 이성과 분석에 의해 만들어진다고 여긴다. 그래서 양식을 전달하는 필독서의 어투는 냉정하고 분석적이며 중립적이지만 정서적이지는 않다. 필독 리스트에 올라 있는 대부분의 책들은 훈련받은 전문적인 학자나 읽을 수 있는 어투를 구사한다. 앎은 지식과 이해와 느낌의 결합체이다. 이해되지 않는 지식, 느낌을 전달하지 못하는 어투로 말하는 지식은 지식 그 자체에 머무를 수밖에 없다.

양식을 말하는 진보주의와 지식인이 이런 태도를 유지하는 한 정당한 말을 하는 사람은 오히려 외면받는다. "우익은 거짓을 말하고 있지만 인간에게 말하고 있고, 좌파는 진실을 말하고 있지만 사물"에게 말하고 있다는 가끔 인용되는 말을 빌려 오자면, 그람시는 좌파이지만 인간에게 말을 거는 방법을 고민하는 사상가이다. "참된 철학적 운동이란 몇몇 지한된 지식인 집단 사이의 특수한 문화를 창조하는 데 그치는가, 아니면 '상식'보다 우월하며 과학적 정합성을 갖는 사상 형식을 만들어 나는 과정에서조차도 결코 '순진한' 대중과의 연관성을 잃지 않고 또 바로 그 속에서 실로 자신이 참구하고 해결해야 할 과제의 원천을 발견하는 것인가 하는 문제이다. 이와 같은 연관성을 잃지 않을 때에야 비로소 철학은 '역사적'으로 되며, 한 개인의 지적 호기심을 넘어서는 '삶'이 되는 것이다."[2]

거짓말은 올바른 말보다 달콤하다. 거짓말은 유혹적이다. 올바른 말의 말투가 바뀌지 않는 한, 감각을 자극하는 거짓말의 현혹에서 사람들은 벗어나지 못한다. 『옥중수고』는 지식인의 전형적인 말투에서 벗어나지 못했다. 새로운 말투는 그람시가 감옥에서 세상 밖으로 보낸 편지에 담겨 있다. 단테나 캄파넬라가 보여준 옥중문학에서만 발견되는 아름다움처럼, 감옥에서 상식의 역설에서 벗어날 수 있는 방법을 궁리하며 세상으로 보낸 메시지는 통찰력과 친근함의 힘을 모두 담고 있다. 『감옥에서 보낸 편지』 속의 그람시는 사물이 아니라 사랑하는 사람에게 말을 거는 지식인이다. 사랑하는 아내와 친척들에게 말을 걸면서 그람시는 새로운 말투를 배웠다. 그람시는 감옥에서 크로체의 영향력의 기원이 그의 말투임을 깨닫는다. "흥미로운 하나의 문제는 크로체의 작업이 왜 그렇게 성공적이었는가입니다. 철학자의 일생에서 그런 일은 학계 밖에서는 보통 생기지 않습니다. 크로체가 성공한 이유들 가운데 하나는 크로체의 문체입니다. …… 더욱이 크로체의 사상이 언제나 육중하고 이해되기 어려운 체계로 나타나는 것은 아니라는 점을 명심해야 합니다. 언제나 그의 가장 뛰어난 자질은 세계에 대한 자신의 생각을 일련의 짧고 비현학적인 저술들로 전파하는 능력에 있었고, 일반 대중은 그의 글을 '양식'이자 '상식'으로 쉽게 받아들입니다."[3]

감옥 속에서 지식인들은 치밀해진다. 그리고 집요해진다. 하지만 그 치밀함과 집요함은 깃털처럼 가벼운 자세와 만난다. 집요함이 필요 없는 무게를 던져 버린 자세와 만나면 어떤 지식인의 글에서도 찾아볼 수 없는 문장, 상식의 잘못을 지적하고 양식을 일깨우되 그 말투에서 잘난 척의 흔적은 완벽하게 사라진 너무나도 아름다운 문장이 만들어진다. 신영복의 『감옥으로부터의 사색』이 그러하듯이, 그람시의 『감옥에서 보낸 편지』를 통해 우리는 세상에 대해 말을 거는 다른 방법을 배울 수 있다.

이상한 상식이 지배하고 있는 사회를 목이 쉬도록 저주하다가 집으로 돌아갈 때, 가슴속에서 솟아나는 알 수 없는 공허함은 양식을 전달하는 새로운 말투를 익힐 때 해소된다. 그람시의 『옥중수고』에서 상식의 허구와 양식의 공허함을 배웠다면, 그 공허함이 냉소주의로 변하지 않는 방법은 『감옥에서 보낸 편지』 속에 있다. 이제는 『감옥에서 보낸 편지』를 펼칠 때이다.

| 명품 |

럭셔리라는 마법의 수수께끼

소스타인 베블런, 『유한계급론』
나카무라 우사기, 『나는 명품이 좋다』

출퇴근길 인파로 꽉 찬 지하철에는 품위나 우아함 따위는 들어설 틈이 없다. 비라도 내리는 날의 출근길이라면 생지옥이 따로 없다. 서로 부딪히고 아우성치는 지하철 속 사람들의 머릿속에는, 로또만 당첨된다면 매일 되풀이되는 이 악몽을 끝내고 싶다는 생각으로 가득 차 있을 것이다.

저기 사람들 속에 갓난아이라도 되는 양 구찌 가방을 온몸으로 끌어안고 다른 승객으로부터 보호하려고 안간힘을 쓰고 있는 한 여자가 있다. 이해는 된다. 그 가방의 가격은 웬만한 월급쟁이의 한 달 치 월급이 넘을 테니. 지난밤의 삼겹살과 소주 냄새를 여전히 풍기는 저 남자의 넥타이는 에르메스다. 저 여자의 구찌 가방만큼이나 지하철과는 어울리지 않는다. 저 물건을 살 수 있는 경제적 능력이 있는 사람이 왜 이 지옥 같은 지하철을 탔단 말인가? 그 사람들은 서민의 삶을 살피러 나온 잠행하는 왕족이라도 될까?

이 아이러니를 설명할 수 있는 방법은 두 가지이다. 아마 그 사람들은 과다 지출을 감수하며 '명품'을 샀을 것이다. 혹은 그 가방과 넥타이가 이른바 '쫀퉁'이라면 아이러니는 더 쉽게 이해된다. 하지만 그 가방이 진품인지 짝퉁인지는 오히려 사소한 차이이다. 진품과 짝퉁을 휘감는 공통점은 '럭셔리 열풍'이다. 진품과 짝퉁은 '럭셔리 열풍'에 휘감겨 있는 사람들의 경제력에 따른 차이에 불과하다. 어느 누군가의 말처럼 "럭셔리라 써 놓고 명품이라 읽는" 우리 시대의 주술에 부자든 중산층이든, 직장인이든 대학생이든 모두 사로잡혀 있다. 이 마법은 우리 시대의 커다란 수수께끼이다.

소비는 매우 실용적 행위이다. 하지만 쇼핑의 희로애락을 알고 있는 사람이라면 쇼핑이 단순한 경제적 행위 이상이라는 점에 동의할 것이다. 소비는 매우 능동적인 행동인 듯 보여도 그 물건을 사도록 만드는 힘은 우리의 외부에 있다. 남 따라 쇼핑 가기, 계획에도 없는 소비하기, 있어 보이려고 물건 사기 등등이 반복되는 일상을 서양 언어 번역 문투를 흉내 내서 표현하면 이렇다. 우리는 소비하는 것이 아니라 소비하도록 만들어진다. 소비주의consumerism라는 다소 어색한 단어는 이 현상을 표현하기 위해 만들어졌다.

소비주의가 빚어내는 풍경을 이해하기 위해선 아주 끈질긴 사유의 관습과 거리를 두어야 한다. 우리는 사치품 소비는 여성의 몫이라는 편견을 갖고 있다. 베스트셀러이자 영화로까지 만들어진 칙릿 소설 『쇼퍼홀릭』에서 신용카드 빚더미에 시달리면서도 쇼핑 중독을 포기하지 못하는 주인공 레베카는 여성이다. 쇼핑 중독을 고백하는 자전적 에세이 『나는 명품이 좋다』로 꽤 짭짤한 인세를 챙겨, 그 돈으로 다시 긴자의 부티크숍을 순례하는 삶을 되풀이하고 있는 나카무라 우사기도 여성이다. 사람들은 책을 덮으며 확신한다. 역시 동서양을 막론하고 사치를 일삼는 '된장녀'가 문제라고.

하지만 우리 시대의 '럭셔리 열풍'은 여성적 현상만은 아니다. 미국이 디즈니랜드라는 사실을 감추기 위해 디즈니랜드가 있다는 유명한 말처럼, 된장녀는 반지하에 살면서도 골프라는 럭셔리한 취미를 즐기는 남자, 손수 자동차를 몰지만 에쿠스만을 고집하는 남자, 21년산 위스키를 맥주와 섞어 구정물 맛이 나는 폭탄주로 만들어 삼키는 남자를 숨기고 있을 뿐이다. 사치에 관한 한 양성평등은 법률적 양성평등보다 더 빨리 이뤄졌다. 된장녀를 희생양으로 내세울 경우, 우리는 오히려 남자 여자를 막론하고 보편적으로 퍼져 있는 '럭셔리 열풍'이라는 마법의 실체를 보지 못하게 된다. 누구나 빠져 있는 마법을 파헤치기 위해 베블런의 『유한계급론』을 펼친다.

노르웨이 출신 이민자의 아들로 태어난 베블런은 미국 자본주의의 승자인 '유한계급'에게 비판의 칼날을 겨누는 『유한계급론』을 남겼다. 미국 자본주의의 승자인 '유한계급'의 삶은 청교도적 근검절약과는 거리가 멀다. 베블런은 유한계급이 다른 사람과 자신을 구별하기 위해 벌이는 과도한 사치 행각을 '과시적 소비'라 불렀다. "공동체의 일상적인 삶과 남자들의 사고관습을 지배하던 약탈 활동이 생산

활동에 차츰차츰 자리를 내주게 되면서, 축적된 금전이 약탈이라는 명예로운 활동의 전리품을 대신하여 우월함과 성공을 대표하는 인습적인 지표의 자리를 차지하게 된다. 그에 따라 정작 산업이 성장하면서 금전의 소유는 명성과 존경을 부르는 관습적 근거로서 상대적인 중요성과 효력을 획득하게 된다."[4]

중세 귀족들의 과시적 소비는 궁정 안의 '그들만의 리그'였지만, 자본주의와 과시적 소비가 만나면 그 효과는 '유한계급'의 범위를 벗어난다. '과시적 소비'가 '유한계급'의 범위를 넘어서는 현상을 분석하는 『유한계급론』은 1899년의 책이지만, 이 책이 분석한 효과는 바로 지금의 현상이다. 과시적 소비가 문화적 관습법 같은 영향력을 발휘하면서 모든 사회저층이 과시적 소비의 영향권으로 편입된다. "문명화된 현대 사회에서 사회계급을 구분하는 경계선은 점차 모호해지고 가변적인 것이 되어 가지만, 이러한 변화가 발생하는 모든 곳에서 상류계급이 강요하는 명성의 규준은 그에 대한 약간의 저항을 제외하면 사회구조의 최하층까지 그 강압적인 영향력을 거침없이 확장한다. 그 결과 각 계급의 구성원들은 자신들보다 한 단계 높은 계급에서 유행하는 생활양식을 자신들이 추구해야 할 이상적인 생활양식으로 인정하고 그러한 이상을 추구하는 데 자신들의 에너지를 쏟아붓는다."[5]

유한계급의 과시적 소비와 물이 높은 곳에서 낮은 곳으로 흐르는 이른바 낙수효과trickle-down가 만날 때, 끊임없는 유행의 사이클이 만들어지고, 유행이 흐르는 모세혈관과도 같은 세밀한 길을 통해 과시적 소비는 저 낮은 곳에 있는 계층에까지 영향을 준다. 그래서 개인적으로 청담동 며느리를 알지 못하는 사람도 '청담동 며느리 룩'이라는 유행 현상에 휘말리는 것이다.

하지만 아무리 따라잡고 흉내 내도 부자가 아닌 사람은 과시적 소비를 위한 럭셔리 상품의 유행이 폭포수처럼 아래로 떨어지는 저 높은 곳에 도달할 수 없다. 피라미드의 아래층에 있는 사람들이 흉내 내는 속도보다, 저 높은 곳에서 만들어지는 유행의 스피드가 늘 더 빠르기 때문이다. 부자들만 진짜 위스키를 마시고 다른 사람들은 양주 흉내를 내는 싸구려 기타제재주를 마실 때는 괜찮다. 위스키가 대중화돼 부자들만 맛보던 위스키를 모두가 마시기 시작하자마자 부자들은 12년산 위스키를 찾고, 12년산 위스키를 흉내 내면 21년산이 등장한다. 2층 양옥집에 살던 부자를 따라서 평생 모은 돈으로 양옥집을 지으면 부자는 아파트로 이사하고, 그들을 따라 아파트로 이사하면 부자는 타운하우스로 거처를 옮긴다.

채워지지 않는 흉내 내기가 반복되면, 저 높은 곳에 있는 부자는 부러움의 대상이 된다. 이제 세상의 부자는 질투가 아니라 부러움을 전리품으로 챙기며 자본주의 전쟁에서 승리한 현대의 위인으로 등극한다. 그래서 부자들이 사용하는 럭셔리 브랜드 상품은 '명품'이라 읽힌다. 명품에 중독되어 있는 나카무라 우사기의 고백이다. "수년 전 에르메스라는 브랜드가 내 마음속에서 신비롭게 빛나고 있던 시대였다. 이미 엄청나게 사들였다. 에르메스, 그야말로 에르메스 매장은 아수라장이다. 최초의 목표는 켈리와 버킨 핸드백을 손에 넣는 것이다. 이것은 하나에 40만 엔에서 80만 엔이나 하는데다, 항상 품절 상태라 좀처럼 입수하기 어려운 마치 산꼭대기의 꽃 같은 존재이다."[6] 명품은 자본주의가 승자에게 선물하는 훈장이다. 나카두라 우사기는 '명품'의 본질을 잘 간파하고 있다. "나에게 있어서 자본주의란, '부자라는 영광의 골을 향해 맹렬하게 싸우는 게임'이다. 그리고 명품은 그 게임의 경품이다."[7]

명품이라는 훈장은 내가 성공했음을, 내가 돈이 있음을 전하는 메시지다. 자본주의의 경쟁에서 완전히 밀려난 사람들은 자본주의의 훈장 따위에 아예 관심도 없다. 하지만 한쪽 발은 성공할 수 있으리라는 기대를, 다른 한쪽 발은 욕심을 충족시켜 줄 만한 돈을 갖고 있지 않다는 현실을 딛고 있는 중산층이 가장 가련하다. 중산층은 럭셔리 유행을 따라 하기에는 돈이 너무나 부족하고, 유행과 거리를 두기에는 자본주의의 훈장이 너무도 탐이 난다.

중산층이 이러한 진퇴양난에 빠져 있는 한, 실제 럭셔리 상품의 구매 여부와 상관없이 과시적 소비가 만들어 내는 유행이 우리들의 사유를 지배한다. 이 시대에 부자들은 정치인처럼 권력으로 세상을 지배하지 않는다. 부자들은 영리하게도 평범한 사람들이 자신을 부러워하게 만들고, 이 부러움에 근거해 우리의 뇌를 장악한다. 프랑스 대혁명 때 부르주아와 평민은 봉건귀족의 사치에 대항하기 위해 공동의 전선에 서 있었다. 부르주아와 평민의 공동의 연합전선은 이미 오래전에 붕괴되었다. 이제 부자들은 자신의 몸은 숨긴 채, 중산층에게 패션의 전도사인 연예인이라는 '셀레브리티'를 전면에 내세워 세상을 장악한다. 상류층이 아닌 사람은 사실 상류층이 사는 모습을 자기 눈으로 직접 확인할 길이 없다. 타워팰리스에 상류층이 산다는 사실은 알고 있지만, 실제로 상류층을 만날 가능성은 제로에 가깝다. 연예인 '셀레브리티'는 상류층을 대신해서 상류층의 삶을 전시하는 살아 있는 마네킹과도 같다. 상류층의 '과시적 소비'는 대리인인 연예인을 통해 낮은 곳으로 흐른다. 낮은 곳으로 떨어지는 상류층 트렌드의 폭포 바로 밑에 상류층을 흉내 내고 싶지만 돈은 충분하지 않은 중산층이 있다.

명품계는 돈이 부족한 중산층이 상류층을 따라 하기 위해 고안해 낸 몸부림이다. 아웃렛과 면세점은 중산층의 또 다른 탈출구이다. 그래서 '과시적 소비'가 중산층까지 지배하면 공항 면세점은 발 디딜 틈 없이 붐비고, 교외에 있는 명품 아웃렛은 사람들을 블랙홀처럼 빨아들인다. 승리하지 못했으나 승리가 부러운 사람은 궁색하게 공항 면세점에서 혹은 다소 부끄럽게 짝퉁에서 해결책을 찾는다. 최소한의 비용으로 상층의 과시적 소비를 따라잡을 수 있는 방법을 궁리하느라 '면세점 100퍼센트 활용법'과 명품 아웃렛 정보 수집에 두뇌 활동의 대부분을 할애하기 시작하면, 민주주의를 지향하던 유권자는 소비자로 변화한다. 유권자일 때 유효하던 1인 1표제라는 민주주의의 놀라운 평등은, 소비자로 변화하자마자 구석에 처박힌다. 유권자는 정의롭지 못한 방식으로 축적된 부를 단죄하는 수단을 손에 쥐고 있지만, 소비자로 변화한 우리는 자본주의의 승자와 패자로 분리된다.

유권자가 소비자가 되는 사회에서, 소비주의는 개인의 무거운 선택을 가벼운 선택으로, 정치투표장에서의 고민을 백화점에서의 고민으로, 정치적 권리인 자유를 경쟁하는 브랜드 중 무엇을 고를 것인가의 자유로 바꾸어 놓는다. 그래서 부자들의 라이프스타일에 대한 관심이 커질수록 부자들의 불법 상속에 무관심해지고, 쇼핑몰에 습관적으로 북적대는 사람들이 늘어날수록 투표율은 낮아지고, 고객상담실에 전화를 걸어 소비자의 권리를 주장하는 사람들이 늘어날수록 공적인 일에 분노하는 사람들은 줄어드는 법이다.

    이번 주말에도 사람들은 자본주의의 훈장을 수집하러 차를 몰고 교통마비를 불러일으킬 정도로 아웃렛으로 몰려간다. 하지만 사람들은 아웃렛에서 아는 사람을 마주치는 순간 멋쩍은 표정을 짓고, 내 훈장이 짝퉁임을 알아보는 눈썰미 있는 사람의 눈초리를 무서워한다. 짝퉁임이 드러나는 날, 자신의 훈장인 '명품'이 자본주의의 승자라는 표시에서 속물이라는 딱지로 전락함을 잘 알고 있기 때문이다.

| 프랜차이즈 |

맥도날드에 대한 명상

조지 리처, 『맥도날드 그리고 맥도날드화』

"고전을 읽으세요." 어느 책을 읽어야 할지 고민하는 사람이 흔히 듣는 권유이다. 고전은 분명 심오한 내용을 담고 있다. 아무 책이나 고전의 반열에 들어서지 못한다. 자신의 책이 고전으로 살아남는다면 그것만큼 영광스러운 일도 없다. 학자들은 자기 저서가 고전에 오르는 순간을 꿈꾼다. 고전 등극을 기대하는 학자는 역사에 기록하는 심정을 담아 자신의 주장을 장엄한 몸짓으로 쏟아 낸다. 책 내용의 전달 가능성은 크게 신경 쓰지 않는다. 일단 거장의 반열에 오르기만 하면, 사람들은 자신의 무식함을 탓하지 읽히지 않는 글을 쓴 거장을 탓하지는 않기 때문이다.

학자의 책은 베스트셀러가 되는 경우가 드물다. 보통 학자들은 읽히는 책보다는 심오하기에 읽기 어려운 불멸의 책을 쓰겠다고 작정한다. 학자들은 읽기 쉬운 책은 깊이가 얕고, 책이 난해하면 심오한 내용의 깊이 때문이라고 생각한다. 사실일지도 모른다. 하지만 너무나 분명하고도 불편한 진실은, 학자들이 거장을 지향하는 스타일을 고집하는 한, 동시대 독자들은 아예 처음부터 베스트셀러가 될 작정으로 이른바 소비자의 '니즈'를 시장조사를 통해 파악하고 거기에 맞춰 기획되고 마케팅에 의해 주물러진 책만을 읽게 된다는 점이다.

악화에 의해 양화가 밀려날 때, 양화는 악화만을 탓한다. 물론 내용은 빈약한데 읽기 쉬운 책만 편식하는 독자들을 비난할 수도 있다. 하지만 비난은 아무것도 바꾸지 못한다. 핏대 세워 비난한다고, 악화가 양화를 구축하는 현실을 바꿀 수는 없다. 화학조미료를 탓하기보다, 천연 재료로 만들었어도 화학조미료를 투하해 미각을 마비시켜 맛있다고 느끼도록 만드는 음식보다 맛있는 음식을 만들어 내는 게 더 중요하다. 그게 의미 있는 스타일 변화다. 새로운 스타일을 시도하기 위해서는 용기가 필요하다. 학자들이 현실을 타개하기 위해 새로운 스타일을 시도하면, 모든 베스트셀러를 마음속 깊이 경멸하는 동료 학자들로부터는 학자의 체면을 구기는 품위 없는 짓이라고 외면받을 가능성이 매우 높기 때문이다. 하지만 용기 있는 사람들은 늘 존재한다.

『맥도날드 그리고 맥도날드화』의 저자 조지 리처는 새로운 스타일을 과감히 시도했다는 점에서 용기 있는 학자이다. 그리고 '심지어' 그 책은 베스트셀러이기도 하다. 리처의 책은 맥도날드 햄버거처럼 환경 파괴나 트랜스 지방 논란을 불러일으키지 않는 유기농 천연 재료로 만든 음식과 같지만, 그 음식은 논란 덩어리 햄버거처럼 맛있다.

막스 베버(1864~1920)의 『경제와 사회』는 심오한 고전이다. 그 속에는 근대 사회를 관통하는 핵심적 원리인 합리화에 대한 베버의 통찰이 가득 담겨 있다. 합리화는 근대의 특징들을 낳은 거대한 전환의 과정이다. 합리화는 인간의 행위를 규정하는 원리가 종교나 주술이 아니라 예측 가능성과 계산 가능성에 의해 지배되는 과정이다. 형식 합리성을 추구하는 개개인들은 주어진 목적을 달성하기 위해 종교나 주술에 기대지 않는다. 형식 합리성을 추구하는 사람들은 예측 가능하고 계산 가능한 목표에 도달하기 위해 적절한 수단을 사용한다. 하지만 개개인의 행위에 영향을 미치는 형식 합리성이 모여 사회라는 그릇에 담기면 의외의 결과가 나타난다. 베버는 형식 합리성이라 불렀던 유형의 합리성이 서구를 지배하게 되면서 나타나는 사회적 병폐에 관심을 가졌다. 사회적 병폐의 상황을 그는 '쇠 감옥'이라는 비유로 경고했다. 『경제와 사회』의 내용은 깊고도 넓지만, 베버의 이론은 전문학자의 울타리를 벗어나면 전달하기 힘들어진다. 학자들에게 베버는 닮고 싶은 모델이지만, 대부분의 사람들은 베버의 이름조차 알고 있지 못하다.

리처는 소수의 학자들만이 아니라 평범한 사람들도 주위에서 일어나고 있는 사회변동을 이해할 수 있는 책을 쓰리라 작정했다. 베버가 살았던 시대와 우리가 살고 있는 시대 사이에는 시대 격차가 너무도 크고, 그 사이에 너무나 많은 일들이 일어났다. 리처는 그 사이에 끼어들어 베버와 우리를 연결시킨다. 이론의 혁신이라는 강박에 사로잡힌 나머지, 이해할 수 없는 신조어를 만들어 내기에 바쁜 프랑스적 이론의 오타쿠들이 벌이는 자폐적 개념 놀이보다는 미국적 실용주의를 닮은 리처의 스타일이 차라리 의미 있다.

형식 합리성이 비합리성을 낳는다는 현대 사회에 던지는 베버의 경고는 리처를 통해 전달 가능해진다. 물론 리처는 베버의 단순 해설 이상이다. 리처가 던지는 햄버거에 대한 명상은 베버의 문제의식을 우리 시대의 문제의식으로 변주시킨다. 베버는 합리화의 이면에서 '쇠 감옥'을 발견했다. 우리가 살고 있는 시대의 '쇠 감옥'은 맥도날드로 대표되는 프랜차이즈 체인망 속에 있다. 맥도날드라는 현대적인 사례가 곁들어지면서, 추상적인 개념들을 중얼거리는 구시대의 지식인 같던 베버도 현대적 감각으로 부활한다. 리처는 맥도날드의 햄버거에 관한 명상을 통해 베버를 현대화했다. 그는 합리성의 '쇠 감옥'에 갇힌 사람들도 햄버거를 입에 물고 '합리화'의 이면을 생각할 수 있도록 안내하는 현대의 베버이다. 현대의 베버인 리처를 성찰로 이끄는 주제는 "패스트푸드점의 원리가 미국 사회를 비롯해서 세계의 더 많은 부문들을 지배하게 되는 과정"[8]을 의미하는 맥도날드화이다.

리처는 햄버거 체인점의 테이블에 앉아 사람들을 구경한다. 참으로 다양한 사람들이 제각각의 이유로 햄버거 레스토랑 안으로 들어온다. 햄버거 체인의 모든 것은 표준화되어 있다. 점포의 인테리어는 어느 지점에서도 표준에서 어긋나지 않게 통일되어 있고, 메뉴도 예측에서 벗어나지 않도록 동일하며, 어느 지점에서 주문하더라도 같은 가격에 같은 품질을 기대할 수 있다. 햄버거 속에는 베버가 합

리화의 핵심이라 지적했던 표준화를 통한 효율성 높이기와 예측 가능성이라는 모든 요소가 오이 피클과 치즈처럼 들어 있다.

낯선 도시에서 도대체 무엇을 먹어야 할지 알 수 없을 때 낯익은 햄버거 프랜차이즈 체인점을 만난다면 심지어 반갑기까지 하다. 게다가 그 여행지가 외국이라면, 그리고 현지 언어에 익숙하지 않다면, 심지어 현지 음식 문화에 대해 아무런 선지식도 없다면 프랜차이즈 식당은 단번에 고민을 해결해 준다. 동일한 햄버거 프랜차이즈 체인점의 햄버거는 누욕에서도 도쿄에서도 서울에서와 같은 맛을 제공한다. "뉴욕의 에그 맥머핀은 실제로 시카고나 로스앤젤레스의 에그 맥머핀과 똑같다. 마찬가지로 다음 주나 내년에 먹을 에그 맥머핀은 오늘 먹은 에그 맥머핀과 같을 것이다. 사람들은 맥도날드라면 의외의 제품을 제공받을 일이 없으리라고 믿기 때문에 편안함을 느낀다."[9] 맥도날드는 불확실성으로 가득한 현대 사회에서 유일하게 확실성을 보장하는 예측 가능한 장소이다.

맥도날드가 사람들에게 제공하는 예측 가능성의 비밀은 표준화에 있다. 햄버거를 만드는 모든 요소들은 미리 계산되어 예측 가능하게 통제된다. 패티를 굽는 시간, 햄버거를 포장하는 방식은 사전에 미리 엄격하게 계산된 방식에 따라 움직인다. 그래서 요리에 재능이 없는 사람도 몇 시간의 교육만 받고 나면 햄버거를 만들 수 있다. 맥도날드화는 모든 것을 표준화한다. 심지어 우리는 맥도날드화된 곳에서 종업원이 손님을 어떻게 접대할 것인지조차 예측할 수 있다. 이 예측 가능성은 종업원들의 외모, 행동, 사고까지도 예측 가능한 것으로 만들려는 맥도날드화의 결과이다. "모든 종업원들은 제복을 입어야 하며, 화장·머리 길이·장신구 등 세부 사항에 대한 지침을 준수해야 한다. 교육 프로그램은 종업원들에게 맥도날드식 태도와 업무처리 방식과 같은 '기업문화'를 주입하도록 짜여 있다. 매뉴얼은 아주 상세해서, '화장실 청소를 얼마나 자주 하고, 감자를 튀기는 기름의 온도는 얼마로 하며 …… 네일 컬러는 무엇이어야 하는지'까지 적고 있다. 끝으로 적절한 행동을 하는 종업원들에게는 인센티브를 제공하고, 이 규칙대로 지키지 못하는 종업원에게는 벌칙을 가하며, 최종적으로는 해고하기도 한다."[10]

맥도날드 현상은 맥도날드에만 국한되지 않는다. 맥도날드화는 "패스트푸드업뿐만 아니라 교육·노동·의료·여행·여가·다이어트·정치·가정 등 사실상 사회의 거의 모든 부분에 영향"[11]을 주고 있다. 표준화와 효율성을 섬기는 합리화라는 현대의 종교는 햄버거만을 신자로 거느릴 수 없다. 합리화 종교는 공격적 선교를 통해 대학과 병원도 신자로 만든다. 가능한 모든 것은 프랜차이즈의 망 속으로 들어와 합리화라는 은혜로운 비를 맞는다. 병원들도 짝짓기를 하며 맥도날드화의 대열에 참여한다. 치과든 피부과든 성형외과든 비뇨기과든 진료 과목은 상관없다. 개인 병원들은 프랜차이즈 연합체를 구성하고, 거대 자본을 지닌 병원은 전국에 체인망을 건설한다. 체인망으로 짝짓기를 하면서 맥도날드화한 성형외과는, 어느 지점에서 쌍꺼풀 수술을 받아도 동일한 수술 효과를 기대할 수 있다고 선전한다.

유통의 선진화를 구실로 내세운 대자본 마트는 전국을 체인망으로 뒤덮고, 골목길의 미세한 틈에까지도 유통의 합리화라는 희소식을 전한다. 어느 체인망이든 표준화된 품질과 예측 가능성을 목표로 내세운다. 동일한 마트라면 서울이든 부산이든 대구든 광주든 지역의 차이는 무색해진다. 동일한 마트는 소비자에게 동일한 서비스를 제공한다. 커피집이라고 예외는 아니다. 맥도날드화된 커피집이 등장하면서 마담이 단골손님과 한담을 나누던 동네 다방은 사라진다. 맥도날드화된 패밀리 레스토랑이 시대의 트렌드로 자리 잡으면서, 단골 밥집이라는 개념은 고어가 되어 사라질 위기에 놓였다. "패스트푸드점의 또 다른 비인간적 측면은 사람들 간의 접촉을 최소화하는 데 있다. 예를 들어, 종업원과 고객의 관계는 기껏해야 스쳐 지나가는 정도에 머문다. 종업원들은 보통 시간제로 근무하고, 그것도 몇 달밖에 일하지 않기 때문에, 단골고객조차 종업원과 개인적인 친분을 쌓을 수 없다. 고객이 식당의 여종업원이나 '동네 밥집'의 주방장을 잘 알고 지내던 시절은 이제 지나갔다. 종업원이 고객을 개인적으로 알고 또 고객이 주문하려는 것이 무엇인지 아는 식당은 이제 거의 없다."[12]

　모든 것이 표준화되지 못하고 '엿장수 담대로'였던 어두운 과거는 이제 안녕이다. 칙칙한 다방 대신 뉴욕과 동일한 분위기를 제공하는 스타벅스에선 뉴요커들이 마시는 것과 동일한 커피를 마실 수 있다. 파리에서 맛보던 빵을 판매하는 빵집에서, 도쿄와 동일한 인테리어 속에서 동일한 맛의 카레라이스를 즐길 수 있는 식당, 로스앤젤레스와 동일한 시설의 헬스클럽에 이르기까지 맥도날드화는 쉬지 않고

도시의 풍경을 바꾸어 놓는다.

맥도날드화는 진보처럼 보인다. 합리화의 비가 내리기 시작하면 낡은 것들은 녹아내린다. 합리화의 비를 맞고 화려한 꽃들이 활짝 피기를 기대했지만, 합리화 그 이후 펼쳐지는 풍경은 모노톤이다. 도시의 장소감은 사라진다. 프랜차이즈 체인이 장악한 도시의 풍경은 서로가 서로를 복제한 듯 비슷해진다. 가맹점 옆 가맹점 또 그 옆의 가맹점이 연속으로 늘어선 풍경에선 삶의 다채로움이 빚어낸 지역 특색이 아니라 자본의 축적과 유동만을 읽어낼 수 있다. 프랜차이즈 체인망은 공간에 축적되어 있는 자본의 모세혈관 밀도를 측정하는 바로미터이다. 모세혈관의 밀도가 높은 곳에선 합리화의 비가 자본의 체인에 의해 포섭당하지 못한 합리화 이전의 요소들을 완벽히 녹이는 데 성공한다. 그래서 지가가 높은 구역에서 구멍가게는 찾아볼 수 없지만, 패밀리 레스토랑 체인과 커피점 체인은 연속으로 들어서 있다.

세련된 국제 수준의 표준화된 간판과 실내 인테리어 그리고 포장지까지 화려해졌지만, 그 속에서 일하는 사람들의 삶은 그다지 합리적이지 않다. 패밀리 레스토랑 체인의 합리화된 외양과는 달리, 그 체인망이 제공하는 일자리는 고작해야 비정규직 아르바이트일 뿐이다. 합리화의 끝에서 만나는 어이없는 비합리성은 합리화된 대학도 피해갈 수 없다. 강의 평가로 강의를 예측 가능한 것으로 만들면, 높은 강의 평가 점수를 받기 위해 강의는 오히려 하향 평준화된다. 대학 경쟁력을 높인다고 영어강의 비중을 대학 평가의 지표로 사용하면, 대학들은 앞다투어 영어강의 비율을 확대한다. 하지만 영어가 모국어인 사람이 아무도 없는 강의실을 채우고 있는 것은 학문 탐구라는 진지한 목적이 아니라 영어로 강의를 한다는, 영어로 강의를 듣는다는 만족감뿐이다.

누구나 합리적인 선택을 한다. 퇴직금이 전 재산인 전직 회사원은 자녀의 학비와 생계유지 게다가 노후 보장이라는 세 마리 토끼를 잡아야 하는 상황에서 프랜차이즈의 문을 두드린다. 동원할 수 있는 자본의 규모에 따라 든 놓고 돈 먹기에 가까울 정도로 수익이 보장되는 프랜차이즈부터, 남편은 튀기고 부인은 서빙하는 닭집에 이르기까지 프랜차이즈는 다양하다. 어떤 프랜차이즈이든 개개인은 합리적인 선택을 했다. 독립 가게를 운영하는 것보다는 표준화된 프랜차이즈를 선택하는 건 더 안전한, 그리고 예측 가능하고 계산 가능한 합리적 선택이다. 하지만 그 선택은 어이없는 풍경을 빚어낸다. 어느 도시에서나 스타벅스 옆에는 커피빈이, 던킨도너츠 앞에는 미스터도넛이, 둘둘치킨 옆에는 굽네치킨이, 김밥천국 곁에는 김가네김밥이, 파리바게뜨와 뚜레쥬르가 나란히 영업을 하고 있는 진풍경이 벌어진다. 하나하나의 합리성이 모여 비합리성을 연출하는 순간이다. 작은 합리적 선택이 쌓여 빚어낸 거대한 비합리성 속에서, 자본의 지배가 확대되면 우리는 자본의 울타리로부터 한 발자국도 벗어나지 못하는 '쇠 감옥'에 갇힌 꼴이 된다.

자본은 서로 싸우지 않고 모세혈관을 도시 곳곳에 심어 놓기에 바쁜데, 그 모세혈관의 한 귀퉁이를 차지하고 있는 사람들은 가련하게도 마주 보고 있는 빵집끼리 서로 경쟁하느라, 나란히 붙어 있는 서로 다른 편의점 덕택에, 마주 보고 있어도 곁에 있어도 서로 이웃일 수 없는 비합리적인 무한의 생존경쟁을 반복하고 있다. 한편에선 서로 마주 보고 있는 빵집 주인들이 전쟁에서 이기겠다고 고용한 내레이터 모델이 흥겹게 춤추며 마이크 볼륨을 높이고 있고, 그 옆에서 자본의 체인망에 포섭되지 못한 '인디' 슈퍼를 운영하는 부부가 교대로 밤을 새우며 24시간 영업하는 마트와 힘겹게 경쟁하고 있다.

이 비합리적이라는 말로는 부족한 살벌한 도시 풍경은 베버를 현대화한 리처의 책에는 등장하지 않는다. 이 한국적 풍경을 미국에 살고 있는 리처가 알 리 없다. 우리가 살고 있는 도시의 곳곳에서 오늘도 벌어지고 있는 풍경, 이 합리성의 끝자락에서 탄생한 비합리성이라는 괴물은 한국의 저자가 그려 내야 한다. 리처가 고전을 햄버거 테이블에서 현대화했듯이, 우리 시대의 학자는 가족노동의 자기 착취로 근근이 버티고 있는 동네 치킨집 테이블에 앉아 고전을 지역화하는 방법을 고민하며 맥주를 마셔야 한다. 맥도날드의 '빅맥'의 사회학이 아닌 '치맥(치킨과 맥주)'의 사회학을 구상하면서.

| 해외여행 |

선진국이라는 유령

유길준, 『서유견문』
혜초, 『왕오천축국전』

세상에는 어려운 일들이 참으로 많지만, 굳이 그중 하나를 꼽아보자면 외국 여행 다녀온 사람 입 막기도 빠질 수 없다. 그 사람의 첫 외국 여행이었다면, 입 막기는 포기하고 미주알고주알 늘어놓는 여행지 경험을 들어 주는 편이 정신건강에 더 좋기도 하다. 그 사람이 사소한 사실을 침소봉대한들, 특수한 경험을 지나치게 일반화한들, 듣는 사람에게 큰 피해는 없다. 그냥 처음 경험한 외국의 이국적인 분위기가 평상시 과묵했던 사람도 수다스럽게 만드는 마법을 발휘했다고 생각하면 그만이다. 누구나 그 정도의 여유는 있다.

하지만 여행에서 돌아온 사람이 아무나 갈 수 없는 '그곳'에 다녀왔다면 사정은 좀 달라진다. 그 사람의 입을 통해 전해지는 '그곳'에 관한 이야기는 가벼운 수다거리라고 치부할 수만은 없다. '그곳'에 관한 정보는 때로는 돈으로도, 심지어 권력의 도구로도 사용될 수 있다. 그곳에 다녀온 유일한 사람이라면, 그 사람의 입은 '그곳'을 창조하는 신의 손가락에 견줄 만하다. '그곳'에 갔던 유일한 사람의 이야기를 귀 기울여 듣는 동안, 우리는 알게 모르게 그 사람이 빚어낸 이미지를 보여 주는 안경을 쓰게 된다. 사람들은 '그곳'을 그 안경을 통해서만 볼 수 있다. '그곳'에 관한 선입견은 이렇게 만들어진다. '그곳'에 갔던 사람들이 쓴 여행기를 통해 우리는 가보지 않고도 영국은 신사의 나라이니, 독일 사람들은 부지런하니, 이탈리아 사람들은 쾌활하니 등등의 판단을 내린다. 그리고 그 판단을 믿는다.

 1269년 열일곱 살의 나이로 보석상인 아버지를 따라 이탈리아를 떠나 원나라까지 갔었다던 마르코 폴로(1254~1324)가 25년 만에 돌아왔다. 그리고 여행의 기록을 『동방견문록』이라는 책으로 남겼다. 해가 뜨는 동쪽의 나라에 가 본 유럽 사람이 드물었던 그 시절, 후에 사실은 뻥쟁이였다고 밝혀졌지만 마르코 폴로가 전하는 중국 이야기는 당시에는 믿을 만한 정보라고 대접받았다. 게다가 『동방견문록』은 그 시절의 베스트셀러였다. 유럽인들은 마르코 폴로의 이야기처럼 동방에는 금은보화가 넘친다고 생각했고, 동방에 도달하면 부를 얻을 수 있을 거라 기대했다. 외국 여행 경험이 드물었던 시절, 외국에 갔던 사람들이 본국에 돌아와 전하는 그곳의 사정은 가본 적이 없는 사람들에게는 사실로 통한다. 외국에 관한 사소한 과장은 때로는 커다란 파장을 유발하기도 한다. 『동방견문록』에 쓰인 대로 동방에 있다는 황금을 찾아, 마르코 폴로의 안경을 쓴 콜럼버스는 1492년 항해를 떠났다. 그 이후 아메리칸 인디언 학살과 아프리카 노예 무역이 뒤를 이었음을 우리는 잘 알고 있다.

서양인은 동양으로 15세기부터 본격적으로 떠나기 시작했지만, 동양인의 서양으로의 이동은 그보다 한참 뒤에나 이뤄졌다. 이 시간적 격차가 지구의 한쪽을 식민지 모국으로, 다른 한쪽을 식민지로 만들었다. 뒤늦게 조선의 지식인이 서양으로 이동했다. 유길준이다. 그는 1881년 신사유람단 수행원 자격으로 일본에, 1883년에는 보빙사의 일원으로 미국에 갈 기회를 얻었다. 미국에서 대학입학예비고등학교에 진학한 유길준은 2년여에 불과한 짧은 미국 유학을 마치고 유럽을 통해 귀국했고, 자신의 서양 여행을 담은 기록인 『서유견문』을 썼다. "세계는/ 나의 학교./ 여행이라는 과정에서/ 나는 수없는 신기로운 일을 배우는/ 유쾌한 소학생"이라 했던 김기림의 시를 유길준에게 적용시키자면, '학교가 되는 세계'는 서양이고 '신기로운 일을 배우는 유쾌한 소학생'은 유길준이다.

지리적으로 가까운 나라인 일본이야 그렇다고 치더라도, 『서유견문』에 등장하는 미국, 영국, 프랑스, 독일, 네덜란드, 포르투갈, 스페인, 벨기에는 아두나 갈 수 없었던 '그곳'이다. 바로 '그곳'에 다녀온 후 『서유견문』을 쓴 유길준은 '그곳'에 가지 못하고 고작 책으로나 '그곳'을 추측하는 우리와는 다르다. 유길준은 우리에게 서양을 들여다보는 안경을 씌워 준다. 그 안경으로 세상을 보면 세계는 개화의 등급에 따라 수직적인 관계를 맺고 있는 것처럼 보인다. 단지 피라미드의 꼭대기가 중국에서 서양 문명국으로 바뀌었을 뿐이다. 『서유견문』에 시시콜콜 설명되어 있는 서양에 있다는 개화국의 정치 제도, 사회 제도, 심지어 옷 입는 풍습과 테이블 예법 등은 오늘날의 관점에서 보자면 어느 여행 안내 책자에서나 얻을 수 있는 별것 아닌 정보들이다. 하지만 『서유견문』은 대표적인 여행 안내 책자인 『론리 플래닛』과는 다른 효과를 발휘한다.

『서유견문』을 우리 시대의 말로 옮겨 놓으면 '선진국 탐방'이다. 최초의 선진국 탐방 기록인 『서유견문』은 선진국이라는 관념의 유령을 통해 다른 나라를, 그리고 우리 내부를 들여다보는 안경을 선물했다. 서양에 다녀왔기에 전문가가 될 수 있고, 사회 지도층이 될 수 있는 이른바 유학생의 전성시대는 『서유견문』과 함께 시작되어 지금까지도 지속되고 있다. 서양에서 무엇을 공부했든 중요하지 않다. 서양에서 박사학위를 받았다면, 그 사람은 귀국 즉시 최고의 전문가 대접을 받고 교수라는 직책을 얻어 사회 지도층으로 쉽게 편입되었다. 우스꽝스럽지만 엄연한 사실이다. 가짜 외국 박사 파동이 끊임없이 반복되는 것도 다 이유가 있기 때문이다. '그곳'에 다녀온 사람이 '유학생'이라는 통과의례를 거쳐 이른바 '사회 지도층'이 되고 나면, '그곳'에 다녀온 지 오랜 세월이 지났어도 그들은 할 말이 언제나 많다. 소위 '사회 지도층'은 서양이라는 본래 모호한 지리적 개념을 우리가 있는 '이곳'을 지배하기 위한 수단으로 둔갑시킨다. 그들은 서양을 슬며시 선진국이라는 기호로 환치하고, 우리에게 선진국이라는 기호 앞에서 한없이 작아지도록 자괴감과 열등감을 불어넣고선, 그들을 따라잡기 위해선 '성장 또 성장'이 필요하다는 해법을 난데없이 제시한다. 선진국을 따라잡아야 한다는 성장 물신주의는 그것을 의문시하는 생각을 성장에 방해된다는 이유로 탄압하고 침묵을 강요하는 독재자의 심성으로 바뀌고, 그 성장주의는 서양이 아닌 지역에 대한 근거 없는 우월감으로 변신하며 카멜레온처럼 끊임없이 옷을 갈아입는다. 정신 없이 옷을 갈아입으며 사람들의 판단을 흐리게 하지만, 어떤 옷을 걸쳐도 그 메시지의 보수성은 변하지 않는다.

선진국 타령은 내치의 갈등을 잠재우기 위해 보수주의자들이 단골로 사용하는 무기이다. 노동조합이 생존권을 지키겠다고 파업을 해도, 복지를 확대하자고 주장해도, 그 어떤 주장이나 요구도 모두 잠재우는 만병통치약은 "선진국이 될 것이냐 여기서 주저앉을 것이냐"라는 협박성 구호이다. 유길준의 안경을 변조한 박정희의 선글라스를 여전히 쓰고 있는 사람들은 이 협박어 쉽게 굴복당한다. 이 협박에 포로로 잡혀 있는 사람은 나라와 나라의 수평적 관계 따위는 아예 상상하지도 믓한다. 우리의 상식 속 나라 사이의 관계는 수능시험 등수처럼, 나라별 올림픽 메달 순위처럼 수직적이기만 하다. 수직적 관계만을 머릿속에 담고 있는 사람은 위에 있다고 생각하는 나라 앞에선 필요 이상으로 당당하지 못하고, 뒤에 있다고 생각하면 근거 없이 깔보기 일쑤다.

'그곳'에 갔던 사람들은 원본이 피라미드 최상위인 '그곳'에만 있고, 여기에는 짝퉁만 있다고 한다. '그곳'에 가봤다는 소수의 사람들은 사명감에 불타며 밀입국자를 적발하는 국경수비대인 양 원본과 짝퉁을 구별하려 한다. 원본을 직접 경험했다는 그들은 원본의 진가를 해설하는 중계권을 독점하고, '그곳'의 진가를 모르는 어리석은 자들에게 '그곳'의 오렌지 향기를 알려준다고 야단법석이다. 조공 질서의 폐허 위에 들어선 근대적 사대주의는 이렇게 '그곳'에 관한 신화를 구축하며 번성한다.

그래서 입만 열면 어떤 주제든 상관없이 "미국에서는……"이나 "선진국에서는요"를 들먹여야만 자신의 주장을 정당화할 수 있는 유아적인 사고방식이 전문가의 식견으로 둔갑하고, 미디어는 정체불명의 유령 기호인 '선진국'을 들먹이며 외국에 대한 열패감을 조장하느라 바쁘다.

고가 사치품에 난데없이 명품이라는 이름이 붙고, 영어 논문은 한국어로 된 논문보다 우월하다 생각하고, 외국 학자는 모두 한국에 오면 석학 대접을 받는다. 그 석학 앞에서 졸지에 한국 학자들은 학생으로 변신해 한국 민주주의의 미래에 대해 질문하고, 원본을 찾아 아이들이 모두 떠난 아파트 단지에는 기러기 아빠만 가득한 스릴러 코미디가 반복되는 나라에 우리는 살고 있다.

누구나 외국을 직접 여행할 수 있는 시대이다. 외국 여행은 더 이상 낯설고 특별한 경험이 아니다. 오늘도 공항은 외국 여행을 떠나는 사람들로 북적인다. 사람들은 제각각의 안경을 쓰고 있다. 마르코 폴로의 안경을 물려받은 상인은 출입국 도장을 찍을 빈틈이 없는 여권을 들고 새로운 시장을 찾아 떠난다. "세계는 넓고 할 일은 많다"는 말을 남기고 사라진 한 재벌 총수처럼, 이윤에 눈이 밝은 사람은 시장 개척을 위해 외국 여행을 좋아한다. 상인에게 외국은 매력적인 곳이다. 외국의 낯섦은 그들을 두렵게 하는 게 아니라 오히려 욕망을 자극한다. 상인에게 외국의 발견은 새로운 시장의 개척과 같은 말이고, 정복자에게 외국이란 아직 정복하지 않은 땅이라는 의미다.

금의환향하는 순간을 고대하며 유길준의 안경을 쓰고 원본이 있다는 그곳으로 떠나는 사람도 있다. 힘든 여정이 끝났을 때 그곳에서의 힘들었던 순간들이 귀국 즉시 마법의 효과를 발휘하기를 기대하며 가족과 이별하는 사람 곁에는, 이른바 후진국으로 여행을 떠나는 당당한 사람도 있다. 월화수목금금금 일개미처럼 미치도록 일만 했던 사람은 일개미의 처지에서 잠시나마 벗어나, 자신이 부자가 된 듯 착각을 느낄 수 있도록 해 주는 그곳으로 떠난다.

아주 드물지만 혜초를 연상시키는 여행객도 공항에서 마주칠 수 있다. 혜초는 723년 당나라를 출발하여 천축(인도)을 거쳐 서쪽 대식국(아랍)의 페르시아까지 갔다가, 중앙아시아를 통해 파미르 고원을 넘어 장안으로 되돌아오는 장장 4년에 걸친 여행을 떠났다. 그 여정을 『왕오천축국전』에 남겼다. 혜초가 길을 떠난 것은 신라로 돌아와 신라인들이 알지 못하는 천축의 사정을 빌미로 사회 고위층이 되고 지배자의 위치를 얻기 위한 것이 아니었다. 혜초는 '깨달음'을 위해 떠났다. 구도의 길을 걸었던 기록인 『왕오천축국전』에는 『동방견문록』처럼 상인들의 구미를 당기는 구절이 없다. 『왕오천축국전』을 읽고 나면, 『서유견문』을 읽고 난 후처럼 열패감도 생기지 않는다. 단지 '깨달음'을 위해 익숙한 이곳에서 벗어나고 싶은 갈망이 강력해질 뿐이다.

노동에 지친 우리는 집으로 돌아오는 길에 어디론가 떠날 백일몽을 꾸며 하루를 견딘다. 한때 유행했던 광고 카피 "열심히 일한 당신 떠나라"는 직장인의 영원한 꿈이다. 혹시나 하는 마음으로 저가 항공사의 특별 세일 이벤트 정보를 뒤지고, 작은 대박을 꿈꾸며 소셜 쇼핑 사이트에서 백일몽에 빠져 있다가 외국으로 여행을 가기 위해 공항에 도착했을 때, 우리는 어떤 안경을 쓰고 있을까?

혜초를 따라 내면의 깨달음을 찾으러 여행을 떠나기에는, 유길준의 안경을 벗고 나의 눈으로 직접 견문하기에는, 그리고 나라와 나라의 수평적 관계를 상상하기 위해 휴가를 쓰기에는, 노동에서 면제된 시간이 너무나 부족하다. 한 조사에 따르면 직장인들의 평균 연차 휴가 일수는 16.1일이지만, 실제로 휴가에 사용한 일수는 9.7일에 불과하다. 자영업자에겐 이런 휴가도 꿈같은 일이다. 그 정도 휴가 일수라면 패키지 여행에서 황급히 사진 찍고 후다닥 밥 먹고 재빨리 면세점에서 쇼핑하기에도 부족한 시간이다.

슬프게도 우리의 여행은 선진국에선 주눅 들고, 후진국에선 선진국에서 주눅 들었던 감정을 보상받기 위해 돈지랄을 떠는 진자운동의 반복에서 벗어나지 못한다. 항공사 마일리지 점수가 쌓이고 쌓여도 벗어나지 못하는 유길준의 안경을 쓴 우물 안 개구리 신세, 해마다 휴가철 공항에는 우물 안 개구리의 울음으로 가득하다. 하지만, 어느 개구리인들 한번쯤은 천축으로 가는 혜초가 되고 싶지 않겠는가. 귀국길 비행기에선 개구리도 혜초가 되는 꿈을 꾸지만, 꿈이 실현되는 순간은 외국만큼이나 멀게만 느껴진다. 노동시간이 줄어들지 않는 이상, 이 사회는 잠시라도 혜초가 되는 꿈을 허락하지 않는다.

| 열광 |

열광이라는 열병

구스타브 르 봉, 『군중심리』
샤를 보들레르, 『현대적 삶의 화가』
가브리엘 타르드, 『여론과 군중』

사춘기 시절에는 누구나 한번쯤 아이돌 스타에 미친다. 그 열병은 되풀이된다. 단지 열광의 대상과 주체만 바뀔 뿐이다. 1969년 10월 17일 금요일 저녁 가수 클리프 리처드가 이화여대 강당에서 내한공연을 했을 때 울부짖던 스무 살의 소녀는 이제는 이미 환갑을 넘은 나이이다. 그 당시 신문은 소녀의 열광을 이해하지 못했다. 1969년 10월 16일의 한 신문기사이다. "영국의 팝 가수 클리프 리차드 군 일행이 내한한 15일 낮 김포공항은 2백여 명의 단발머리 소녀 팬들이 모여들어 아수라장을 이루었는데. 비틀즈 스타일로 몸에 찰싹 달라붙은 감색 상의와 갈색 바지를 입은 리차드 군이 트랩을 내려서자 그의 초상화를 든 앳된 소녀 팬들은 송영장에서 발을 구르며 일제 기성을 질러 이채. 뒤이어 리차드 군이 입국수속을 마치고 나오자 출구로 몰린 소녀들은 그의 옷깃을 잡아당기며 흐느끼는 등 광태를 보여 마침내 기동경찰관들이 등장, 겨우 진압, 이 광경을 지켜보고 있던 다른 공항 손님들 왜? 무엇 때문에 저렇게 미치느냐고 고개를 갸우뚱." 이 신문기사를 쓴 기자도, 이 기사에 등장하는 공항 손님들도 클리프 리처드에게 열광하는 소녀 떼를 이해하지 못하긴 마찬가지였다.

 1969년에 스무 살이었던 소녀가 마흔세 살이 되었을 1992년 2월의 일이다. "'조단이 보고 싶어요. 공연장에 보내 주세요.' 17일 오후 9시께 서울 송파구 풍납동 서울중앙병원 응급실. 이날 저녁 올림픽 체조경기장에서 열린 미국의 팝그룹 뉴 키즈 온 더 블록 공연 관람 도중에 일어난 소동으로 부상당해 병원으로 후송된 손아무개(12) 양은 링게르를 꽂아야 하는 부상의 아픔 때문이 아니라 공연장을 지키지 못한 또 다른 아픔 때문에 계속 흐느끼고 있었다. '아저씨, 뉴 키즈는 어떻게 되었어요? 공연은 하나요?' 손양과 같이 응급실에 누워 있던 다른 4명의 소녀들도 거의 절규에 가깝게 흐느끼며 뉴 키즈 그룹 단원들의 이름을 외쳐댔다. 다만 쇼크에 의한 호흡과 맥박 중지 상태인 신원불상의 한 소녀만이 인공호흡을 받으며 말이 없었을 뿐이다." 1992년 2월 17일 오후 7시 55분쯤 올림픽 체조경기장에서 열린 뉴 키즈 온 더 블록 공연에서 발생한 사건을 보도하는 기사이다. 청중들이 한꺼번에 무대로 몰리면서 1백여 명이 깔리는 압사 사고가 일어난 후, 소녀들은 응급실에서도 멤버의 이름을 불렀다고 한다. 우리가 비이성적으로 열광하는 팬을 깔보며 지칭하기 위해 사용하는 이른바 '빠순이'라는 단어가 탄생하는 순간이다. 빠순이는 빠순이가 아닌 사람의 입장에서는 이해할 수 없는 행동을 한다. 그래서 빠순이가 등장하면, 동시에 빠순이를 비난하는 군중도 만들어진다.

열광하는 군중은 안에 있는 사람과 외부에 있는 사람에게 서로 다른 느낌을 준다. 군중은 개인의 특성을 먹어 치우는 괴물이다. 뉴 키즈 온 더 블록에 열광하는 군중 속에는 평상시 같으면 서로 아는 척도 하지 않았을 공부 잘하는 깍쟁이부터 불량 청소년까지 뒤섞여 있다. 전혀 섞일 것 같지 않던 이질적인 집단들도 군중을 구성하고 나면 놀랄 만큼 유사해진다. 빠순이가 되느냐 마느냐의 문제는 이성적이냐 아니냐의 문제도, 성숙했느냐 아니냐의 문제도 아니라, 열광하는 집단 속에 있느냐 외부에 있느냐에 따라 달라진다. 열광하는 집단 속에 있을 때는 누구나 빠순이가 되고, 집단에서 빠져나와 그 집단을 구경할 때는 경멸하게 된다.

열광이라는 열병은 10대 청소년들의 전유물이 아니다. 차라리 통과의례 같은 10대 청소년들의 대중문화 열광은 시간이 지나면 추억으로 자리 잡는다. 하지만 시간이 지나도 추억은커녕 악몽이 되는 군중은 정치적으로 열광하는 성인들의 떼이다. 스타에 열광하는 청소년들은 세상이 말세라는 느낌을 주지만, 그 느낌은 그저 기우에 불과하다. 하지만 정치적으로 열광하는 성인들이 군중을 형성하면 불길한 느낌은 기우에 그치지 않는다. 군중은 때로 악몽을 사실로 만들기도 한다.

르 봉은 군중이라는 인간 집단을 발견했고, 그들의 특성을 연구해 『군중심리』에 담았다. 『군중심리』는 군중을 비난하기 위해 쓴 책이다. 르 봉은 군중이 개성을 먹어 치운다고 생각했다. 군중이란 개인을 동질적인 떼로 변형시키는 메커니즘이다. "오직 어떤 특정 상황에 처한 인간들의 집합체만이 그것을 구성하는 개개인의 성격과는 다른 새롭고 강한 특징을 갖게 된다. 의식을 지닌 인격체는 사라지고 개인들의 감정과 생각은 전부 한 방향으로 정렬되어, 일시적이긴 하지만 매우 명확한 특성을 드러내는 하나의 집합적 영혼이 구성된다."[13] 군중은 재산 수준과 상관없고, 학벌과도 관계없다. 개성을 용해시키고 지적인 능력을 저하시키는 군중 현상은 교양의 수준과 상관없이 나타난다. 사람들은 함께 있으면 군중의 성격을 벗어나지 못한다. 이 놀라운 전환에 관한 한 그 어떤 예외도 없다. 군중은 정서를 공유하고, 행동도 통일한다. 군중은 놀라운 힘으로 서로의 차이를 무력화한다. 멀쩡한 복학생이 예비군 훈련복을 입는다. 한 집안의 자식이자 학교에서는 똑똑하다고 인정받는 복학생도 예비군 훈련에 소집되면 그 순간 다른 예비군과 마찬가지로 예비군이라는 군중으로 변한다. 자상한 어머니도 집을 나와 동창들과 함께 백화점 반짝 세일에서 물건을 건지기 위해 출동하는 돌격대가 되면, 더 이상 어머니가 아니라 아줌마라는 군중이 된다. 합리적이고 이성적이었던 사람도 인터넷 카페를 방문해 키보드를 두드리고 있다 보면, 어느샌가 사실 확인이 되지도 않은 개똥녀와 막말남에게 저주의 내용을 댓글로 다는 누리꾼이라는 군중으로 변한다. 군중은 서로를 동일하게 만든다. "군중을 구성하는 개인들 각각의 생활 방식, 직업, 성격 혹은 지적 수준과는 상관없이 단지 그들이 군중에 속하게 되었다는 사실 하나만으로 집합체 공동의 영혼을 지니게 되며, 이로 인해 그들은 개인으로 머물 때와는 전혀 다른 방식으로 느끼고, 생각하고, 행동하게 된다."[14]

군중은 잠시도 가만 있지 못한다. 군중은 변덕스럽다. 군중은 쉽게 열광하고 쉽게 화낸다. 군중은 어떤 대상에 대해 이미지만으로 쉽게 호감을 느끼고, 그 호감은 쉽게 숭배로 변한다. 텔레비전에 출연해 서민적(?)인 도습을 보여 준 예비 정치인에 대해 사람들은 쉽게 호감의 감정을 느끼고, 그 호감에 몇 가지 장치가 더해지면 무조건적인 숭배로 변한다. 하지만 그 숭배는 영원하지 않다. 숭배의 대상이 자신의 기대에서 조금이라도 어긋나면 호감은 순간 반감으로 바뀌고 숭배의 감정은 증오로 갈아탄다. 세상에 널린 '빠'와 그 '빠'를 비난하는 '까'는 동일한 군중이다. '빠'와 '까'는 서로를 필요로 한다.

히틀러가 좋아했던 책이 있다. 뒤질세라 무솔리니도 많은 영감을 받은 책이다. 바로 앞서 본 르 봉의 『군중심리』이다. 르 봉은 군중을 비난하기 위해서 『군중심리』를 썼지만, 히틀러와 무솔리니는 자신의 목적을 위한 수단으로 군중을 조종하는 기술을 익히기 위해 그 책을 읽었다. 르 봉의 책은 백화점 한정 세일에서 물건을 건지겠다고 서로 싸움을 벌이고 있는 아줌마라는 군중을 한심한 눈으로 쳐다보는 사모님의 시선, 예비군 훈련을 끝내고 난 후 알 수 없는 불만에 휩싸여 군화 끈을 최대한 풀고 삐딱하게 서 있는 예비군을 싸늘한 눈으로 쳐다보는 군장성의 시선을 닮았다. 사모님은 아줌마라는 군중을, 평생 명령만 내려 본 장군은 그 명령을 수행하기만 해야 했던 예비군을 이해할 수 없다.

『군중심리』에서 르 봉은 자신이 군중을 경멸하는 이유를 가감 없이 고백한다. 르 봉은 자기 감정에 충실했다. 그는 군중을 비난하고 또 비난한다. 군중은 이성적인 존재가 아니다. 군중의 행동은 합리적이지도 않다. 군중이 진보적 이념을 지지하리라는 기대와는 달리, 그들은 자신의 계급적 처지와 상관없이 보수주의적 태도를 보이기도 한다. 군중은 단순하다. 군중은 단언에 쉽게 물든다. 아무리 비이성적인 단언이라도 반복되면, 군중의 의식은 전염된다. 이러한 좌충우돌 때문에, 르 봉의 눈에 '군중'은 존경할 이유를 찾아볼 수 없는 저급한 집단에 불과하다.

히틀러와 무솔리니는 르 봉처럼 군중을 비난하지 않는다. 그들은 군중을 비난하는 손쉬운 방법보다 군중을 이용하는 영악함을 선택했다. 르 봉의 애독자 히틀러와 무솔리니는 자기 목적을 위해 군중을 동원할 수 있는 방법을 『군중심리』에서 찾았다. 히틀러는 르 봉의 군중 비난을 잘 기억했고, 그것을 그의 시대에 맞게 변형시켰다. 히틀러는 유대인이 아리안족의 순수성을 해치는 악이라고 단언했다. 그리고 그 단언을 온갖 수단을 통해 반복했다. 그 결과 그 효과에 전염된 사람들이 떼로 모이기 시작했다. 이렇게 히틀러와 무솔리니는 단언-반복-전염의 메커니즘을 이용해 파시즘에 열광하는 군중을 만드는 데 성공했다.

르 봉의 제자 히틀러와 무솔리니에 의해 조종된 군중을 비난하기는 쉽다. 하지만 군중을 비난하느라 군중을 기획하고 있는 히틀러와 무솔리니를 찾아내지 못한다면, 비판자는 그들의 또 다른 노리개로 전락하는 셈이다. 군중을 기획하는 사람들은 알리바이로 군중을 내세운다. 그들에게 군중은 비난의 화살이 자신들에게 돌아오는 것을 막아주고 있는 총알받이에 가깝다. 아이돌 가수에 열광하고 있는 소녀 군중을 저급하다고 비난하기는 쉽다. 하지만 아이돌 가수는 자기 결정권이 없다. 아이돌 가수에 열광하고 집단 실신하는 소녀 팬들의 뒤에는 괴벨스의 충실한 후계자인 보이지 않는 기획자가 있다. 광적인 축구 팬인 훌리건을 비판하기는 쉽다. 훌리건은 쉽게 그리고 노골적으로 모습을 드러내니까. 하지만 훌리건만 비난의 대상이 되는 동안, 정작 훌리건으로 인해 이득을 보고 있는 집단은 꼭꼭 숨어 있다. 훌리건이 등장하면 FIFA와 IOC는 우려를 표현하지만, 그들의 공식적인 우려 속에는 훌리건에 대한 비난이 훌리건으로 인해 구체적인 이득을 얻고 있는 자신들에게 향하지 않기를 바라는 조바심이 때로는 슬쩍 묻어난다.

보이지 않는 무리를 지은 '패밀리'들은 은밀하게 세상을 움직인다. 세상이 패밀리에 의해 순조롭게 조정될 때, 패밀리 무리는 군중 따위에는 관심이 없다. 군중은 극단적인 대접을 받는다. 군중은 비난받을 짓을 하지 않을 때 철저한 무관심의 대상이지만, 무관심할 수 없을 정도로 군중의 움직임이 격해지면 패밀리는 비난할 구실을 찾아내기 위해 군중을 문제 삼는다. 군중은 동네북이다.

르 봉은 멀리서 한심한 시선으로 팔짱을 끼고 군중을 내려다본다. 하지만 보들리르는 용감하게도 군중 속으로 들어가는 댄디이다. 르 봉의 시선이 순수 외부자의 시선이라면, 보들레르는 군중을 파악하기 위해 내부자의 시선을 견지한다. 외부에서만 보면 시위대는 폭도에 가깝다. 시위대 속으로 들어가 보지 않은 사람은 시위대의 본뜻을 알아채지 못한다. 열광하는 팬 집단 속으로 들어가 봐야 열광하는 군중을 이해할 수 있다. 군중 속으로 들어가지만 군중으로 완전히 용해되지 않고 댄디로서의 정체성을 상실하지 않는 보들레르는 어찌 보면 군중을 연구하는 사회학자의 시선에 제일 가깝다.

〈전국노래자랑〉에서 가수가 나오자마자 일어나 덩실덩실 춤을 추는 군중을 망원경으로 보면서 '저질'이라고 혀를 차는 르 봉과 달리, 군중 속으로 들어간 보들레르는 그들의 춤을 따라 추지는 않지만 그들이 춤을 출 수밖에 없는 이유를 근접거리에서 찾아낸다. 외부자의 시선으로 볼 때 기이하게만 보이는 모든 집단 행동은 그 집단 속에서 관찰하면 나름의 이유를 발견할 수 있다. 예비군 훈련이 끝나고 개떼가 된 예비군들, 위험하다는 경고에도 불구하고 고속도로 관광버스 위에서 미친 듯이 춤을 추는 아줌마 관광객들은 분명 기이하고 저질스럽게 보이는 군중이지만, 이 군중 속으로 들어가면 그들이 보여 주는 행위의 이유들이 바닥에 떨어져 있기 마련이다.

보들레르는 르 봉과 같은 시선에서 벗어나기 위해 직접 군중들이 모여 있는 광장으로 가야 했다. 하지만 보들레르의 잠행은 한계가 있다. 세상에는 군중이 출현하는 물리적 광장이 너무도 많다. 르 봉과 동시대인이었지만 전혀 다른 시선을 갖고 있는 타르드는 잠행하느라 지친 보들레르보다는 현명한 방법을 선택한다. 타르드는 물리적 광장이 아니라 신문이라는 미디어가 만들어 놓은 보이지 않는 가상의 광장에 주둔했다. 그리고 르 봉과의 절연을 선포했다. "나는 우리 시대가 '군중의 시대'라는 정력적인 저술가 르 봉 박사에게 동의할 수 없다. 우리 시대는 공중 또는 공중들의 시대이다. 이것은 아주 다르다."[15] 타르드는 군중群衆이 서로 시사적인 이슈에 대한 공동의 관심으로 연결되고 그로 인해 여론이 형성될 때 공중公衆으로 변화함을 발견했다.

공중은 물리적인 광장에 모이지 않는다. 공중은 서로 흩어져 있다. 물리적인 근접성이 없음에도 불구하고, 공중은 오합지졸인 군중보다 정신적 밀도가 더 짙다. "그들 사이에 존재하는 관계는 무엇인가? 그 관계는 그들의 확신이나 열정의 동시성과 함께, 그들 각자가 지니고 있는 의식, 즉 이런 관념이나 저런 의지를 다른 수많은 사람들과 똑같은 순간에 공유하고 있다는 그들 각자가 지니고 있는 의식이다. 그 각각의 개인이 그 다른 사람들을 보지 못해도 그러한 사실을 알고 있는 것만으로도 충분히 그는 전체로서 받아들여진 그들에게 영향을 받는다."[16]

열광하는 떼 거리 군중에 불과했던 사춘기 소녀 팬들도, 그들이 지지하는 아이돌 그룹이 음반심의의 희생자가 되어 열광의 대상이 시사성의 대상이 되는 순간, 음반심의의 부당함을 항변하는 공중으로 변화한다. 마트에서 한정 세일 쇠고기를 사겠다고 새치기하고 서로 다투던 아줌마 떼도, 광우병 쇠고기 수입이 시사성으로 등장하면 촛불시위에 참여하고 인터넷 게시판에서 토론하는 유모차 부대 공중으로 변화한다. 군중을 폄하하지 않고 기다리면, 군중 속에서 공중이라는 꽃이 피는 순간이 다가온다. 하지만 사람의 떼가 군중이어야만 이득을 얻는 패밀리는 공중을 원하지 않는다. 그들에게 공중은 자신들의 부당함을 폭로하는 세력이지만, 군중은 자신들의 악행을 숨길 수 있는 가장 좋은 희생양이기 때문이다. 그래서 군중에서 공중이라는 꽃이 피는 순간을 기다리지 않고, 군중을 비난하는 데 열을 올리는 사람이 있다면 의심해야 한다. 그는 마피아 집단의 비밀 멤버이거나, 뼛속까지 엘리트주의자이다.

| 언론 |

여론의 흥망성쇠

위르겐 하버마스, 『공론장의 구조변동』
느엄 촘스키·에드워드 허먼, 『여론조작』

당장 끊지 않으면 건강에 문제가 생길 수 있다는 의사의 경고를 듣고 금연이라는 사투를 벌이는 사람이 있다. 그런데 금연 성공을 위협하는 요소가 박약한 의지가 아닐 때가 있다. 금연에 대한 의지가 강해도, 의지보다 힘이 센 스트레스를 만나면 금연 시도는 순식간에 실패로 끝난다. 그렇기에 담배를 끊으려면 스트레스 관리를 위해 당분간 미디어도 함께 끊는 게 현명하다. 텔레비전 토론 프로그램을 보거나 신문을 읽으면서 자신도 모르게 입 밖으로 욕설이 튀어나왔던 경험이 있는 사람이라면 더더욱 그렇다. 세상에는 텔레비전 카메라 앞에 서기에 함량 미달인 사람이 너무도 많다.

텔레비전어는 교양 프로그램으로 분류되지만 사실상 때로 코미디 프로그램이 되어 버리는 경우가 있다. 토론 프로그램이다. 물론 분류상으로는 보도와 교양이며, 전문가와 유명인사만 패널 토론자로 초대된다. 이슈가 되는 쟁점에 대한 전문가의 식견을 듣고자 초대한 그들은 자칭 타칭 오피니언 리더(여론 주도층)이다. 사회자가 소개하는 그들의 경력은 평범한 사람의 눈으로 보기에는 대단하다. 이름만 들으면 누구나 알 만한 대학을 나온 박사님들이 대부분이다. 하지만 오피니언 리더들이 심각한 표정으로 떠드는 궤변은 시사 프로그램을 개그 프로그램으로 바꾸어 놓기도 한다. 심지어 토론 프로그램을 호러물로 만드는 폭탄성 발언을 서슴지 않는 토론자도 있다. 담배를 끊을 요량이라면 빨리 텔레비전을 꺼야 한다.

텔레비전을 끄고 신문을 펼친다고 스트레스로부터 자유롭지는 않다. 어느 신문이나 전문가들의 의견을 싣는 코너가 있다. 그곳에 실리는 칼럼은 독자가 투고한 의견과는 대접이 다르다. 하지만 그 칼럼을 읽기 시작했을 때, 많은 경우 급격한 혈압 상승을 조심해야 한다. 상식과는 너무나 동떨어진 억지에 가까운 주장이 암초처럼 돌연 튀어나와 우리의 신경을 자극할 수도 있기 때문이다.

텔레비전에 출연하거나 칼럼을 쓰는 어떤 오피니언 리더에게는 자신의 말과 글 속에 세상의 의견이 얼마나 반영되었는지, 자신의 주장이 얼마나 타당하고 논리적이고 설득력 있는지는 중요하지 않다. 그에게는 앞에 마이크가 놓여 있고, 자신이 쓴 글이 신문에 인쇄되어 독자에게 배달된다는 사실 자체만 중요하다. 그의 말과 글은 여론의 힘으로 정치를 올바르게 바로잡겠다는 의지보다는 자신의 지위를 확인하고 싶은 나르시시즘의 욕구와, 혹여 권력자의 눈에 들어 이른바

'한 자리'를 차지하는 바탕이 되었으면 하는 심산에 의해 지배된다. 많은 칼럼은 사실상 공직을 구한다는 이력서에 가깝기도 하다.

여론이 세론이나 공론이 아니라 마이크 앞에서 떠들 수 있고 신문에 칼럼을 쓸 수 있는 자리를 차지한 사람의 사견으로 타락하면, 정치적 결정은 늘 여론과는 반대 방향으로 내려진다. 오피니언 리더를 자문위원으로 모시고 더 나아가 자신이 시대를 이끄는 리더라고 착각하는 정치인은 민심 탐방을 구실로 시장에 나서고, 귀향길에 오른 명절객을 환송한다고 기차역에서 고개 숙여 인사하지만, 여론과 정치는 대부분 어긋난다. 그들은 여론이 개인의 의견이 아니라는 단순한 사실을 모르고 있기 때문이다.

『공론장의 구조변동』은 이미 반세기 전인 1961년에 출간되었다. 적지 않은 시간이 흘렀지만, 여전히 하버마스의 책은 시사적이다. 이 책은 시민사회 속에서 정치와 여론이 조우했던 순간의 역동적 활력과 그 활력이 쇠퇴하는 과정을 다룬다. 하버마스는 시민혁명이 낳은 공론의 힘을 분석하는 데 책의 절반을, 그러한 힘을 발휘했던 여론이 왜곡되는 과정에 나머지 절반을 할애하고 있다. 그래서 책의 느낌은 복합적이다. 전반부는 독자에게 여론의 힘에 대한 믿음을 주지만, 여론의 쇠락을 다루는 후반부는 정치와 여론이 조우하지 못해 벌어지는 온갖 희비극에 대한 성찰로 독자를 이끈다.

절대적인 권력을 갖고 있는 사람은 타인의 의견에는 관심 없다. 권력을 장악한 사람은 자기의 생각이 모세혈관을 타고 사회 구석구석까지 퍼져 나가기를 원한다. 그래서 히틀러는 라디오 수신기를 독일의 전 가정에 보급했고, 라디오 마이크 앞에서 연설을 했다. 독재자가 지배하는 곳에선 위대한 개인의 의견은 있지만, 세상 사람들의 공통된 의견인 여론 따위는 있을 수 없다. 독재자는 여론 수렴이 아니라 명령을 좋아하고 토론보다는 연설을 즐긴다. 파시스트 독재자는 정치적 이데올로기를, 신자유주의적 독재자는 경제적 효율성을 구실로 삼는다는 점은 다르지만, 여론이 아니라 자신의 의견에 따라 법을 만들고 정치를 한다는 점에서 동일하다.

여론은 특별한 개인의 의견이 아니라, 사회를 구성하고 있는 사람들의 의견이 모이고 숙의를 통해 숙성된 의견의 집합체이다. 여론은 민주주의의 결과물이다. 여론은 국가가 개인에게 강요한 의견이 아니며, 경험의 함정에 빠진 우물 안 개구리의 생각도 아니다. 여론은 토론을 통해 만들어진다. "'국민감정'이나 '통속적 의견', '일반 의견'과 같은 말은 더 이상 사용되지 않는다. 이제 그것은 '여론'이라 불린다. 공중이 교육과 정보를 갖춤으로써 근거 있는 견해를 가질 수 있게 된 이후, 여론은 공적 토론 속에서 형성된다."[17] 그래서 여론에는 전문가 한 명의 견해에선 찾아볼 수 없는 고유한 무게감이 있다. 여론 속에는 한 개인이 아니라 집합체의 힘이 들어 있고, 서로 다른 의견들의 충돌이 숙성을 통해 조율되는 지혜와 심지어 소수자의 의견을 경청한 후 다수결이 폭력이 되지 않도록 하는 배려마저 담겨 있다. 그래서 여론은 독재자의 총칼보다 힘이 셀 수 있다. 시민혁명은 밀실에서 만들어진 권력자 개인의 뜻보다 개인들의 의견이 모여 만들어진 공개된 여론의 힘이 더 강할 수 있음을 입증한 생생한 사례이다.

사회를 인간 신체에 비유하는 다소 식상한 표현을 빌리자면, 피가 원활하게 만들어지고 순환될 때 신체의 건강이 유지되듯, 일방향이 아니라 양방향으로 활발히 움직이는 의견의 교환이 건강한 사회를 만든다. 여론은 의견의 자유로운 교환과 토론을 먹고 자란다. 언론과 사상의 자유가 있을 때, 의견은 사회의 구석까지 뻗어 있는 모세혈관을 따라 흐를 수 있고, 그렇게 구석구석 흘렀던 피가 다시 심장에 모일 때 여론은 어린 싹에서 거대한 나무로 성장한다.

여론의 순혈을 막는 요인들은 사회의 콜레스테롤에 불과하다. 여론 따위에는 관심이 없는 정치권력만이 이러한 피의 순환을 방해하는 유일한 콜레스테롤은 아니다. 여론 기관이 아니라 이윤 기관이 된 언론 또한 위험한 신종 콜레스테롤과 다를 바 없다. 언론 그 자체가 권력이 된 언론권력은 난상을 거친 여론의 형성에는 관심이 없다. 언론권력의 최대 관심사는 여론 관리를 통한 이윤 창출이다. 어리석은 공적 국가권력이 여론을 통제하려 한다면, 탐욕스런 언론권력은 자칭 오피니언 리더를 내세워 여론을 관리하는 교묘한 방법을 선택한다. 여론에 관심 없는 정치권력과 스스로 권력이 된 언론권력이 합체되면 여론의 정치 반영률은 무에 가까워진다. 이탈리아의 악명 높은 전 총리 베를루스코니가 온갖 추문과 부정에도 불구하고 정권을 유지할 수 있었던 이유도, 그가 정치권력이자 동시에 언론권력이었기 때문이다.

여론 통제와 조작을 일삼는 사람들은 검열과 통제가 발휘하는 부정적 뉘앙스를 숨길 속셈으로 홍보라는 중성적인 단어를 선택한다. 하지만 홍보의 본질이 연출된 여론이라는 사실은 변하지 않는다. 홍보의 성공은 조작 혐의를 받지 않으면서 의도된 여론으로 사람들을 유도할 수 있는지 여부에 달려 있다. 본래 홍보는 사적 개인들 사이의 의사소통이다. 신장개업한 중국집이 평판을 얻기 위해 홍보 전단지를 만들 때, 중국집 주인은 소비자라는 사적 개인에게 자신의 의견을 전달하는 셈이다. 하지만 홍보라는 여론 연출의 주체가 국가이고, 그 홍보가 의견을 갖고 있는 공중인 동시에 사적 개인인 국민을 지향할 경우 문제는 달라진다.

국가의 여론 연출이 공익광고라는 모습으로 나타날 경우, 공익광고를 만드는 주체는 그것이 흔한 상업적 광고의 다른 형태에 불과한 것으로 받아들여지기를 기대하지만, 본질상 공익광고는 비상업적 광고가 아니라 여론 조작의 세련된 형태에 가깝다. 그래서 공익광고는 위험하다. 국가가 광고에 쏟아붓는 돈의 규모가 커진다면, 국가는 홍보를 구실로 여론을 연출하고 싶은 강한 의도를 지니고 있는 셈이다.

국가의 중요 시책이 모두 홍보라는 이름으로 공익광고화되는 사회에선 여론의 활용조차도 사적 기업의 마케팅 조사를 닮아 간다. 마케팅 조사는 토론을 원하지 않는다. 또한 소비자가 특정 제품에 대해 갖고 있는 의견을 공개성의 원칙에 따라 개방하지도 않는다. 단지 기업은 모든 개인들의 의견의 산술적인 합을 원할 뿐이다. 여론이 형성될 틈도 주지 않고 속전속결로 해치우는 여론조사는 결과적으로는 인기투표와 다를 바 없고, 여론을 고려했다는 알리바이에 불과하다. 콜레스테롤을 방치하면, 치명적인 대가를 치른다. 가장 좋은 치료는 예방이다. 예방의 지름길은 콜레스테롤 관리이다. 여론의 콜레스테롤을 제거할 때, 우리는 정치가 여론을 배반하지 않는 최소한의 상식과 마주할 수 있다.

하지만 여론의 쇠락을 담은 『공론장의 구조변동』의 후반부는 콜레스테롤을 제거할 방법을 알려주지 않은 채 언론권력을 비판하고만 있다. "의사소통망의 상업화와 밀집화, 언론매체 설립 자본의 증가와 언론매체의 조직화 정도의 증가를 통해 의사소통의 통로는 점차 강하게 유도되고, 공적 의사소통에의 접근 기회는 더욱더 선택압력에 맡겨졌다. 이로써 새로운 범주의 영향력이 생겨났는데, 그것이 바로 언론권력이다. 이 권력이 여론 조작적으로 행사될 때 공개성의 원리가 갖는 순수함은 강탈당했다. 대중매체에 의해 선구조화된 동시에 지배당하는 공론장은, 화제와 기고문을 통해 영향력을 쟁취하기 위해서뿐만 아니라 전략적 의도를 가능한 한 은폐하고 행위에 영향을 미치는 의사소통적 영향력의 조정을 위해 싸우는 권력화한 투기장으로 성장하였다."[18] 1990년 신판 서문에서 하버마스는 평범한 사람들의 저항 능력을 지나치게 과소평가했다고 정정하기도 했다. 초판의 어두운 색치는 이해될 만하다.

촘스키와 허먼의 『여론조작』은 하버마스의 『공론장의 구조변동』의 어두운 색채를 이어받았다. 『여론조작』은 『공론장의 구조변동』에서 밝은 색채의 전반부가 생략된 채, 처음부터 끝까지 단조로 연주되는 언론권력에 의한 공론장의 희생을 기리는 장송곡이자, 언론권력에 의한 공론장 살해사건 보고서이기도 하다. 그 보고서에 따르면 언론권력은 공론장을 이렇게 살해하고 있다. "뉴스를 '여과'하는 장치들을 큰 항목별로 분류하면 다음과 같다. (1) 규모, 집중된 소유권, 소유자의 부, 거대 언론기업의 수익 지향성. (2) 언론의 주요 수입원인 광고. (3) 정부, 기업, 그리고 이들 일차적인 정보원이자 권력의 대리인들로부터 자금과 인정을 받는 '전문가'가 제공하는 정보에 대한 언론의 의존. (4) 언론을 훈육하는 역할을 하는 '강력한 비난'. (5) 국가적인 종교이자 통제 메커니즘으로서의 '반공주의'. 이 요소들은 상호작용을 하면서 서로를 보강한다."[19]

하버마스와 촘스키 그리고 허먼의 전망에 비관적인 색채를 부여하는 것은 미디어이다. 1960년대 공론장의 쇠퇴라는 결론을 내리도록 한 미디어는 텔레비전이다. 촘스키와 허먼은 이미 올드미디어가 되어 버린 뉴스와 텔레비전을 장악한 언론권력의 한계를 지적한다. 신문의 타락을 언급하기에는, 애초부터 신문은 교육받은 부르주아 성인 남성이 지배하는 공론장이었다. 텔레비전에 의한 공론장의 구조변동을 지적하는 것도 한계가 있다. 텔레비전은 오피니언 리더가 자아도취의 연설을 중계하는 미디어이지, 애초부터 여론을 위한 미디어가 아니었다. 텔레비전은 수신기이지 발신기가 아니다.

언론권력은 공론장을 타락시키지만 전능하지는 않다. 언론권력은 신문과 텔레비전이 매개하는 공론장의 파괴에만 능하다. 공론장은 언론권력이 그것을 파괴할 수 있는 힘이 미치지 못하는 곳에서 생성된다. 하버마스가 쓰지 않은 책은 뉴미디어에 관한 것이다. 1961년에 열 받아 텔레비전을 끈 시청자는 열을 삭이며 잠이나 청할 뿐이지만, 우리는 텔레비전을 끄고도 할 일이 있다. 폭로 전문 인터넷 언론 위키리크스WikiLeaks의 줄리언 어산지는 텔레비전에 출연하지 않는다. 접속하라! 그곳에 여론이 있을지니!

| 기억 |

역사라는 이름의 공허한 기억

발터 벤야민, 「역사의 개념에 대하여」
서경식, 『사라지지 않는 사람들』

누구에게나 잊지 못할 기억이 있다. 기억은 우리를 가슴 저린 과거의 어느 순간으로, 떨렸지만 달콤했던 첫 키스의 장소로 데려간다. 행복으로 기억하는 과거의 그 순간을 추억이라 한다. 추억으로 자리 잡은 과거는 아름답기 그지없기에, 추억을 회상하는 사람은 한번 시작한 옛 이야기를 멈출 수 없다. 추억담은 아무리 과묵한 사람도 수다스럽게 만드는 묘약이다. 직접 경험했기에 생생하게 기억하고 있는 과거는 무의식에 혹은 몸에 기억을 남긴다. 하지만 체험하지 못한 과거에 대한 기억은 반복을 통해서 머리에 기록되는 수밖에 없다.

초등학교 때의 일이다. 현충일을 앞둔 어느 날, 담임선생님이 물었다. "현충일은 어떤 날이죠?" 잠시 후 교실에는 아직까지도 잊히지 않는 아주 길고 긴 침묵이 흘렀다. 우리는 현충일을 앞두고 "겨레와 나라 위해 목숨을 바치니"로 시작하는 현충일 노래를 배웠고 묵념의 절차 또한 익혔지만, '호국영령'은 어린아이가 설명할 수 없는 정말 아리송한 존재였다.

어린아이는 '호국영령'을 만난 적이 없다. 전쟁도 경험하지 못했다. 어젯밤에 먹었던 아이스크림의 감촉은 생생하게 기억하지만, 가까운 사람의 죽음조차 체험하지 못한 짧은 세상 경험으로는 "겨레와 나라 위해 목숨을" 바친 사람들을 기억해낼 재주는 없었다. 그래도 어린아이는 질문에 대답하지 못했음이 부끄러웠다. 부끄러움을 되풀이하지 않으려, 학교에서 가르치는 사건과 인물들을 하나도 빼놓지 않고 기억하려고 노력했다. 다행히도 주기적으로 치러야 했던 도덕과 역사 시험은 중요한 과거를 얼마나 잘 기억하는지 여부를 체크했고, 시험 점수는 때로는 칭찬을 때로는 꾸중을 하는 듯했다. 사회적 기억력 테스트에서 좋은 성적을 올리기 위해 "나는 공산당이 싫어요"라는 말을 마지막으로 남겼다는 이승복 어린이의 일화를 반복해서 읽었고, 노래 하듯 "태정태세문단세"를 흥얼거리며 조선 왕들의 이름을 외웠고, 임진왜란과 병자호란과 6·25 전쟁의 연대기를 기억해 두었다.

역사 공부를 통해 기억된 과거는 체험처럼 생생하지는 않지만, 체험보다 더 큰 힘을 발휘한다. 아무리 생생한 기억이라 해도 체험 따위야 사적인 수다의 소재일 뿐이지만, 사회적으로 공유되는 기억은 거대한 효과를 낳는다. 역사라는 기억은 우리를 국민으로 만들어주는 학교이다. 역사를 배우며 우리는 민족의 전통과 뿌리를 배웠다.

역사의 한 순간을 기억하는 기념일에 우리는 그 속에 담긴 국가의 희로애락과 자신의 감정 주기가 동조되는 놀라운 경험도 했다. 국립묘지에서 참배할 때는 호국영령과 무명용사들을 생각하며 슬퍼했고, 겪지도 않았던 전쟁이지만 6·25 노래를 부르면 복수심으로 피가 끓었다. 광복절에는 나라의 일을 내 일처럼 기뻐하는 신기한 경험도 했다. 우리는 그렇게 역사라는 집합기억과 함께 자랐다.

20세기가 낳은 가장 독창적인 사상가 중 한 명으로 꼽히는 발터 벤야민은 독일인이다. 불행하게도 혈통상으로는 유대인이었다. 유대인이라는 혈통과 나치 독일은 양립할 수 없었다. 승리자는 물론 나치였고, 유대인은 패배자였다. 유대계 독일 사상가는 반유대주의를 내걸었던 나치즘과 마주친 막다른 길에서 자살로 삶을 마감했다. 나치의 희생자 벤야민은 역사에 기록되지 못한 수많은 죽은 사람을 대변하듯, 죽은 자들에게 보내는 진혼곡이자 살아남은 사람에게 남기는 유언장과도 같은 글을 남겼다. 그 마지막 글이 「역사의 개념에 대하여」이다.

「역사의 개념에 대하여」는 아주 짧다. 하지만 이 글은 마르크스의 「포이어바흐에 관한 테제」처럼 분량은 작지만, 거대한 파장을 남긴다. 벤야민은 누구도 쉽게 문제 삼지 못했던 무거운 개념인 역사에 대해 중요한 의문을 던진다. 「역사의 개념에 대하여」는 역사가 모든 것을 기억하는 거대한 저장고라는 상식을 파괴하는 뇌관을 숨기고 있다. 벤야민은 역사가 현재를 지배하는 사람이 과거 또한 지배하게 하는 장치로 전락했음을 알고 있다. 그가 남긴 "죽은 자들도 적이 승리한다면 그 적 앞에서 안전하지 못하다"[20]는 구절은 장엄하게만 보이는 역사의 개념에 들러붙어 있는 공허함을 파괴하겠다는 선언과도 같다.

역사는 우리의 순진한 기대처럼 과거의 모든 기억이 집적되는 저장소가 아니다. '집합기억'은 과거에 대한 모든 기억의 총합일 수 없다. 역사라는 집합기억은 현재가 관장하는 선별의 문을 통과해 우리에게 다가온다. 역사는 모든 사람을 기억하지 않는다. 역사에 기록되는 사람은 승리자이다. 패배자는 기록되지 않는다. 승리한 사람은 자신의 승리를 역사가 길이길이 기억하도록, 기념일을 제정하고 기념식을 거행하고 기념탑을 세우고 새 역사가 시작되었다고 선언한다.

역사의 주인공은 영웅으로 등극한 승리자이다. 영웅은 아니지만 승리에 기여한 단역들은 무명용사로, 때로는 호국영령이라는 이름으로 그나마 역사책의 구석에라도 기록된다. 하지만 현재의 승리자에게 반대했거나, 보호할 가치를 느끼지 못하는 과거는 기억에서 멀어진다. 국가가 관리하는 기념일이 빈번해질수록, 승리자가 세운 기념탑이 높아질수록, 기념탑은 '망각'이라는 그림자를 길게 내리운다. 나치즘이 승리한 현실이 지속된다면 보호될 가치가 없는 유대인이었던 벤야민은 역사의 공허함을 「역사의 개념에 대하여」에 오롯이 담아냈다. 나아가 벤야민은 역사의 공허함에 대한 비판을 넘어서서, 기록되지 않았던 사람들, 앞으로도 기록되지 않을 사람들을 구원하는 방법을 찾아 천사의 날갯짓으로 날아간다. 벤야민은 이 순간 천사가 되어, 천사의 시선에서 역사에 대해 생각한다.

파울 클레 Paul Klee, 〈새로운 천사 *Angelus Novus*〉, 1920

"파울 클레가 그린 〈새로운 천사〉라는 그림이 있다. 이 그림의 천사는 마치 자기가 응시하고 있는 어떤 것으로부터 금방이라도 멀어지려고 하는 듯처럼 묘사되어 있다. 그 천사는 눈을 크게 뜨고 있고, 입은 벌어져 있으며 또 날개는 펼쳐져 있다. 역사의 천사도 바로 이렇게 보일 것임이 틀림없다. 우리들 앞에서 일련의 사건들이 전개되고 있는 바로 그곳에서 그는, 잔해 위에 또 잔해를 쉼 없이 쌓이게 하고 또 이 잔해를 우리들 발 앞에 내팽개치는 단 하나의 파국만을 본다. 천사는 머물고 싶어 하고 죽은 자들을 불러일으키고 또 산산이 부서진 것을 모아서 다시 결합하고 싶어 한다. 그러나 천국에서 폭풍이 불어오고 있고 이 폭풍은 그의 날개를 꼼짝달싹 못하게 할 정도로 세차게 불어오기 때문에 천사는 날개를 접을 수도 없다. 이 폭풍은 그가 등을 돌리고 있는 미래 쪽을 향하여 간단없이 그를 떠밀고 있으며, 반면 그의 앞에 쌓이는 잔해의 더미는 하늘까지 치솟고 있다. 우리가 진보라고 일컫는 것은 바로 이러한 폭풍을 두고 하는 말이다."[21]

진보라는 대의를 강조하는 사람은 '역사를 위하여'라는 거룩한 논리를 내세우며 희생당한 사람들의 고통에 눈을 감거나 심지어 '역사의 진보'를 위하여 희생을 강요하기도 한다. 하지만 새로운 천사에 감정이입하는 벤야민은 지상에서 벌어지는 파국을 외면하지 않는다. 경제성장만을 강조하는 사람은 성장이 역사가 진보했다는 증거임을 내세워, 진보의 이름으로 직업병에 걸린 노동자의 희생도, 법에 의한 최소한의 보호도 받지 못하는 처지도 외면하지만, 진보라는 구실에 가려 보이지 않던 파국에 눈 돌리는 벤야민은 구원의 시선을 갖고 있다.

자신도 언제든지 나치의 희생자가 되어 지상에서 벌어지고 있는 파국에 휘말리게 될 수 있음을 잘 알고 있는 벤야민이다. 벤야민은 역사 속에서 자신과 같은 또 다른 벤야민을 찾아내, 그들을 구원하기 위해 기억하는 사람이 된다. 그래서 벤야민은 나치즘의 단순 희생자 이상이 되어 역사라는 개념 자체를 묻는 사상가로 사후의 삶을 얻었다.

우리는 기억되지 못한 사람들의 무덤가에 있다. 승리하지 못했기에 역사에 기록조차 되지 못했던 사람들, 그래서 망각을 강요당했던 사람들을 적의 수중으로부터 구해냈음을 기념하기 위해 불멸의 탑을 세운들 그들은 구원받았다고 할 수 있을까? 승리한 자들이 세웠던 기념비 옆에 반기념비를 세우고 금칠을 한들 역사의 쓸쓸함이 사라질까? 불멸의 지위에 오르려는, 그래서 역사에 기록되려는 승자의 욕심이 그들을 죽음으로 그리고 망각으로 몰아넣었는데, 죽은 사람들은 현재의 사람들이 자신을 기억해 주는 영원한 기념물을 세워 주기를 원했을까? 승리한 사람과 패배한 사람이 과거를 놓고 제로섬게임을 반복하는 한, 역사라는 거대한 기념비는 속이 텅 비어 간다. 잊혀진 사람들은 공허한 역사의 반복이 아니라 구원을 바라고 있다.

뒤늦게 영웅으로 추대된다고 그들은 구원되지 않는다. 영웅이라는 호칭은 현재를 지배하고 싶은 사람이나 좋아한다. 구원을 기다리고 있는 죽은 사람에게 영웅이라는 칭호는 부질없는 명예에 불과하다. 유일한 구원의 가능성은 그들을 영웅으로 추대하는 요란한 소동이 아니라, 그들의 고통에 대한 기억에 있다.

죽은 사람을 생각하는 추념 속에서 현재의 사람은 과거의 사람과 마주한다. 영웅을 위한 잔치인 기념식은 음악과 연설로 시끄럽지만, 애초부터 영웅이 될 의도조차 없었던 평범한 사람들과 대면하는 추념의 공간에는 팡파르도 없다. 단지 우리가 대면한 그 사람들의 목소리만 나지막이 들린다. 추념 속에서 우리는 정신대 할머니들과 농성 중인 YH무역 여공들의 절망과 고통의 소리를 듣는다. 기념식에는 승리자의 목소리만 가득하지만, 추념 속에선 과거의 목소리가 지배자가 강요한 당각을 뚫고 메아리친다. 그래서 벤야민은 구원의 순간을 이렇게 표현했다. "구원된 인류에게 비로소 그들의 과거가 완전히 주어지게 된다. 이 말은 구원된 인류에게 비로소 그들의 과거의 매 순간순간이 인용 가능하게 될 것이라는 뜻이다."[22]

교토에서 태어난 재일교포 2세 학자가 있다. 그의 형은 1971년 유학생 형제 간첩단 사건으로 투옥되어 7년을 복역하고도, 전향을 거부했다는 이유로 10년을 더 갇혀 있어야 했던 서준식이다. 남과 북의 대치라는 현실에 재일 한국인이라는 사실이 또 더해진 가혹한 디아스포라의 운명 속에 갇힌 학자 서경식은 『사라지지 않는 사람들: 20세기를 온몸으로 살아간 49인의 초상』에서 마흔아홉 명의 사람들에 대한 추념으로 우리를 이끈다. 서경식의 책은 기념비를 세우지 않아도, 기념탑을 건설하지 않아도 과거의 사람을 애도할 수 있는 방법에 대한 최고의 안내서이다. 서경식은 기억되지 않았던 사람들을 기억해 내어, 그들을 망각이라는 2차 죽음에서 구원하는 기억술사이다.

"미국의 수도 워싱턴에 있는 베트남 전쟁 기념비를 찾아간 적이 있다. 기념비라고는 하지만 구불구불 이어진 산책로를 따라 세워 놓은 돌벽이다. 벽면에는 전몰 병사들의 이름이 작은 글씨로 빽빽이 새겨져 있었다. 대체 몇만 명이나 되는 걸까……. '겹겹이 쌓인 시체'라는 말이 뇌리에 떠올라 잠시 멈칫거리고 있는데, 안내해 주던 C씨가 혀를 차며 말했다. '이쪽 병사들은 이름도 없네……' C라는 분은 한국에서 병역을 마치고 온 재미 한국인이다. '이쪽'이라고 한 것은 미국이 아니라 한국을 말하는 것이었다. 1960년대 후반 한국은 미국의 요청을 받아 '맹호', '청룡' 같은 이름의 정예부대를 베트남으로 파견했다. 병사들의 송금은 한국의 외화 사정을 크게 윤택하게 만들었고, 군복과 군화, 조미료, 즉석라면, 건설업 등의 특수를 통해 한국 재벌들은 기초를 공고히 했다. 그 부대들을 이끈 전두환과 노태우는 훗날 최고 권력의 자리에 올랐다. 하지만 베트남 민중의 증오를 사고 스스로도 희생되고 만 병사들은 자신의 '이름' 마저도 남기지 못했다. …… 정의롭지 않은 전쟁에서 희생된 미국 병사들, 그 그늘에는 용병으로서 죽어 간 더 많은 한국 병사들의 주검이 있다. 물론 또 그 그늘에는 더더욱 많은 베트남 병사들의 주검, 그리고 무고한 민중들의 주검이 있다……."[23]

서경식의 책 속에서 과거의 고통은 마치 체험처럼 독자에게 다가온다. 과거의 고통이 독자의 마음속으로 파고들 때, '추체험'이라는 아리송하기만 했던 단어는 아무도 모르게 슬며시 찾아와 가슴을 휘감고 있는 애도의 감정 속에서 수정처럼 명료하게 빛나기 시작한다. 책을 읽은 후 마흔아홉 명의 이름을 기억하지 못해도 된다. 만약 이름은 기억하는데, 그들의 고통을 기억하지 못한다면 이 책에 대한 모욕에 가까운 오독이다. 이 책은 마흔아홉 명에 대한 기념비가 아니라 마흔아홉 명의 인간 속에 담겨 있는 고통에 대한 기록이다.

　기념일만 되면 애도 능력은 상실했지만, 프로그램화된 공식 역사의 명령어는 정확하게 반응하는 소위 고위급 인사들이 기념식의 단상을 차지하고서는 국가와 민족과 역사를 언급한다. 그들에게 감정이란 부팅시간도 필요 없이 명령에 따라 즉각 실행되는 프로그램과도 같다. 감정의 사이보그에 다름없는 그들이 천부적 재능으로 악어새의 눈물 연기를 펼치는 대하서사극 중계가 시작되면, 텔레비전 밖의 사람들은 재빨리 리모컨을 눌러 버린다. 그래서인지 기념식 중계 시청률은 언제나 바닥이다. 다행히도 죽은 자를 구원할 가능성은 기념식이 아니라 애도 속에 있음을 시청자들은 본능적으로 알고 있는 셈이다.

| 불안 |

위험은 기술을 먹고 자란다

울리히 벡, 『위험사회』

모든 것이 불안하다. 신문을 펼치면 집값이 걱정되고, 보험 광고를 들으면 건강이 염려된다. 고용의 안정성도 더 이상 보장되지 않고, 가족 관계조차 불확실한 시대에 살고 있는 우리의 마음은 늘 번잡하다. 입시를 앞둔 수험생의 불안, 40대 회사원의 머리를 문득문득 스치고 지나가는 불길한 예감은 예민한 성격을 지닌 사람의 과민반응만은 아니다. 노이로제의 징후 같은 사적 불안의 껍질을 벗겨 내면, 위험이 지배하는 세계의 파노라마가 펼쳐진다.

불확실한 환경 속에 있기에 불안을 느끼는 사람에게, 예측 가능성은 분명 구원이다. '예측'이라는 단어가 풍기는 아우라의 강도는 불확실성에서 벗어나고 싶은 열망의 크기에 비례한다. 예측에 대한 갈망은 우리를 주술사의 마법이 판치던 곳으로부터, 지식이 불확실성을 관리하는 합리화된 근대 사회로 이끈 원동력이다. 합리적인 지식은 계산에 근거한 예측을 이용해, 우리를 재앙으로부터 보호해 준다. 진보한 지식의 체계가 안전을 선물하는 일기예보가 있는 한, 태풍의 핵 속으로 항해하는 어리석은 사람은 없다. 쓰나미 경보가 내려졌을 때, 아무도 해안가토 가지 않는다. 지식과 기술이 우리를 재앙으로부터 보호해 준다는 믿음은 절대 흔들리지 않는 굳건한 현대의 상식이다. 우리의 상식대로라면 근대화된 사회는 안전해야 한다. 하지만?

쇠고기 앞어선 광우병을 걱정해야 한다. 슈퍼마켓 진열대 앞에서 유전자조작식품에 대한 걱정으로 망설여야 하고, 식당에서는 MSG(글루탐산나트륨)이 들어간 음식이 아닐지 의심해야 하고, 냉장고의 반찬통 앞에선 BPA(비 스페놀A)를 걱정해야 한다. 날이 갈수록 머릿속에 담아 두어야 할 알파벳 약어의 숫자가 늘어난다는 건, 근대화된 사회가 반드시 근대화되지 않은 사회보다 안전하다는 믿음을 파괴한다.

호랑이 담배 피우던 시절에는 홍수가 두려웠지만, 적어도 다이옥신으로 인한 불안은 없었다. 화산 폭발과 같은 재앙은 지금이나 예전이나 변함없이 발생하지만, 전자파에 대한 걱정은 풍요로운 사회에 살고 있는 사람들만의 몫이다. 근대화가 우리에게 가져다준 위협은 전근대적인 위협과는 다르다. 재앙으로 인한 불안은 지식의 부족과 기술의 저발달에 뿌리를 두고 있지만, 새로운 불안은 기술적 진보 때문에 발생한다. 안전을 약속했던 근대화의 끝자락에서 우리가 만나는 '예측'하지 못한 위협을 독일의 사회학자 울리히 벡은 위험이라 불렀다. 벡에게 국제적 명성을 가져다준 1986년에 출간된 그의 저서

『위험사회』의 주인공은 기술관료적 사고방식이 지배하는 합리적 사회의 부메랑 효과로 탄생한 위험이다.

근대화 이전 사회에서 인간은 기술의 부족 때문에 위험했다. 강을 통제할 공학기술이 없었기에 홍수로 사람이 죽었고, 병균을 다스릴 의학기술이 없었기에 '호환·마마'가 무서웠다. 하지만 다이옥신과 전자파의 희생자는 무당이 굿을 하던 시절에는 없었다. 다이옥신과 전자파가 유발하는 '위험'은 "부의 사회적 생산에 위험의 사회적 생산이 체계적으로 수반"[24]되는 근대화된 사회에서만 발생한다. '위험'은 고도로 발달된 기술을 먹고 자란다.

저발달 사회에는 원자력발전소도 없다. 따라서 원자력발전소로 인한 위험은 저발전국에서는 발생하지 않는다. 지구상에서 현재 가동되고 있는 원자력발전소 439기의 분포를 보면 이 사실은 명확해진다. 2013년 1월 국제원자력기구IAEA에 따르면 439기의 원자력발전소는 단지 31개 나라에 집중되어 있는데, 이 나라들의 공통점은 저발전국가가 아니라는 점이다. 원자력발전소는 기술의 선진국에서나 나타나는 기술 합리화의 표상이다.

1978년 고리 원자력발전소가 처음으로 가동되기 시작했을 때, 그것은 근대화의 상징이자 선진국으로 진입했음을 알리는 과학입국의 신호였다. 원자력발전소는 우라늄을 에너지 물질로 사용하지만, 그 정신적 에너지원은 지식 체계와 전문가 시스템에 대한 믿음이다. 원자력발전소는 시멘트가 아니라, 이 믿음을 재료로 지어졌다. 통제와 예측에 대한 믿음을 접착제로 삼아 지어진 원자력발전소는 신뢰라는 접착제가 혁연로봉과 함께 녹아내리지 않는 한, 경지에 오른 기술 능력을 상징한다.

위험은 눈에 보이지 않는다. 통제와 예측의 시스템이 제대로 작동한다면, 위험은 아예 존재하지 않는 것처럼 보인다. 위험은 발생하고 난 후에야 가시화된다. 미국의 스리마일Three Mile 섬에 원자력발전소가 있다는 사실은 1979년 3월 28일 TMI 2호기에서 노심용해 사건이 벌어지고 난 이후에야 알려졌다. 눈에 보이지 않았던 원자력발전소의 위험은 괘닉에 빠져 집에서 도망친 스리마일 원자력발전소 주변에 살던 무려 10만 명의 피난민 행렬이 나타날 때야 우리의 눈에 보인다. 체르노빌에는 1986년 이전에도 원자력발전소가 있었지만, 사람들은 방사능 누출 사고가 벌어진 4월 25일 이후의 체르노빌만을 기억한다. 원자력발전소의 위험은 살금살금 나타난다. 체르노빌 원자력 사고 당일에 죽은 사람은 다섯 명이지만, 피폭으로 인한 사망자는 사고가 난 후 지금까지도 지속적으로 발생하고 있다. 세상에 존재하는 수많은 원자력발전소 중 하나에 불과했던 후쿠시마 원자력발전소는, 2011년 3월 11일 이후 과학이 빚어낸 위험의 또 다른 상징으로 자리 잡았다. 스리마일, 체르노빌 그리고 후쿠시마의 공통점은 회복 불가능하고 돌이킬 수 없는 치명타를 남긴 과학 선진국에서 과학이 빚어낸 위험이라는 점이다.

현실의 위험은 실험실에서는 예측될 수 없다. 위험으로부터의 안전 여부가 실험실 안에서 검증되었다 하더라도, 모든 요인들이 통제된 실험실 안이 아니라 실험실 외부의 환경과 부딪힐 때 검증된 안전

은 무색해진다. 후쿠시마 원전은 높이 5미터의 쓰나미가 덮치는 실험실의 통제된 상황에서는 안전하지만, 5미터를 넘는 쓰나미가 발생한 현실에서 그 계산된 안전은 쓰나미와 함께 쓸려 내려갔다.

실험실 안에서의 계산은 잘못되면 전문가의 명성과 그를 내세워 통치하는 관료들의 정치 생명을 위태롭게 하지만, 모든 것을 통제하고 계산했다는 주장이 틀렸음이 드러나는 순간 실험실 외부에 있는 사람들은 명성이나 평판이 아니라 생명을 위협받는다. 실험실 안의 상황에서는 삶을 구성하는 요소들이 분해되어 통제되고 계산되지만, 생명의 그릇인 개인의 삶은 요소로 분해될 수 없다. 실험실에서 계산되는 위험 물질의 인체 허용치는 요소별로 제시될 수 있어도, 위험에 직면하고 있는 인간과 자연은 "대기, 물, 토양, 식품, 가구 등에 함유된 모든 종류의 오염물질과 독극물을 한데 모아 담는 그릇이다."[25] 방사능이 함유된 비를 맞고, 기준치 이하이지만 오염된 공기를 마시고, 과학자들이 안전하다고 입증했다는 물을 마시는 일은 매일매일 일어나는 우리의 일상이다.

기술관료들은 원자력발전소가 사고를 일으킬 가능성이 로또에서 연속으로 두 번 1등에 당첨될 확률처럼 희박하다고 우리를 안심시키려 한다. 하지만 그들은 발생 가능성이 확률적으로 적은 한 번의 사고가 불러일으키는 위험이 상상을 초월할 정도로 큼을 시인하지 않는다. 후쿠시마 원전에 쓰나미가 닥칠 확률은 비가 올 확률과 비교해 보자면 제로에 가까웠다. 하지만 막상 그 제로에 가까운 일이 일어나면 돌이킬 수 없는 결과가 발생한다. 실험실에서 발생한 위험은 다시 변수들을 통제해 재실험을 하면 그만이지만, 실험실 외부에서 발생한 위험은 그 이전으로 절대 돌아갈 수 없다. '그날 이후'에야 비로소 가시화되는 위험 앞에선 계급도 국경도 인종도 성별의 차이도 아무런 의미가 없다. 위험이 벌어진 '그날 이후' 모든 인간은 위험에 동시에 노출된다. 모든 이에게 공평한 기회가 부여되는 민주주의의 이상은 희한한 방식으로 근대화의 끝자락에서 실현된다.

위험이 현실화되었을 때 미디어는 "막을 수 있었던 인재"였다는 단골 결론을 내린다. 관리를 제대로 하지 않았던 주무 부처의 문제점을 파헤치는 미디어의 보도를 보면서 사람들은 카타르시스를 느낄 수 있지만, 인재 담론은 오히려 위험의 본질을 은폐한다. 부실 공사로 인해 붕괴된 공사장의 현장에서, 유해 물질이 들어간 불량식품을 제조하고 있는 현장으로 마이크와 카메라는 종횡무진 이동하며 매일 저녁 거실로 위험을 보고하지만, 그 카메라는 위험의 진앙으로는 들어가지 않는다.

위험은 더 깊은 곳에서 자란다. 위험의 생산자는 정신줄을 놓은 관리자의 태만도, 설계상의 실수나 예측하지 못했던 돌발 변수도 아니다. 위험은 우리를 안전하게 보호해 주리라 믿었던 "무지가 아니라 지식에, 자연에 대한 불충분한 지배가 아니라 완전한 지배에, 인간이 좀처럼 알 수 없는 것이 아니라 산업시대에 확립된 규범과 객관적 제약의 체계"[26]에 따라 브레이크 없는 기관차처럼 돌진하는 근대화의 논리 속에서 잉태된다. 그렇기에 패닉에 빠진 사재기도, 갈수록 늘어나는 보험증서도 한번 발생하면 돌이킬 수 없는 치명적인 결과를 낳는 너무나 민주적인 위험으로부터의 비상구일 수 없다. 위험을 끊임없이 생산하는 과학에 대한 근본적인 성찰이 없다면.

『위험사회』는 불확실성을 과장해서 보험 상품을 팔아먹으려 하는 보험 판매원의 해법과도, 신흥종교의 말세 협박과도 거리를 둔다. 보험 판매원이 우리에게 미래에 닥칠 각종 위험에 대해 이야기하고 보험 상품 소개 카탈로그를 슬쩍 내밀 때, 위험으로 인한 공포감으로 순간 소름이 돋는다. 종말이 분명하게 온다는 말세론을 내세우는 신흥종교의 주장은 슬쩍 우리의 염세적 태도를 건드리기도 한다. 위험을 강조할 뿐, 위험이 만들어지는 메커니즘을 알려 주지 않는 주장은 우리를 때로는 심리적 패닉으로, 염세주의로 이끈다. 하지만 진짜 패닉은 위험 그 자체 때문이 아니라, 위험이 발생하는 원인에 대한 인식이 방해받을 때 발생한다.

근대화가 위험을 만들었다면, 위험의 생산자인 근대화의 원리로부터의 탈출구는 위험 인식을 가능하게 하는 새로운 민주주의에 있다. 새로운 민주주의는 기술 관료적 합리성에 근거해 구축된 풍요사회의 한계로, 그 사회를 지탱하고 있는 전문가들의 합리성 독점으로 인한 폐해로 눈을 돌린다. 때로는 위험의 생산자인 과학보다, 위험의 인식을 방해하고 있는 관료제가 더 무서운 법이다. 미국산 쇠고기의 광우병 위험성이 이슈가 되었을 때, 안전하다는 말을 되풀이하는 관료를 향해 촛불시위라는 시민 참여형 직접민주주의가 그래서 등장했다. 『위험사회』가 제시하는 해법은 공포 조장이 아니라, 새로운 민주주의로 위험의 인식을 방해하는 관료제를 교정하는 것이다.

출간된 지 5년 만에 6만 권이나 팔렸던 베스트셀러 『위험사회』는, 녹색당이 위험 성찰을 정치 의제화하고 전문가 독점을 대신하여 시민 참여 가능성을 열어 놓으며 현실 정치의 스테디셀러가 되는 데 적지 않은 기여를 했다. 때로는 사회과학자들이 현실을 변화시키는 데 기여할 수 있음을, 그리고 잘 팔렸기에 의미 있음을 이 책은 보여 준다.

하지만 원자력 에너지가 청정 에너지로 가장되는 의미의 전도가 일어나는 시뮬라크룸simulacrum*이 지배하는 한국에서 '위험'이라는 단어는 갈 길을 잃고 있다. 1986년에 출간된 이 책은 그다지 늦지 않은 1997년에 한국어로 번역되었지만, 책 속의 메시지는 적절한 수신자를 찾지 못하고 있다. 이곳에서는 후쿠시마 '그날 이후'에도 원자력은 안전하다는 메시지가 후크송처럼 반복되며 배경음악으로 깔린 무대 위에서, 지역 개발 업적을 내세워 재선을 노리는 정치인이 각본을 쓰고, 위험 인식을 막기 위해 안간힘을 쓰는 관료와 전문가가 주인공으로 등장하는 희극이 공연되고 있다. 이들은 '위험'이라는 단어만 들으면 자신들의 속내를 들킨 양 패닉에 빠진다. 희극은 언제든 비극으로 변할 수 있음을 알고 있기에, 패닉에 빠진 그들의 공연을 구경하고 있는 우리들은 그래서 희대의 코미디를 보고도 웃을 수 없다.

---

* 가상, 거짓 형상 등을 뜻하는 라틴어로 프랑스의 사회학자 보드리야르Jean Baudrillard가 원본과 복제품을 구별할 수 없고 나아가 원본 없는 복제품이 만연하는 현대 사회의 특성을 담아 표현했다.

| 종교 |

자본주의가 종교를 만날 때

막스 베버, 『프로테스탄티즘의 윤리와 자본주의 정신』
필 주커먼, 『신 없는 사회』
발터 벤야민, 「종교로서의 자본주의」

어떤 사람이 술자리에서 농담 삼아 이렇게 말했다. 모텔 옆 교회, 교회 옆 모텔은 일종의 토탈 패키지라고. 모텔이 많다는 건 그만큼 모텔에서 죄를 짓고 있는 사람들이 많다는 뜻이며, 죄를 지은 사람의 숫자만큼 속죄할 수 있는 시설이 필요하다는 것이다. 그래서 한국에는 모텔의 수에 버금가는 교회가 필요한 거라는 말이다. 신앙이 있는 사람에게는 종교를 조롱하기 위해 지어낸 불경한 농담처럼 들리고, 무신론자에게는 자신이 종교를 멀리하는 이유를 정당화시켜 주는 듯한 냉소적인 주장이다. 불경하다고 받아들이든 시니컬하게 받아들이든 상관없이, 이 농담은 한편으로는 경험적 진리를 다른 한편으로는 학문적 진리를 담고 있다.

그날 술자리에서 집으로 돌아가는 버스 안에서 창밖 풍경을 보았다. 한밤중에 도시에서 네온사인이 반짝이는 곳으로 눈길을 돌리면 저곳에 교회나 모텔이 있다. 경험적으로 분명 한국에서 성聖과 속俗의 거리는 멀지 않다. 심지어 안마 시술소와 키스방이 있는 빌딩에도 교회는 있다. 속俗이 밤을 잊은 채 불타고 있으면, 배트맨이 없는 도시에선 세속의 악을 치유하기 위한 통성기도의 목소리도 높아진다. 우리의 땅은 노라처럼 고요하지도 거룩하지만도 않다.

본래 성과 속의 관념적인 공간적 거리는 절대적으로 멀어야만 한다. 성스러운 신전은 범속과 거리를 두어야만 더욱 성스러워 보인다. 성聖이 차지하던 절대적 위치가 더 이상 유지되지 않을 때, 성이 절대적으로 높은 곳에서 모든 것을 규정하는 규준으로 더 이상 작용하지 않을 때, 그리하여 성과 속이 병렬될 수 있는 가능성이 열리는 과정을 세속화世俗化라 한다. 모텔 옆 교회, 교회 옆 모텔을 들먹이던 그 사람의 농담에는 경험적 진리뿐만 아니라 조야하기는 하지만 학문적 통찰도 담겨 있는 것이다. 세속화되기 이전의 사회에서 성은 속과 병렬될 수 없었지만, 세속화된 사회에서 성과 속 사이에 절대적 거리는 없다. 그리하여 세속화된 사회에서 모텔 옆 교회는 가능하다. '성性스러운 곳' 옆에 나란히 '성聖스러운 곳'이 있을 수도 있는 세속화된 사회에 우리는 살고 있다.

구원을 기다리는 사람에게 세속의 성동은 부질없다. 구원되지 못한다면, 지상의 금은보화에서 어떤 의미를 찾겠는가? 그래서일까? 종교적 구원을 기다리는 사람은 당연히 금욕주의적 삶의 철학을 취하고, 금욕적 삶의 농도가 임계치를 넘으면 성직자라는 특별한 삶이 시작된다. 금욕주의는 성스러움이 지배하는 사회에선 일종의 신앙적 깊이를 표현한다. 성스러운 사회에선 세속적 부귀영화가 무의미하기에, 재물의 부자와 영혼의 부자가 다르다. 오히려 재물의 부자는 영혼의 부자와 달리 구원받기 어렵다고 한다. 그래서 낙타가 바늘구멍을 통과하는 것만큼 부자가 천당 가기가 어렵다고들 한다.

경계해야 할 '필요악' 정도로 치부되던 부에 대한 태도도 자본주의의 법칙과 만나면 수정된다. 종교개혁을 통해 부 자체를 위험한 것으로 여기지 않는 프로테스탄티즘이 태어났는데, 프로테스탄티즘의 탄생과 자본주의의 확산 사이에는 예사롭지 않은 친화성이 있다. 종교개혁과 자본주의와의 조우를 분석한 막스 베버의 통찰이다. 자본주의와 종교의 세속화가 만나면, 구원의 조건도 변화한다. 세속적 성공과 종교적 구원 가능성이 서로를 밀어내지 않는다는 사고방식을 베버는 '자본주의 정신'이라고 불렀다. 전통적 가톨릭이 세속적 성공을 견제한다면, 가톨릭을 부정하고 뛰쳐나온 프로테스탄티즘은 세속화의 흐름에 더 부합한다. 프로테스탄티즘은 성공을 두려워하지 않는다. 개신교는 사람들을 성공 지향적으로 만들 수 있는 종교이고, 그 자체가 전통으로부터의 혁신, 즉 종교적 성공을 지향하는 종교이다. 자수성가한 근면한 발명가, 성공한 사업가이자 100달러 지폐의 인물이며 미국인들이 가장 존경하는 사람으로 늘 꼽히는 벤저민 프랭클린은 프로테스탄티즘의 아이콘과 같은 사람이다. 프랭클린은 프로테스탄티즘 내에서는 가톨릭의 '아시스의 성 프란체스코'와도 같다.

프로테스탄티즘의 나라 미국에서 종교의 세속화가 프랭클린을 아이콘화하면서 전거된다면, 스칸디나비아 국가에서 종교의 세속화는 다른 양상으로 나타난다. 미국 출신의 사회학자 주커먼은 미국과 전혀 다른 양상으로 세속화가 진행된 나라에서 충격을 받았다. 종교의 세속화가 더욱 진전되어, 종교 자체가 문화로 용해되어 버린 나라, 그곳이 주커먼이 목격한 덴마크와 스웨덴이다. 종교가 문화로 분해되어 일상 속으로 스며들어 가버린 나라, 그래서 종교를 믿는다는 것 자체가 희한한 사례에 속할 정도로 극단적인 세속화의 길을 걷고 있는 나라인 덴마크와 스웨덴을 주커먼은 은유적으로 '신이 없는 나라'라 칭했다.『신 없는 사회』는 그 신기한 나라에 간 사회학자의 여행기이다.

유대인들이 유대교 신자가 아니어도 할례를 하듯, 유교 경전을 읽은 적도 없으면서 제사를 지내고 성묘를 하듯, 세속화의 끝자락에 서 있는 신 없는 나라에서 종교는 그저 전통이 된다. 덴마크와 스웨덴에서도 종교는 그랬다. "기독교인이 되는 것은 그들의 문화와 관련된 일이다. 모두 함께 물려받은 사회적 유산에 기독교 문화가 포함되어 있고, 어린 시절의 경험과 가족의 전통에도 그런 흔적이 드러나 있다. 기독교인이 되는 것은 탄생, 견진성사, 결혼, 죽음 등 삶의 의미 있는 통과의례들을 이어주는 통로다. 명절, 노래, 이야기, 음식도 여기에 관련되어 있다."[27] 종교가 하나의 전통으로 용해되어 버린 "덴마크인과 스웨덴인에게 종교는 토론이나 분석의 대상이 아닐 뿐만 아니라 비난하고 헐뜯을 대상도, 저항하거나 두려워할 대상도 아니다. 종교는 그것과는 완전히 다른 존재, 아예 화제가 되지 못하는 존재"[28]이다.

반면 주커먼의 고향 미국은 신이 충만한 나라다. 신이 없는 나라와 신이 충만한 나라는 너무나 다르다. "미국과 달리 스칸디나비아에는 전국적인 규모의 반反동성애자 권리운동이 없으며, '예수님을 위한 현금 입출금기'를 현장에 설치해 놓고 사람들이 신용카드로 헌금할 수 있게 해 주는 초대형 교회도 없고, 라디오에서 '변태들'과 죄인들에 관해 열변을 토하며 인기를 끄는 설교자도 없고, '하느님의 명령으로' 공직에 출마하기로 했다고 말하는 선거 후보자도 없고, 전화번호부 광고란에 '기독교의 물고기' 문양이 새겨져 있는 경우도 없고, 인간이 진화했다는 증거에 대해 공개적으로 의심을 표현하는 (그리고 진화론을 학교에서 가르치지 못하게 하려고 하는) 학교 이사회나 행정가도 없고, 성경 말씀을 기준으로 판결을 내리는 법관도 없고, 종교에서 영감을 얻어 '오로지 금욕'을 강조하는 성교육도 없고, 반反낙태운동이 제대로 지속되지도 못하고, 학교와 공립도서관에 '해리 포터 시리즈' 책들을 없애라고 학교와 시의회에 로비를 벌이는 학부모 단체들도 없고, 자연사박물관에 아담과 이브를 묘사한 설치물을 세우는 경우도 없고, 메뉴판과 식탁 위의 접시받침에 성경 구절을 찍어 놓는 식당도 없고, 전국적인 운동 경기 대회에서 인기 있는 운동선수들이 나와 운동장을 가득 메운 팬들에게 하느님을 찬양하며 기독교의 가르침을 전파하는 '믿음의 밤'도 없다. 종교가 번창하는 미국에서는 이 모든 것들을 볼 수 있는데 말이다."[29]

세속화는 두 가지 형태로 극단화될 수 있다. 한 형태는 덴마크와 스웨덴처럼 종교가 문화로 용해되어 신을 믿지 않으면서도 종교의 전통이 문화 전통과 관습으로 살아 있는 경우이다. 또 다른 형태는 종교가 자본주의로 용해되는 것이다. 자본주의와 종교의 융합, 발터 벤야민이 우리가 살고 있는 '아우라' 상실의 시대에서 발견한 법칙이다.

종교화宗敎畵에 깃들어 있는 성聖스러운 '아우라'가 상실되는 기술복제 시대의 사상가 벤야민은 그러한 시대를 낳은 자본주의에 눈을 돌렸다. 그리고 자본주의와 종교의 숨겨진 놀라운 유사 상동성을 발견했다. 종교의 전제는 '근심'이다. 근심, 걱정이 무엇인지조차 모르는 사람은 종교적 설득에 무덤덤하다. 근심이 없다면, 종교가 약속하는 '구원'도 매혹적이지 않은 관념에 불과하다. 하지만 '구원'은 근심에 가득 차 있는 사람에게는 거부할 수 없는 약속이다.

사춘기 시절의 염세적 고민은 현실적이지 않다. 하지만 성인의 고민은 매우 현실적이다. 사춘기 시절 우리는 '산다는 것의 의미'에 대해 묻기 시작했지만, 호구지책의 의무에서 잠시 면제되어 있는 사춘기 소년과 소녀들에게 '산다는 것'은 철학적 문제이지 현실적 문제가 아니었다. 하지만 성인이 되어 어린 시절 추상적 단어로만 다가왔던 삶의 고뇌와 번민을 피부로 느끼게 되면서, 우리는 크고 작은 걱정에서 벗어날 수 없다. 이건희의 자제들과 나의 삶 사이에 구축된 거대한 장벽을 삶의 법칙에서 느끼면서, 우리는 마르크스의 『자본』을 읽지 않고서도 삶의 계급 구속력이라는 개념을 어느새 몸으로 익힌다. 삶의 계급 구속성이 몸에 밴 사람의 머릿속에선 걱정이 떠날 틈이 없다. 벤야민의 말처럼 "걱정들Die Sorgen은 자본주의 시대에 고유한 정신병"[30]이다. 자본주의 속에서 산다는 것은 대부분의 사람들에게는 "정신적(물질적이 아닌) 탈출구 없음"을 의미한다.

종교는 사람들의 '걱정'을 건드리고, '걱정'을 대신해 '구원'을 약속한다. 자본주의도 마찬가지이다. 우리의 현실적 '걱정'은 많은 경우 자본주의의 법칙에서 유래하는데, '걱정'의 원천인 자본주의는 동시에 우리에게 자본주의적 '구원'을 약속한다. 그래서 자본주의는 일종의 종교의 기능을 한다. "자본주의에서 일종의 종교를 볼 수 있다. 즉 자본주의는 예전에 이른바 종교들이 그 답을 주었던 것과 똑같은 걱정, 고통, 불안을 잠재우는 데 핵심적으로 기여한다."[31]

종교에서 인간의 구원이 신에게 달렸다면, 종교가 된 자본주의에서 인간은 돈에 의해 구원된다는 차이만 있다. '종교로서의 자본주의'에서 구원 여부는 돈에 달려 있다. 돈이 있는 사람은 종교가 된 자본주의에 의해 구원받으며, 돈이 없는 사람은 구원받을 수 없다. 구원받지 못한 사람은 영원히 죄에서 벗어날 수 없다. 자본주의에서 돈이 없다는 것은 죄를 짓고 있음과 마찬가지이다. 독일어에서 '죄'를 의미하는 단어 '슐트Schuld'의 또 다른 뜻은 '빚'이다. 종교가 된 자본주의에서 돈이 없는 자는 빚이 있는 자이고, 빚이 있는 자는 죄를 지은 자이기에 구원에서 멀어진다.

세속화의 끝자락에서 자본주의는 종교의 마지막 남은 아우라마저 소멸시키고, 종교를 자신의 법칙 속으로 흡수한다. 단순히 종교가 자본주의의 법칙으로 빨려 들어간다면, 보수주의자의 눈에는 종교의 타락으로만 보일 것이다. 하지만 자본주의는 종교를 집어삼켜 종교를 타락시키는 것에 그치지 않는다. 왕성한 식욕으로 종교를 소화시킨 자본주의는 종교가 잡아먹힌 시대의 유일한 종교로 등극한다. 자본주의는 우리를 신 없는 나라로 데려가지 않는다. 종교를 집어삼킨 자본주의가 우리를 데려가는 곳은 자본이라는 유일신이 지배하는 성전이다. 그곳에서 자본주의는 지구상의 모든 종교를 집어삼킨 유일한 종교로 남아 있다.

구원에 대한 기대로 인간은 종교를 믿는다. 삶의 고통에 시달리는 사람은 천사의 구원을 기대한다. 적어도 신이 지켜 주는 한 안전하리라는 믿음 때문에 신자들은 불안을 잠재운다. 자본주의의 승자에겐 종교의 전통적 기능이나 인격화된 신 없이도 불안을 잠재우는 것이 가능하다. 삶의 고통은 자본의 힘으로 잠재울 수 있다. 자본주의의 승자는 세속적 권력조차 함부로 대하지 못한다. 재벌 총수가 불안을 잠재우는 방법은 평범한 사람들과는 다르다. 우리가 살고 있는 시대에는 각자 믿는 종교가 무엇이든, 우리 자신도 모르는 사이에 자본주의라는 또 다른 종교를 믿고 있는 셈이다.

인간이 자신의 의지와 열정 모두를 그 자체가 목적이자 사고 및 행위의 기준인 어떤 신조에 기꺼이 바치면서 자신을 희생하면, 그것을 우리는 종교적 믿음이라 한다. 자본주의가 종교인 사회에서 사람들은 자본주의적 니즈를 위해 자신을 희생한다. 만약 덴마크와 스웨덴이 신 없는 사회에 가깝다면, 그 나라 사람들이 기독교를 믿지 않기 때문이 아니다. 진짜 이유는 그들에게는 우리와 같은 자본주의에 대한 맹목적인 헌신이 부족하다는 점이다. "비종교적인 덴마크와 스웨덴, 대부분의 미국인이 보면 거의 하느님이 없다고까지 할 수 있는 이 두 나라에서는 어디서도 총이 보이지 않고, 형벌 체계는 감탄사가 나올 만큼 인정과 자비가 넘쳐서 재활에 중점을 두고 있고, 사형은 이미 오래전에 폐지되었고, 약물 중독자는 의학적 치료나 심리적 치료가 필요한 사람으로 여겨져 보살핌을 받고, 모든 사람이 훌륭한 보건 의료 서비스를 받을 수 있고, 노인들도 세계 최고의 보살핌을 받고, 사회복지사들은 괜찮은 임금을 받으며 충분히 감당할 수 있는 양의 일을 맡고, 정신병 환자들은 최상급 치료를 받고, 빈곤율도 모든 선진국 중에 가장 낮은 수준이다. 나는 어떻게, 왜 이런 현상이 벌어진 건지 궁금했다."[32] 수전노는 자본주의하에서 가장 종교적인 인물이다. 수전노는 자본주의에게 모든 열정과 의지를 헌납하는 중세의 수도사와 같다. 반면 자본주의가 맥을 못 추면, 종교 역시 맥을 못 춘다. 스칸디나비아의 신 없는 나라들이 그렇다. 과연 그러한 나라는 아주 지독히 종교적인 사람의 주장처럼 지옥에 가까울까?

2부

삶의 평범성에 대하여

| 이웃 |

나 홀로 고스톱

로버트 퍼트넘, 『나 홀로 볼링』
경향신문 특별취재팀, 『어디 사시요?』

길지도 않은데 너무나 불편해서 긴 시간처럼 느껴지는 순간이 가끔 엘리베이터 안에서 발생한다. 공동주택에 살고 있는 사람이라면 어쩌다 경험하게 되는 일이다. 엘리베이터를 탔다. 알 듯 말 듯한 사람이 엘리베이터에 올랐다. 아는 척을 해야 할까 말까 머릿속에서 고민이 된다. 아는 척을 하지 않기에는 어느새 서로 낯이 익은 사이이고, 아는 척을 하자니 어색하다. 그래서일까? 엘리베이터라는 작은 공간 속에서 사람들은 혹여 눈길이 교차될까 봐 최대한 딴짓을 하기 위해 노력한다. 이 상황을 모면할 수 있는 손쉬운 방법을 핸드폰이 제공한다. 다들 머쓱한 순간을 맞이하면 특별한 용무가 있는 것도 아니면서 각자 핸드폰을 꺼내 든다. 완벽한 타인도 아니고 대충은 서로에 대해 알고 있는 사람들이 가끔 치르는 이 순간의 멋쩍음은 왜 발생할까?

우리는 엘리베이터에서 만난 그 사람을 무엇이라 불러야 할지 모르기 때문이다. 나와 그 사람이 한 집단으로 묶인다면, 그 사람과 나를 하나로 묶어주는 호칭은 국민일까? 시민일까? 아니면 ○○아파트 1402동 입주민일까?

천연자원이 풍부하고 사람이 살기에 기후도 적당하다 보니, 사람들까지 품성이 온화하여 낯선 이방인에게도 친절한 나라를 여행하다 보면 부럽다는 말이 자연스럽게 떠오른다. 부러움은 질투와는 다르다. 질투는 경쟁자에게 느끼는 감정이다. 나와 별다를 바 없는 외모를 지닌 사람인데, 주변 사람들로부터 인기를 얻으면 질투가 생긴다. 하지만 후광이 비칠 정도로 완벽한 몸매와 얼굴을 지닌 사람을 감히 질투하지 않는다. 그 사람은 질투라는 감정이 생길 틈도 우리에게 주지 않는 완벽한 외모를 지니고 있다. 우린 그 순간 질투심을 버리고 그저 부러워한다.

오스트레일리아의 퀸즐랜드에 처음 도착했을 때 느꼈던 감정은 질투였다. 적당한 기온, 한적하다고 느낄 만한 인구밀도와 쾌적한 환경은 살인적인 인구밀도에 시달리고 있는 한국 사람이 질투를 느끼도록 하는 최적의 조건이었다. 하지만 질투심은 점점 부러움으로 바뀌기 시작했다. 사계절 따뜻한 아열대기후 지역에서 난방장치도 없이 사는 사람들을 보면서, 여름과 겨울을 반복하며 1년에 50여 도가 넘는 온도의 차이에 적응하면서 살아야 하는 나라의 사람이 어찌 부러워하지 않을 수 있겠는가. 그 기후와 자원은 우리가 따라잡고 싶어도 따라잡을 수 없다. 그러니 그 조건들을 갖춘 나라를 질투하는 건

부질없다. 그래서 그냥 부러워하기로 했다. 부러움의 끝에서 심지어 내가 오스트레일리아 사람이 되는 가정법에 빠지기도 했다. 만약 내가 오스트레일리아 사람으로 태어났다면?

한 개인이 어떤 집단에 속하는가에 따라서, 그래서 한 개인에게 이름이라는 고유명사뿐만 아니라 집합체를 지칭하는 어떤 일반명사가 따라다니는가에 따라, 그의 삶은 완전히 달라질 수 있다. 돈을 주고 살 수 있는 멤버십이라면 질투의 대상이다. 하지만 돈을 주고도 살 수 없는 멤버십이라면 질투심을 무력하게 만든다. 돈을 주고도 살 수 없는 멤버십을 때로는 인종이, 때로는 국적이 결정한다. 어떤 멤버십을 갖고 태어났는가에 따라 개인을 둘러싸고 있는 집단이라는 조건은 개인의 힘으로 어찌할 수 없는 영향력을 발휘한다. "하면 된다"는 격언은 사실 사람에게 용기를 주기 위한 하얀 거짓말에 가깝다.

오스트레일리아에 태어났다 하더라도, 만약 그 사람이 유럽인이 이주하기 전부터 살던 오스트레일리아의 본래 주인 애버리진Aborigine이라면 경우가 다르다. 애버리진에게는 백인 오스트레일리아 사람에게만 비밀리에 배부된 멤버십이 발급되지 않았다. 멤버십 없는 국외자들이 처한 운명의 서러움을 애버리진만큼 잘 보여 주는 사례가 또 어디 있으랴. 1900년부터 무려 1972년에 이르기까지 강제적으로 실시된 원주민 개화 정책에 따라 애버리진의 자녀들은 부모로부터 격리된 채 강제로 백인 가정으로 입양당했다. 우리가 여행객들이 부러워할 만한 기후 조건을 갖춘 오스트레일리아의 퀸즐랜드에 태어났다 하더라도 인종상 백인이 아닌 애버리진이라면, 퀸즐랜드는 축복의 땅이 아니라 '도둑맞은 세대Stolen Generation'의 '도둑맞은 땅'에 불과하다. 이렇듯 한 개인이 어느 집단에 속하는지에 따라, 또 어느 집단이 그 사람에게 '우리'라는 호칭을 허용하는지에 따라 운명은 달라진다.

개인이 어떤 집단의 일원이 되는가에 따라, 운이 좋은 개인은 개인의 능력 이상으로 인정받을 수도 있다. 같은 강도로 반대의 경우도 가능하다. 신중현이 영국인이었다면 폴 매카트니가 되었을 것이다. 하지만 폴 매카트니가 한국인이었다면 그는 신중현이 될 수밖에 없다. 한 개인이 소속된 집단이 별 볼 일 없다면, 개인의 능력과 상관없이 그 사람의 삶도 별 볼 일 없이 끝날 가능성이 더 높다. 사람들은 사회학자가 아니어도 본능적으로 혹은 삶의 경험에 따라서, 개인이 어느 집단에 속하는가에 따라 그 운명이 상당 부분 달라질 수 있음을 깨닫는다. 바로 이 점에서 학문적 지식과 사람들이 삶의 경험에 의해 깨달은 삶의 지식이 교차한다.

사람은 무리를 짓는다. 무리를 지어야만 생존할 수 있어서 인간을 사회적 동물이라 한다. 사람이 속한 무리는 때로 개인보다 더 많은 것을 결정한다. 어떤 무리에 속하는가, 혹은 어떤 무리가 그 사람을 받아들여 주느냐에 따라 개인이 생존하는 모습은 달라진다. 어느 대학의 동창회에 속해 있는지에 따라 개인의 능력이 발휘될 수 있는 가능성은 증폭될 수도 있고 축소될 수도 있다. 무리가 제공하는 이득의 달콤함에 눈을 뜬 사람들이 집단을 이룰 때, 패牌가 형성된다. 패거리는 이익을 기대하며 만들어진 무리이다. 그래서 패거리는 그 안에 속한 사람과 속하지 않는 사람을 엄격하게 구분한다. 패거리를 구성하는 사람이 늘어날수록, 패거리끼리 나누어 갖는 이권이 줄어들기 때문이다.

    패거리가 이익집단화된 패당은 없어도 된다. 인간이 사회적 동물이라는 명제는 패당을 정당화하기 위해 만들어지지 않았다. 하지만 패당이 싫다고 세상을 등지고 홀로 살아갈 수도 없다. 패당을 물리치는 일은, 패당과는 다른 인간의 무리를 만듦으로 가능하다. 이런 인간의 무리를 우리는 '이웃'이라 명한다. 이웃한 사람들끼리 만들어내는 무리인 이웃은 패당처럼 당장의 이익을 목표로 삼지 않는다. 패당은 당장의 이익을 위해 급조된, 그렇지만 이익이 확실하게 보장된다면 매우 강한 연대감으로 뭉치는 무리이다. 하지만 이웃은 다르다. 이웃은 급조될 수 없다. 이웃은 급조될 수 없는 무리이기에, 이익이 보장되지 않으면 신기루처럼 사라지는 패당과 달리 형성되면 쉽게 사라지지도 않는다.

    그럼에도 집어등을 향해 꼬이는 물고기 떼처럼, 이윤의 둘레에만 무리가 형성되는 사회에선 이웃은 무력하기만 하다. 이웃이 살해된 묘지 위에선 패당이 왕성한 번식력을 자랑하는 독버섯처럼 자란다. 관념으로서의 대학 동문은 이웃이지만, 사실로서의 대학 동문은 패거리에 가깝다. 대학이 졸업생에게 제공하는 최고의 선물은 지식과 교양이 아니라 동창회라는 패거리에 가입할 수 있는 멤버십이다. 대학을 졸업한 후 개인의 삶은 어느 대학의 졸업장을 갖고 있는가에 따라 결정됨을 삶의 경험 속에서 깨우친 사람은 대학 시절 몰랐던 졸업장의 숨겨진 진가를 뒤늦게 깨닫게 된다. 그런 사람들이 집어등의 물고기처럼 동문회에 몰려든다. 같은 대학 출신임이 확인되자마자 형 동생이 되고 누나 오빠가 되며, 같은 종교를 믿는다는 이유 하나만으로 형제님 자매님이 되어 버리는 사회에서, 사람들은 무리를 짓는 이유가 거룩한 믿음도 학문에 대한 열정도 아니라 이익 보장을 위한 멤버십임을 숨기고 있다.

    패거리는 다름을 원하지 않는다. 아니 오히려 두려워한다. 패거리 내에서 개성은 사치이자 위험 요소이다. 패거리는 유니폼을 좋아한다. 패거리 내에서 가장 유리한 조건은 개성이 아니라 동질성이다. 속물들이 이익을 탐하기 위해 패거리를 형성하고 패당이 끼리끼리 해 처먹는 도당徒黨이 되었을 때, 패당에 염증을 느끼고 돌아선 사람들이 이웃을 만나고자 해도 환영해 줄 이웃이 없을 때, 미국의 정치학자 로버트 퍼트넘의 책 제목처럼 '나 홀로 볼링'이 벌어진다. 퍼트넘의 한국어 번역판은 원제목 '볼링 얼론Bowling Alone'의 충실한 직역인 『나 홀로 볼링』을 제목으로 선택했다. 볼링이 우리에게 대중화된 스포츠가 아니기에 직역 대신 문화적 맥락의 번역까지도 시도해 본다면, 퍼트넘의 책 제목은 다소 경박하게 들릴 수도 있지만 '나 홀로 고스톱'으로 옮겨 볼 수도 있겠다. 도박의 목적이 아닌 재미로 치는 고스톱의 진짜 매력은 게임 그 자체보다 같이 게임에 참가하고 있는 사람들과의 수다에 있다. 그래서 재담이 넘치는 사람과 고스톱을 치다 보면 시간 가는 줄도 모르고 빠져들기도 한다.

    하지만 혼자 고스톱 치는 광경을 생각해 보라. 혼자서 하는 고스톱만큼 재미없는 오락이 세상에 또 어디 있으랴? 하지만 부인할 수 없는 분명한 사실 하나. 적지 않은 사람들이 이미 혼자서 고스톱을 치고 있다는 것이다. 이유는? 같이 고스톱을 칠 만한 사람이 없기 때문이다. 미국에서 이웃이 없는 사람들이 혼자 볼링을 치는 해괴한 현상이 발생하듯이, 한국에선 혼자 고스톱을 치는 사람들이 등장한다.

패당은 서로 이격만리에 떨어져 있어도 형성되지만, 호혜적인 공동체인 이웃은 정주定住를 전제로 한다. 하지만 전 국민의 대다수가 부동산 유목민인 한국에서 정주할 수 있음은 그 자체가 특권이다. 정주의 가능성은 사람에게 없다. 정주의 명령은 사람이 아니라 자본이 내린다. 부동산 가격을 감당할 수 있는 사람은 자신의 의지에 따라 정주할 터를 결정하지만, 그렇지 못한 사람은 자기 맘대로 결정할 수 없다. 정주의 터는 그 사람이 감당할 수 있는 비용이 결정한다.

각자가 살고 있는 그곳에 얼마나 머무를 수 있을지도 거주민이 결정하지 못한다. 그곳에 머무를 수 있도록 허락하는 주체는 부동산 가격이다. 부동산 가격의 변동을 통제할 만큼의 재산을 갖고 있지 못한 사람에게, 지금 살고 있는 그곳은 정주의 터가 아니라 허가받은 임시 거주지에 불과하다. 이제 대부분의 사람들은 삶 위에 터전을 짓지 않고, 등기부등본이라는 추상의 세계 위에서 잠을 자고 밥을 먹는다. 경향신문 취재팀이 발로 뛰어 밝혀낸 자료에 따르면, "세입자와 주택 보유자를 불문하고 우리나라는 인구의 19퍼센트가 매해 이사를 다닌다. 전 인구 다섯 명에 한 명꼴, 1년에 약 870만여 명이 이삿짐을 싸고 푼다는 얘기"[1]이다.

정주의 조건을 갖춘 집 있는 사람도 집을 터전이 아닌 투자가치를 지닌 부동산으로 이해하는 한 유랑자의 신세를 벗어나지 못한다. 부동산 가치의 동향이 집 있는 사람의 정주를 결정한다. 그 사람은 부동산 가치의 상승이 예상되는 기간 동안만 정주한다. 혹시 폭락이 예상된다면 재빨리 그곳을 떠나 또 다른 폭등이 예상되는 곳으로 유랑할 준비가 되어 있는 이들에게 유랑 횟수는 박탈이 아니라 재테크의 능력을 보여 주는 지표에 다름 아니다. 부동산 가치의 상승을 쫓아 유랑을 거듭하는 사람은 동네 사람에 대해 관심 없다. 부동산 가치를 찾아 언제든 떠날 준비가 되어 있는 사람들이 모여 있는 아파트 단지에서 같은 동네에 살고 있다는 사실은 아무런 의미를 지니지 않는다.

    이웃한 사람의 가치는 내가, 그리고 그 사람이 오랜 기간 동안 그곳에 머무를 때만 의미를 지닌다. 나그네끼리는 원래 서로 관심 없는 법이다. 언제든 떠날 준비가 되어 있는 사람은 옆 집 사람보다 부동산 가치의 동향이 더 궁금하다. 평소에 이웃이라는 느낌이 전혀 없던 사람들도 부동산 가격이라는 이익을 지키기 위해 서로를 필요로 하는 순간이 생긴다. 이렇게 무리 지은 동네 사람들은 이웃이라기보다 부동산 가격을 사수하기 위한 패당에 가까워진다. 패당은 부동산이라는 공동의 이익을 지키기 위한 은밀한 약속이 이뤄지는 반상회에서는 서로 반갑게 인사하지만, 패당의 회합이 끝나면 각자 인사도 없이 헤어진다. 집어등을 쫓는 물고기 떼와 같았던 패당의 무리는 집어등이 꺼지면 이웃과 엘리베이터에서 만나도 인사하지 않은 채 집에 올라와서는 컴퓨터를 켜고 혼자 고스톱을 친다. '나 홀로 볼링'은 퍼트넘에게 하나의 은유였지만, '나 홀로 고스톱'은 한국에선 이미 현실이다.

빚을 끼고 새 아파트로 이사한 사람을 반기는 건 미리 터를 잡고 살고 있는 이웃이 아니라 빚으로 인해 생기는 걱정과 불안이다. 빚을 깔고 빚을 덮고 자는 사람들은 새 아파트로 이주하고 새 동네로 이주한 후에도 주위 사람들과 이웃 관계를 맺을 여유가 없다. 모두가 겉으로 드러나지 않은 경제적 불안감에 휩싸여 있을 때, 사람들은 서로에게 친절할 수 없고 무관심할 수밖에 없다. 제 코가 석자인 사람들이 모여 사는 곳의 풍경이다. 그 풍경의 한 단면은 이렇다. "'재테크'로 돈을 벌었다고 생각하는 윤 씨는 '한편으로는 잃은 것을 무시할 수 없다'고 말했다. 새 동네에 이사 갈 때마다 마트와 약국, 빵집을 찾는 사소한 일까지 적응하는 것은 스트레스예요. 아이의 경우 유치원에서 「친구하자」는 또래의 말에 울음을 터트리기도 하고, 초등학교 때는 이사 가기 싫다고 엉엉 울기까지 해서 미술심리치료를 받기도 했죠. 사실 한 동네 살면서 이웃과 친하게 지내본 적이 없어요. 반상회도 무관심해지게 되는데, 또 언제 이사 갈지 모르잖나 싶어서 그러거든요. 그런 태도가 저도 모르게 몸에 밴 것 같아요.'"[2] 그래서 아파트의 엘리베이터에서 반갑게 아는 척을 하는 사람은 외판원이거나 전도하러 나온 사람이다. 외판원도 전도하는 사람도 아니라면 나그네들은 서로 인사도 없이 헤어진 채, 나 홀로 고스톱을 치거나 '이웃'을 찾아 오늘도 인터넷 커뮤니티 활동에 목숨을 건다.

| 성공 |

자기계발서의 장르 규칙

새뮤얼 스마일즈, 『자조론』

칸트의 『순수이성비판』이라든가 루소의 『에밀』처럼 누구나 알고 있는 책이 있다. 저자의 이름을 듣자마자 조건반사처럼 책 제목이 떠오르는 이런 책들은, 제목이 어찌나 귀에 익은지 내용을 잘 알고 있다고 착각까지 할 정도이다. 하지만 정작 전문학자들을 제외하면, 이런 유명한 책들을 실제로 읽은 사람은 그다지 많지 않다. 그래서인지 유명세에 비해 이런 책들의 영향력은 대학 강의실을 벗어나기 힘들다. 반면 양서로 분류되지는 않지만, 일상의 상식적 판단에 강력한 영향력을 행사하는 책들이 있다. 강의실에서 칸트가 언급될 때 졸고 있던 대학생도 도서관에서 기꺼이 대출하고, 대학을 졸업한 후 책 읽기와는 거리를 두던 직장인도 일부러 서점에 들르도록 만드는, 자본주의의 스테디셀러이자 이 시대의 베스트셀러인 이른바 '자기계발서'가 바로 그런 책이다.

돈으로 할 수 있는 일이 갈수록 늘어나고, 금력 앞에서 권력도 맥을 못 추는 자본주의의 법칙이 확장되는 사회에서 성공은 인생의 옵션이 아니라 정언명령과도 같다. 위인전에는 훌륭한 사람의 스토리가 담겨 있지만, 훌륭한 사람이 성공한 사람과 동의어가 된 사회에서 위인전은 돈을 향한 사람들의 욕구를 충족시켜 주지 않는다. 그래서일까? 우리가 살고 있는 시대는 위인전을 아동문학으로 취급한다. 위인전을 읽고 자란 아이들이 성인이 되어 돈의 힘을, 그리고 그 힘이 제공하는 돈맛을 알게 되면 위인전을 덮는다. 위인전을 덮은 어른들이 찾는 책, 그 책을 부르는 일반명사가 자기계발서이다.

성공에 목숨 거는 사람이 많아질수록 자기계발서 출간 열풍도 멈출 줄 모른다. 인터넷 서점의 메인 페이지에도 대형 서점의 매대에도 자기계발서는 눈에 잘 보이는 위치에 자리 잡고 있다. 자기계발서가 빠진 목록을 생각할 수 없을 정도로 베스트셀러 순위의 단골손님이다. 하지만 최신간인 자기계발서를 펼쳐 페이지를 넘기다 보면 돌연 '데자뷰 déjà vu' 현상에 빠져든다. 장르의 규칙을 설명하는 교과서처럼 줄거리가 진행되는 텔레비전 아침 드라마인 양, 신간이라는 타이틀이 무색할 정도로 새로 나온 자기계발서의 내용들은 아주 익숙하기만 하다. 이 익숙한 느낌은 자기계발서의 장르 규칙이 유발하는 일종의 혼동이다. 자기계발서는 하이틴 로맨스만큼이나 모범생처럼 장르의 관습을 충실히 지킨다.

이 장르의 규칙은 언제 시작되었을까? 출간되자마자 순식간에 네덜란드어, 프랑스어, 독일어, 덴마크어로 번역되고 일본에서도 초대형 베스트셀러가 되어 메이지 유신의 정신적 동력 구실을 했던 책이 있다. 1859년 새뮤얼 스마일즈가 쓴 자기계발서의 전설 『자조론』은 자기계발서 장르 규칙의 원조 격이다.

이후에 등장한 자기계발서들은 모두 '『자조론』의 변주곡'이라고 부를 수 있을 정도로, 『자조론』은 자기계발서를 관통하는 장르 규칙의 원형을 만들어 냈다. 어느 자기계발서를 펼치든 볼 수 있는 표현과 메시지들, "하늘은 스스로 돕는 자를 돕는다", "좌절이 성공의 문", "늘 자신을 준비시켜라", "잡은 기회는 놓치지 마라", "결심하라, 끝내 이룰 것이다", "때를 놓치지 마라", "굴하지 않는 의지력으로 평생의 꿈을 이루어라" 등등은 모두 스마일즈의 창작물이다. 자동차 산업의 새로운 생산 방식을 헨리 포드의 이름을 따서 '포디즘'이라 명명하듯이, 자기계발 산업의 장르 규칙을 '스마일즈주의'라 명명해도 괜찮을 정도이다.

완성도만 보자면 『자조론』은 형편없는 책이다. 하지만 『자조론』을 관통하는 자기계발서 장르의 규칙이 발휘하는 설득력은 체계의 취약함을 감춘다. 『자조론』은 논리적 완성도가 아니라 엄격한 장르 규칙 준수를 통해 영향력을 발휘한다. 장르의 규칙에 따르면, 이 세상의 사람은 오직 두 종류로 구분된다. 한편에 누구나 부러워하는 사람이, 다른 한편에는 실패한 사람이 있다. 선한 사람과 악한 사람, 이기적인 사람과 이타적인 사람 같은 전통적인 인간 분류 체계 대신, 자기계발 장르의 규칙은 인간을 성공과 실패를 기준으로 이분법적으로 나눈다. 성공한 사람과 실패한 사람 사이에는 어떤 인간학적 공통분모도 없다. 그들은 서로 다른 종이다. 둘 사이에는 어떤 교집합도 없고, 패자부활전은 어떤 경우에도 허용되지 않는다. 인생은 성공을 향한 한 방 승부이다.

『자조론』은 성공한 사람들의 '만인보萬人譜'이다. 다양한 직업을 가진 사람들이 이 책에서 소개되는데 그들의 공통점은 단 한 가지, 성공했다는 사실이다. 그리고 그 성공의 비밀은 '자조'에 있다는 것이다. "한 사람의 인생에서 가장 큰 업적은 대개 평범한 수단과 자질들을 활용함으로써 이루어진다. 평범한 일상 속에는 온갖 관심사와 필요성, 의무와 함께 최고의 경험을 얻을 수 있는 풍부한 기회가 있다. 진정한 일꾼은 아무리 힘든 길을 걸어가도 노력을 통해 자기 발전을 이룰 수 있는 충분한 여지를 발견한다. 행복의 길은 근면이라는 오래된 도로를 따라 뻗어 있다. 성실하고 끈기 있게 일하는 사람들은 늘 최고의 성공을 거두게 마련이다."[3]

반복되는 성공 스토리를 듣고 있다 보면 독자는 저절로 스마일즈에게 간청하게 된다. "저도 성공하고 싶어요. 알려주세요 그 비밀을 제발." 그 간청에 부합하듯 스마일즈는 독자에게 속삭인다. "성공한 사람들의 공통점을 찾아냈어요. 그리 어렵지 않아요. 당신도 할 수 있어요. 힘내세요. 누구나 할 수 있는 몇 가지 원칙만 지키세요. 그 원칙이 그들을 성공으로 이끌었어요."

스마일즈가 찾아낸 성공의 비밀은 대단하지 않다. 그에 따르면 성공한 사람은 성실하다. 그 사람은 인내심이 많고 끈기가 있으며 목

적을 향해 쉬지 않고 달려가는 불굴의 의지를 갖고 있다. 성공 요인은 오로지 성공한 사람의 자질이지, 그 사람이 처한 유리한 사회적 환경은 아니다. "행운의 여신은 종종 눈이 멀었다고 하지만 우리처럼 눈먼 것은 아니다. 좀 살펴보면 행운은 언제나 부지런한 사람들 편임을 알 수 있다. 마치 바람과 파도가 최고의 항해가 편을 들듯이 말이다. 이치나 사실을 밝혀내는 가장 쓸모 있는 도구는 상식, 관심, 몰입, 인내와 같은 평범한 자질들이다. 여기에 천재성은 필요하지 않을 수도 있다. 위대한 사람은 천재적인 능력을 그다지 신봉하지 않으며 평범한 성공인들과 마찬가지로 지혜롭고 끈기가 있다. 어떤 이들은 심지어 천재성을 강화된 상식 정도로 여기기도 한다. 한 대학의 학장은 천재성을 노력의 힘으로 설명했고, 뷔퐁은 인내력이라고 했다."[4] 성공 요인이 전적으로 개인에게 귀속되듯이, 실패 요인 역시 실패한 사람에게로 귀착된다. 성공한 사람에게 '근면', '몰입', '인내' 등의 단어가 할당된다면, '게으름', '산만함' 등의 단어는 성공하지 못한 사람에게 어울린다는 것이다.

『자조론』은 성공과 실패를 사회적 맥락에서 해석하지 않는다는 자기계발 장르의 두 번째 규칙을 철저히 지킨다. 성공과 실패는 전적으로 개인의 능력에 따른 결과이다. 사회과학이 아프리카 저발전국에서 스티브 잡스가 등장할 수 없는 이유를 설명한다면, 자기계발서의 장르 규칙에 따르면 그건 핑계다. 스티브 잡스는 사회 환경의 차이에 아랑곳하지 않고 출현할 수 있다. 단 전제가 있다. 믿어야 한다. 믿지 않으면 성공할 수 없다. 두 가지 장르의 규칙을 지키면 자기계발서는 데자뷰로 가득한 내용이어도, 체계가 부족해도 독자들을 설득하는 힘에 관한 한 어느 논리적인 책보다 앞선다.

자기계발서들은 입에 침이 마르도록 혁신을 강조하지만, 정작 그 혁신의 원칙을 장르의 규칙이라는 관습에는 적용하지 않는다. 스마일즈 이후 자기계발서의 장르 규칙은 변하지 않았다. 장르의 핵심적 메시지인 혁신을 장르의 규칙에 적용하는 순간 불황을 모르고 번식하던 자기계발 장르가 위기에 빠질 수 있음을 알고 있기 때문일까?

누구나 성공할 수는 없다. 현실은 냉혹하다. 누구나 도달할 수 있는 경지라면, 그것은 더 이상 성공이 아니다. 자기계발서는 성공을 보장하는 책이 아니라, 심리적 위안을 선물하는 책이다. 역설적으로 자기계발서의 독자는 성공하지 못한 사람뿐이다. 성공한 사람들은 자기계발서를 읽지 않고도 성공했다. 성공에는 현실의 원리들이 적용된다. 재벌 2세의 아들은 아무리 낭비벽이 있어도 가난뱅이가 될 수 없다. 가난뱅이는 아무리 근검절약해도 아파트를 살 수 없다.

자기계발서는 '계급 법칙'을 숨긴다. 성공과 실패는 자기계발서의 논리 속에서는 삶의 태도의 차이에 따라 결정된다지만, 그 책이 놓여 있는 사회에서 성공과 실패는 계급 법칙을 따른다. 성공하도록 예정된 사람과 실패하도록 예정된 사람으로 나누어진 세계가 오히려 사실에 가깝다. 자기계발서의 관념 속에선 하늘은 스스로 돕는 자를 돕지만, 현실에서 하늘은 돕도록 예정되어 있는 계급에 속한 자만을 돕는다.

현실의 계급 법칙이 던지는 질문 앞에서 "나는 성공할 수 있다"

고 믿는 사람은 자기계발서를 읽지만, 현실의 원리를 아는 영리한 사람은 자기계발서의 장르 규칙을 파괴하고, 차라리 자기계발서가 성공한 사람과 성공하지 못한 사람 사이에 파 놓은 넓고 깊은 이분법의 양쪽 언덕을 이어 계급 법칙을 완화하는 다리를 짓는다.

두 종류의 다리가 있다. 우리는 둘 중 하나를 선택할 수 있다. 첫 번째는 동정이라는 감정으로 지어진 다리이다. 동정의 다리는 성공의 언덕 위에서 실패한 사람들을 경멸하는 냉혈인이 빼곡히 앉아 있는 성공의 언덕보다는 따듯해 보일 수도 있다. 하지만 동정의 시선은 선해 보여도 본질적으로는 승자가 패자를 내려다보는 시선에서 크게 벗어나지 못한다. 동정의 시선은 동정의 대상이 되는 사람의 처지로 자신은 절대 전락하지 않는다는 믿음을 갖고 있는 사람의 것이다. 동정의 시선은 아무리 따듯해도 또한 위계적이다.

동정의 다리에서 한계를 느낀 사람은 두 번째 공감의 다리의 설계도를 들여다본다. 실업으로 인해 생활고를 겪고 있는 '불우이웃'을 선의의 감정에 따라 동정의 시선으로 보는 사람과 달리, 타인의 고통에 공감을 느끼는 사람은 그 사람을 실패로 몰고 간 실업이 자본주의에 살고 있는 모든 사람을 위협하는 보편적 위험이라는 인식을 놓치지 않는다.

공감은 동정이라는 따뜻한 감정으로 냉혹한 현실을 잠시나마 가릴 수 있다는 낭만적인 태도와도 거리를 둔다. 동정의 다리 위에선 이따금 불우이웃돕기 모금이나 자선바자회가 열리지만, 공감의 다리 위에선 복지라는 제도의 나무가 자란다. 공감이 복지틀 감정으로 표현한 것이라면, 복지는 공감에 제도의 옷을 입힌 것이다.

    개인적 성공은 소유한 승용차의 크기와 은행 잔고로 측정될 수 있겠지만, 사회의 성공 여부는 공감이 제도화된 복지의 크기와 넓이로 가늠할 수 있다. 하늘이 혹은 계급이 선택한 소수의 사람만 성공하고, 성공하지 못한 사람을 동정의 시선으로 볼 수 있는 특권을 독점하는 것보다는, 차라리 사회가 홀로 성공하는 게 더 좋다. 복지국가는 성공한 소수의 개인보다는 성공한 사회가 공공선에 가깝다는 믿음에서 출발한다. 성공의 단위는 하늘이 돕는 개인뿐이라는 오래된 사유의 관습과 이별할 때, 우리는 비로소 복지국가와 만날 수 있다. 그 나라로 가는 방법은 여러 가지가 있지만, 분명한 사실은 자기계발서가 그 나라로 가는 방법을 알려주지 못한다는 점이다. 자기계발서는 읽을 만큼 읽었다. 이젠 그 책을 덮고 한번 물어보자. 이건희의 성공은 자기계발서 덕택인지, 아니면 이건희의 아버지가 이병철이었기 때문인지.

| 명예 |

명예의 기원

요한 하위징아, 『호모 루덴스』

엄마가 좋아? 아빠가 좋아? 들을 때마다 다답하기 곤란했던 질문이다. 하나만 골라야 하는 양자택일처럼 어려운 결정이 또 어디 있겠는가? 짜장면과 짬뽕 사이의 사소한 고민부터, 명분과 실리 중 하나만을 선택해야 하는 결코 사소하지 않은 결정에 이르기까지, 우리를 진퇴양난에 빠뜨리는 양자택일은 참으로 많다. 양자택일형 난제를 풀기 위해선 지혜가 필요하지만, 때론 현실이 선택을 대신해 주기도 한다. 생존이라는 절박성의 절벽 위에 서 있는 사람은 명분 대신 실리를, 자존심 대신 돈 몇 푼을 선택할 수밖에 없다.

    혈통에 따라 지위가 정해지는 신분사회에선 양자택일 같은 선택 상황은 아예 성립하지도 않는다. 노예에게 노동은 옵션이 아니라 피할 수 없는 숙명이고, 노동으로부터 벗어난 자유로운 시간은 노예 주제에 언감생심이다. 노예는 선택권이 없다. 신분이 모든 것을 결정하던 그 시절, '노동'은 땀과 흙이 묻어 있는 더러운 단어였다. 그리고 이와 달리 노동으로부터 면제되어 있는 특별한 신분에 속한 사람들에게는 단지 명예를 위해 매진하는 특권적 행위가 있었다. 그 행위를 네덜란드의 문화사가인 하위징아는 노동과는 다른 원리에 의해 움직인다 하여 '놀이'라 불렀고, 인간의 본질을 노동이 아닌 놀이에서 찾기 위해 '놀이하는 사람'이라는 뜻을 지닌 '호모 루덴스homo ludens'가 주인공인 책을 썼다.

호모 루덴스가 몰입하는 놀이는 어린아이의 장난이나, 음주가무에 빠진 카사노바의 삶과는 거리가 있다. 『호모 루덴스』는 노동이 아니라 놀이로부터 학문, 예술과 같은 인간의 고귀한 정신적 산물과 문명이 만들어졌다는 대담한 주장을 담고 있다. 『호모 루덴스』는 영리만을 추구하는 인간인 '호모 에코노미쿠스homo economicus'가 세상을 장악하기 이전, 영리 활동 대신 놀이라는 비노동 활동을 선택할 수 있었던 특권층 호모 루덴스의 삶과 명예를 얻기 위한 치열한 경쟁에 관한 보고서이다.

놀이는 노동과는 목적이 다른 행위다. 놀이의 최종 목적은 단순한 쾌락이 아니다. 놀이는 현실도피를 꾀하지도 않는다. 먹고살 걱정은 하지 않아도 되는, 말 그대로 완전히 자유로운 사람의 자발적 행동인 놀이는 자기만족 지향적이다. "무엇보다도 모든 놀이는 자발적 행위이다. 명령에 의한 놀이는 더 이상 놀이가 아니다. 기껏해야 놀이를 모방한 것에 지나지 않는다. 이러한 자발의 특징 하나만으로도 놀이는 자연의 과정과는 구별된다."[5] 놀이하는 인간인 호모 루덴스는 이득이 아니라 자신의 이름을 걸고 명예를 얻기 위해 놀이한다. 상금을 따려고 골프채를 휘두르는 프로선수와 달리, 고대 올림픽의 우승자는 경쟁 놀이에서 승리하면 부상으로 고작 월계관을 받았지만, 그 월계관은 상금으로 환산될 수 없는 가치를 지닌다. 월계관은 우승자라는 명예로운 표식이기 때문이다.

노동하는 사람은 경제적 보상을 바라지만, 호모 루덴스는 명예라는 상을 돈과 바꾸지 않는다. 명예는 금은보화를 주고도 살 수 없다. 『베니스의 상인』에 등장하는 고리대금업자 샤일록에게서는 찾아볼 수 없는 귀족적 풍모와 우아함, 선비만의 지조와 절개는 명예에 대한 끊임없는 추구 속에서 만들어졌다.

귀족적 명예의 기원은 확실하다. 고상함의 원천은 그들의 정신적 우월성이 아니었다. 명예 추구를 위한 삶 속에서 그들이 습득한 기품은 노동으로부터 면제된 특별한 신분이 그들의 몸뚱이에 드리운 그림자일 뿐이다. 하지만 호모 루덴스가 놀이에만 열중할 수 있도록 보호막 구실을 하던 신분 제도라는 진공관은 자본주의가 도래하면서 깨진다. 영리 추구의 인간인 호모 에코노미쿠스는 진공관을 깨기 위해 망치를 들고 있다.

호모 에코노미쿠스에겐 신분의 보호막인 진공관도, 그 진공관 속 온실 화초인 명예도 없는 편이 낫다. 그들은 이윤 실현에 방해된다면 명예 따위는 언제든 버릴 수 있다. 그렇기에 체면을 중요시 여기는 선비는 감언이설에 능하며 이득을 위해 거짓말도 서슴지 않는

장사치를 당해낼 재간이 없다. 진공관이 깨지면서 터진 봇물이 포악한 탐관오리만을 쓸고 갔으면 좋았겠지만, 자본주의라는 급류에 돈의 힘에서 벗어난 가치인 명예조차 떠내려갔다. 귀족적 우아함과 절제와 덕이 지배하던 과거를 그리워하며 서럽게 울고 있는 하위징아와 같은 문화 보수주의자조차 급진적인 인물로 만들 만큼, 자본주의는 모든 가치를 경제화한다.

호모 에코노미쿠스는 호모 루덴스와는 전혀 다른 인간형이다. 조급하지 않았고 긴 호흡으로 멀리 보던 호모 루덴스와 달리 영리 추구의 인간은 스피드와 템포를 사랑한다. 승자와 패자가 불분명한, 그래서 모두가 명예 경쟁의 승리자가 될 수 있는 화수분의 경쟁을 벌이던 호모 루덴스와 달리 호모 에코노미쿠스는 이윤을 둘러싼 제로섬 게임을 벌인다.

호모 에코노미쿠스에게 타인은 제압해야 하는 적이거나 꼬드겨서 이윤을 실현시켜야 하는 대상이다. 그는 아무도 믿지 않는다. 명예를 추구하는 사람은 타인을 적이 아닌 친구 혹은 숭배자, 팬으로 만들어야 한다. 명예는 자기 선언이 아니라 다른 사람의 인정을 통해 획득되기 때문이다. 이윤을 위한 경쟁의 목적은 적을 제압하는 것이지만, 명예를 위한 경쟁은 타인을 친구로 만들려 한다. 그래서 명예를 위한 경쟁은 포기한 채 이윤을 위한 경쟁에만 몰두하는 호모 에코노미쿠스의 심장은 검은 색이 되고 눈에는 핏발이 서고 감언이설을 쉴 새 없이 늘어놓기에 쉰 목소리를 낸다.

호모 에코노미쿠스가 지배하는 사회에선 돈이 명예고, 명예는 또한 돈으로 환산된다. '아너스' 클럽은 명예를 얻은 사람이 아니라 돈 많은 사람들의 모임이고, 명예의 전당은 상금을 많이 딴 선수들의 전당에 다름 아니다. 명예박사는 영리를 위해 살지 않았던 마더 테레사와 같은 사람에게 선물하는 존경의 표시에서, 영리를 추구했던 재벌 총수가 챙기는 전리품으로 바뀐 지 오래되었다.

명예를 살 수 있을 만큼 부를 지니고도 더욱더 탐욕스러워지기만 하는 부자들, 명예 대신 돈을 버는 길을 선택했으면서도 종국에는 명예조차 돈으로 사고 싶어 하는 사람들이 우리 사회를 지배한다. 명예는 그 말의 뜻이 바뀌어 승리자의 표식이 되었으니, 명예라는 단어 속에서 우아함, 세련됨, 정련, 고상함, 배려 다위는 찾으려 하지 마라. 그 단어는 박물관에 있을 뿐이다.

하지만 돈이면 안 되는 게 없는 사회를 만들어 놓고, 호모 에코노미쿠스는 자신의 속물근성을 위장하기 위해 과거의 귀족적 호모 루덴스의 스타일을 끊임없이 소환한다. 그리하여 롯데'캐슬'부터 타워'팰리스', '경희궁'의 아침과 '갤러리아', '임페리얼'과 '다이너스티'에 이르기까지 귀족적 품격을 흉내 내는 제스처는 넘쳐 나지만, 명예를 지키기 위한 의무를 소중히 여기는 하위징아와 같은 진짜 보수주의자의 설 자리는 없어진다. 보수주의가 있던 자리를 호모 에코노미쿠스가 보수를 사칭하여 차지하고 있다.

의무는 지키지 않은 채, 명예라는 품 나는 지위까지 다 얻고 싶은 호모 에코노미쿠스들이 영리 추구와 양립할 수 없는 지위를 모두 차지하는 순간, 영리 추구와는 양자택일 관계였던 명예는 자본주의 승자의 전리품으로 변화한다. 승자가 모든 것을 가져가는 승자독식 사회에서 명예는 승자가 돈으로 살 수 있는 상품이 되고, 승리하지 못한 자에겐 명예를 선택할 수 있는 기회도 조건도 제공되지 않는다.

성공한 호모 에코노미쿠스가 부와 더불어 명예까지 싹쓸이해 가지만, 평범한 노동하는 인간인 우리와 같은 '호모 파베르homo faber'는 감히 명예를 넘볼 수 없다. 먹고살기 위해서 취직 합격 통보를 받는 순간 명예 따위는 집에 간·쓸개와 함께 두고 출근해야 하고, 성 상납을 강요받은 여배우가 죽음으로 명예를 지키고자 했어도 아무것도 바뀌지 않는 사회에서는 독주의 소비량이 많을 수밖에 없다. 인생은 우리에게 명예라는 사치도 허용하지 않으니, 평범한 인생의 속을 달래줄 이, 독한 술 한잔뿐이지 않은가.

독주를 한잔 들이킬 때마다 일을 해야 먹고살 수 있는, 때론 먹고살기 위해 자존심도 포기해야 하는 평범한 호모 파베르가 명예를 선택해도 굶어 죽지 않는 사회가 그리워진다. 그 사회는 특정한 신분에 속한 사람만이 명예를 위한 놀이의 경쟁을 벌일 수 있었던 과거와 다르고, 호모 에코노미쿠스가 아무리 부유해도 돈의 위력으로 명예를 참칭할 수 없다면 더 바랄 바 없다. 누구에게나 명예를 둘러싼 경쟁을 벌일 수 있는 가능성이 보장되는 사회에서는 호모 파베르조차 호모 루덴스가 되는 꿈을 꿀 수 있다. 하지만 우리가 살고 있는 사회는 이러한 소박한 기대마저 유토피아적 이미지로 다가오게 만든다. 돈벌이를 위해 명예를 내던질 필요가 없기에 청소부도 품위 있을 수 있고 농부도 고상할 수 있고 회사원도 우아할 수 있는 사회는 현재의 관점에서는 실현 불가능한 유토피아적 꿈처럼 보인다.

하지만 누군가 말하지 않았던가. 유토피아는 선택이 아니라 원칙이라고. 먹고사는 것과 명예 사이의 양자택일을 강제하지 않는 그 사회는 원칙으로서의 유토피아에 가깝다. 그 유토피아 속에선 누구나 호모 루덴스일 수 있다. '신상(품)'은 좋아하면서도 새로운 사회는 좋아하지 않는 참으로 촌스러운 사람이 될 것인가, '신상(품)'을 좋아하는 만큼 새로운 사회도 좋아하는 세련된 사람이 될 것인가.

신분사회는 우리에게 선택권을 허용하지 않았지만, 민주주의가 살아 있는 한 선택할 권리는 우리에게 있다. 인간에게 선택은 텔레비전 리얼리티쇼 출연자 중 누구를 지지할 것인가와 같은 사소한 것부터, 모두가 호모 루덴스가 되는 사회에 도달하는 방법을 궁리하는 결코 사소하지 않은 것에 이르기까지 다양하다. 눈을 크게 뜨면 거대한 선택이 보인다. 눈이 크든 작든, 마음의 눈은 크게 뜨는 게 좋다.

| 수치심 |

수치심, 자기통제의 덫

노베르트 엘리아스, 『문명화 과정』
장 보드리야르, 『소비의 사회』

처지가 바뀌면 생각이 바뀌기도 한다. 평소 야만적인 행동을 경멸했던 사람이 불가피하게 그런 행동을 해야만 하는 순간이 있다. 고속도로는 꽉 막혀 있어 언제 다음 휴게소에 도착할지 알 수 없는데, 생리적 현상 해결은 점점 급해지는 식은땀 나는 순간을 누구나 한번쯤 겪어 본다. 너무나도 급했기에 갓길에 차를 세우고 몸을 가릴 수 있는 곳을 겨우 찾아내 생리적 현상을 해결하면서 사람들은 몸으로는 안도감을, 하지만 머리로는 창피함을 동시에 느낀다.

창피하다는 느낌, 즉 수치심은 문명인의 전유물이다. 창피猖披는 본래 "머리를 마구 헝클어트리고 옷 매무새를 단정하지 못하게 흩트린 모습"을 묘사하는 단어이다. 하지만 머리가 헝클어졌다고 혹은 옷 매무새가 단정하지 않다고 모든 사람이 수치심을 느끼지는 않는다.

수치심은 머리가 헝클어진 상태를 평소 경멸하던 사람이 헝클어진 머리를 타인에게 보여 줄 때 느끼는 감정이다. 여러 개의 포크와 나이프가 테이블 위에 놓여 있는데 어느 포크부터 사용해야 할지 모를 때, 평상시 교양 있다고 콧대 높았던 사람만이 창피함을 느낀다. 휴지 없이 손을 사용해서 코를 풀고, 껌을 소리 내어 씹고, 가래침을 물총새처럼 길바닥에 쏘아 대던 사람은 낯선 서양식 테이블에서 당황은 하지만 수치심을 느끼지는 않는다.

수치심은 문명이 바람직하다고 간주하는 행동 양식에서 벗어났을 때 울리는 경고음이다. 바람직한 행동 양식은 매너 혹은 예의범절 등으로 다양하게 불리지만 발휘되는 효과는 동일하다. 우리는 매너와 예의범절이 권장하는 행동을 수행했을 때는 자부심을, 하지 않았거나 못했을 때는 창피함을 느끼도록 프로그램화된다. 수치심은 자기통제를 강화시킨다. 자기통제의 영구기관인 수치심을 배우는 학습 과정을 엘리아스는 '문명화'라 불렀다. 수치심은 야만을 경멸하는 문명의 학교를 졸업한 학생들의 졸업장 같은 감정이다.

누구나 서양식 테이블에 처음 앉게 되었을 때 당황스러운 순간을 기억하고 있을 것이다. 테이블 위에 놓인 냅킨이라는 이름의 곱게 접힌 천 조각, 어느 것부터 손을 대야 할지 알 수 없는 좌우에 놓인 포크와 나이프, 게다가 여러 명이 식사하는 자리라면 물이 담긴 컵이 좌우에 놓여 있는데 어느 물이 나를 위한 물인지 알 수 없어 다른 사람의 눈치를 보면서 느꼈던 이른바 '쪽팔림'의 순간을 어찌 잊을 수 있겠는가. 엘리아스의 『문명화 과정』에서 소개되고 있는 다양한 예법서에 담긴 내용들은 서양식 테이블 매너를 잘 몰라서 창피함을 느꼈던 독자에게 통쾌한 기분을 선물하기도 한다. 문명화 이전 서양인들은 포크 없이 손으로 음식을 먹고, 코도 함부로 풀고, 테이블에서 방귀도 부끄럼 없이 뀌었다. 엘리아스는 문명이 야만적인 사람에게 수치심을 가르치러 나서기 시작하는 순간을 책 속에 담았다. 장기간에 걸쳐 야만에서 문명으로의 전환이 펼쳐지는 심성구조의 변화가 줄거리인 대하서사극의 주인공은 매너를 가르치는 예법서이다.

엘리아스가 주목하는 예법서 중 하나인 에라스무스가 1530년에 쓴 『어린이들의 예절에 관하여』라는 책은 하지 말아야 할 행동에 관한 상세한 목록을 담고 있다. 몇 가지만 옮겨 봐도 서양인들이 처음부터 현재의 매너에 익숙한 사람들이 아니었음이 분명해진다. 에라스무스는 인간의 행동거지 하나하나에 세심한 관심을 기울이고, 해서는 안 되는 행동을 나열한다. 이런 식이다. 콧구멍에는 콧물이 보여서는 안 된다. 손으로 콧물을 떼어 내어 옷에 문지르는 것도 점잖지 않다. 눈은 부드럽고 수줍게 상대방을 주시해야 한다. 눈을 부릅뜨면 거칠게 보이니 조심해야 하고, 눈동자를 이리저리 굴리는 행동은 비이성적이므로 또한 피해야 한다. 상대방을 흘겨봐서는 안 된다. 그 눈빛은 상대방을 의심하는 것처럼 보이기 때문이다. 에라스무스는 행동거지, 몸짓, 의복이나 얼굴 표정과 같은 외적 행동이 인간의 내면을 표현한다고 생각했다. "이런 외면적 신체 예절은 잘 가다듬은 마음으로부터 나오지만 그럼에도 불구하고 우리는 종종 교육의 결핍으로 이 예절이 훌륭하고 배운 사람에게도 부족하다는 사실을 발견한다."[6]

하지 말아야 할 행동의 목록과 함께 바람직한 행동에 대한 조언도 에라스무스는 잊지 않는다. 식탁 위에서 어느 빵이 자신의 것인지 어느 물을 마셔야 되는지, 아직 제대로 교육을 받지 않아 테이블 예법을 알지 못하는 문명화되지 않은 야만적인 사람을 위해 에라스무스는 조언한다. '냅킨을 받으면 네 왼쪽 어깨 위나 팔에 놓아두어라. 귀족들과 함께 자리를 앉을 경우 네 모자를 벗고 머리가 잘 빗겨 있는지 살펴라. 너의 술잔과 나이프를 제대로 씻어 오른쪽에 놓고, 네 빵은 왼쪽에 두어라. 어떤 사람들은 앉으면서 바로 접시에 손을 댄다. 늑대들이나 그런 짓을 한다. 날라져 오는 음식에 맨 먼저 손을 대서는 안 된다. 너를 게걸스럽게 보이게 할 뿐 아니라, 그것은 위험하기도 하다. 왜냐하면 무심코 뜨거운 음식을 입안에 넣은 사람은 그것을 다시 뱉어내든가, 이미 삼켰다면 목구멍을 데일 것이기 때문이다. 어떤 경우에든 그는 조롱거리가 될 뿐 아니라 동정의 대상이 될 것이다. 식사를 시작하기 전에 잠깐 기다리는 것이 좋다. 그렇게 하면 소년들은 자신의 감정을 자제할 수 있는 습관을 기를 수 있다. 소스에 손가락을 담그는 일은 촌스럽다. 네가 원하는 음식을 포크나 나이프로 집어라. 미식가들처럼 온 접시를 헤적거리면서 음식을 고르지 마라. 바로 네 앞의 음식만을 집어라."[7]

책에 담겨 있는 금지와 권장 사항은 유독 까다로운 취향을 갖고 있던 에라스무스만의 생각이었을까? 아니다. 책을 쓴 사람은 에라스무스 개인이지만, 매너의 발명자는 에라스무스가 아니다. 엘리아스는 에라스무스 뒤에 있는 예법의 진짜 주인공을 찾아낸다. 만약 엘리아스가 다소 기괴한 중세의 습속을 문명적 매너와 단순히 대비만 했다면, 『문명화 과정』은 "그땐 그랬어"라는 노스탤지어의 감정으로 충만한 통속적인 책에 불과했을 것이다. 매너는 개인의 발명품이 아니라 "약간은 세상 전체의 작품"[8]이라는 통찰을 통해, 이 책은 문명이 설치한 자기 규제라는 덫에 대한 분석으로 승화된다.

애초에 까다로운 식탁의 예법은 궁정의 특수계층에게나 영향을 미쳤다. 노동할 필요는 없고, 시간은 많은 궁정의 귀족들에게 까다로운 식탁 예법은 식사하는 시간을 늘려줄 수 있는 행복한 '잉여짓'이다. '쿠르투아지courtoisie'라 불렸던 궁정 특유의 복잡하고 번거로운 행동 양식은 궁정의 울타리를 넘어서지 않았다. 궁정예절은 궁정 속에서 귀족들이 벌이는 신선놀음에 가까웠다. 그것이 궁정에 갇혀 있는 한 '쿠르투아지'를 알지 못한다고 사람들이 창피함을 느끼지는 않는다. 궁정 밖의 사람들에게 궁정예절이란 그저 시간이 남아도는 귀족들이 자신의 체면을 위해서 행하는 행동일 뿐 부러움의 대상이 아니다. 궁정예절을 모른다면 궁정 안의 사람들만 창피함을 느끼지, 궁정 밖의 사람들은 '쿠르투아지'를 몰라도 창피함과는 거리가 멀었다.

하지만 궁정예절이 궁정의 담을 넘어서서 누구나 지켜야 하는 예절이라는 코드로 바뀌게 되면 상황은 달라진다. 궁정에서나 통용되는 특수한 행동거지 양식에 불과했던 궁정예절이 18~19세기에 사회적 관습으로 확산되면서, 귀족적 행동을 의미하는 것에 불과했던 매너가 문명과 야만을 가르는 기준으로 자리 잡게 되었다. 매너가 궁정의 담을 성공적으로 넘어서면서, 매너는 인간을 동물로부터 구별해 주는 기준점이자 문명인의 증명서로 의미가 바뀌게 된 것이다. 매너가 있는 사람은 문명적 인간임을 증명하는 셈이지만, 매너를 지키지 못하는 사람은 인간의 요건을 충족시키지 못했기에 창피함을 피할 길 없다. 매너를 지킬 때 자부심을, 지키지 못할 때 수치심을 느끼는 문명인에게 특정 행동을 유도하는 가장 좋은 방법은 물리적 폭력이 아니라 수치심을 자극하는 것이다. 문명인은 '쪽팔림'에 민감하다.

문명화가 진행될수록 사람들은 수치심이라는 감정에 예민해지고, 수치심을 느끼게 되는 조건과 상황을 빈번하게 마주치게 된다. 문명화가 수치심을 이용한 개인의 통제를 의미하는 한, 문명화는 포크를 사용하지 않았던 중세인들이 포크를 사용하기 시작하는 그 순간의 과거의 역사가 아니라 현재의 이야기가 된다. 문명화의 효과는 예전이나 지금이나 변하지 않았다. 중세의 예법서들이 기껏 밥 먹고 인사하는 방법 등등 시시콜콜한 영역을 참견했다면, 우리 시대의 문명은 사소한 에티켓을 넘어 삶 전체를 카운슬링하며 인간의 정신까지도 수치심을 통해 관리하려 나선다는 점만 다를 뿐이다.

소비자본주의는 수치심 자극이 그 어떤 판매 기법보다 효과적임을 알아챘다. 궁정의 '쿠르투아지'가 귀족에게만 수치심을 자극했다면, 소비자본주의는 '대중'의 수치심을 이용한다. 소비자본주의가 확대될수록, 대중이 수치심을 느끼도록 자극하는 영역은 점점 넓어진다. 자연스러운 노화 현상으로 받아들여지던 이마의 주름이 창피해진다. 유행에 뒤떨어진 옷을 입고 나서면 망신스럽다. 휴가를 해외로 다녀오지 않았으면 시대에 뒤떨어진 사람이다. 남들에게 부끄럽지 않으려면 골프는 쳐야 하고, 등산복의 소재는 최소한 고어텍스여야 한다. 자동차는 남부끄럽지 않을 정도로 커야 한다. 소비주의 사회에서 '체면'이란 관념적 상태가 아니라 소비 수준의 증명이 된다.

이제 개인이 삶을 살아가는 방법, 즉 '라이프스타일'조차도 단어의 뜻이 바뀌어 소비의 대상이 된다. '라이프스타일'이 수치심을 자극하는 소비주의의 타깃이 되면, 삶을 영위하는 방법은 우리가 결정하는 것이 아니게 된다. 더 이상 삶의 방식은 개인의 신조를 따르지 않는다. '라이프스타일'은 수치심을 느끼지 않기 위해 관리해야 하는 대상이 된다. 체면을 유지하기 위해 해야 하는 일의 목록은 점점 늘어나고 내용은 상세해진다. 이유는 아무도 설명하지 않지만 "죽기 전에 꼭 해야 하는"이라는 제목을 달면 베스트셀러가 되는 사례가 빈번해진다. 이유는 묻지 말라. 따라 하면 문명적이고 따라 하지 못하면 창피하다. 남들이 읽는 책이라면 당연히 따라 읽어야 하고, 남들이 입는 옷은 반드시 하나쯤은 구입해야 한다.

뉴욕이 대세라면, 의심하지 말고 뉴요커의 라이프스타일을 따라 하기 위해 노력해야 한다. 따라 해야 하는 이유는 단 한 가지, 흉내 내지 않으면 촌뜨기이기 때문이다. "소비사회 시민으로서의 자격을 얻기 위해서는 소비자가 소지해야 할 사물의 최소한의 공통 파노플리*

---

* 보드리야르가 『소비의 사회』에서 강조한 개념인 '파노플리Panoplie'는 애초에 기사의 갑옷과 투구 등의 한 벌의 세트를 지칭하는 말이었지만, 소비의 사회에 와서는 사람들이 특정 제품을 소비하면서 느끼는 집단 정체성을 확보하기 위해 구입해야 하는 쇼핑 리스트의 세트를 의미하는 단어로 바뀌었다. 특히 명품과 브랜드 제품의 소비를 통해 정체성을 확보해 가는 것을 지칭한다.

로서의 '표준적인 짐 꾸러미'라는 의미에서 '최소 공통문화'"[9]를 지켜야만 한다. '최소 공통문화'는 "문화 면에서의 시민권을 얻기 위해 평균적 시민이 소지하고 있는 것으로 간주되는 '퀴즈 정답'"[10]과도 같다. '최소 공통문화'를 의심하고 따라 하지 않는 자에겐 '쪽팔림'이라는 정서적 고통이 형벌로 내려진다. 우리 시대 예법서의 최고 목표는 "창피하다면 당장 당신을 머리끝에서 발끝까지 시대가 요구하는 대로 바꿔라!"이다.

체면치레가 유행에 따른 삶이 되고, 수치심이 소비주의에 의해 속류화되면 의인의 자리를 '셀레브리티'가 대신한다. 셀레브리티가 먹는 음식, 그들이 꾸민 집, 그들의 자녀 교육 방법, 그들의 노후 대책까지 흉내 낼 수 있는 모든 것을 따라 하면 된다. 시대의 트렌드에 뒤처질까 봐, 텔레비전은 아침부터 저녁까지 어떻게 살아야 할지 시시콜콜 알려준다. 텔레비전 앞에서 우리는 마치 시대의 라이프스타일을 배우기 위해 기숙형 예절학교에 입학한 학생과도 같다.

텔레비전이라는 현대의 예절학교에선 다양한 경력의 선생님들이 학생들을 가르친다. 주름살과 뱃살을 제대로 관리하지 않았으니 수치심을 느끼라는 상업광고 선생님부터, 외국인을 만나면 먼저 인사하라는 공익광고 선생님, 글로벌 스탠다드라는 매너를 가르치는 언론인 선생님, 틈만 나면 정체불명의 선진국 타령을 하며 학생들을 타박하는 정치인 선생님까지, 다양한 선생님들이 학생들을 때와 장소를 가리지 않고 살뜰히 보살핀다.

텔레비전 예절학교에 의해 수치심이 끝없이 속류화되면, 수치심의 영역은 점점 사소한 대상으로 축소된다. 우리가 '입 냄새'와 '떡진 머리'와 같은 사소한 수치심에만 예민해져 있을 때, '공금횡령', '불법 상속', '논문 표절', '위장 전입'과 같은 짓을 한 후안무치厚顔無恥라는 단어로도 부족한 사람들이 텔레비전에 등장해 속류화된 수치를 가르치고 있다. 속류화된 수치에만 민감해진 문명화된 사회의 지독한 역설이다.

| 취미 |

취미인간 오타쿠를 위한 변명

피에르 부르디외, 『구별짓기』

어떤 사람을 처음 만났다. 어떤 사람인지 궁금하다. 궁금증을 풀겠다고 사춘기 소녀는 뜬금없이 혈액형을 물어보기도 한다. 다짜고짜 출신 지역을 묻는 구태의연한 사람도 있다. 과학적 근거라고는 조금도 없는 혈액형 유형론을 믿고 있는 사춘기 소녀가 아니고, 지역감정이라는 편견에 사로잡히지도 않은 지극히 상식적인 사람이라면 궁금증을 풀기 위해 직업부터 물어볼 것이다. 직업을 알게 되면 그 사람의 됨됨이를 짐작할 수 있는 많은 정보가 딸려 온다. 눈썰미가 있는 사람이라면 즐겨 입는 옷과 말투에서 낯선 사람의 직업을 짐작할 수 있을 정도로, 직업에 따라 사람들의 취향 체계인 아비투스는 달라진다. 초등학교 여교사는 직업군인과는 전혀 다른 말투를 사용한다. 보험 세일즈맨과 자영업자가 직업상의 이유로 쇼핑센터에서 구매하는 옷의 스타일은 전혀 다를 것이다. 하지만 한 사람의 특징을 파악하려 할 때 직업이 항상 충분하게 만족스러운 정보는 아니다. 직업을 통해 우리는 한 사람의 외면만을 알 수 있기 때문이다.

사람들의 내면은 직업상의 이유로 걸친 유니폼 속에 숨어 있다. 특정 직업에 종사하는 사람이 직업을 수행할 때 보여 주는 특징은 개인 고유의 개성이 아니라 직업상의 업무가 개인에게 요구하는 기능적 속성에 가깝다. 비행기 승무원은 결코 온화한 모습을 잃지 않고 모든 승객을 친절하게 대한다. 직업이 비행기 승무원이라면 단정한 옷 매무새, 곱게 빗어 뒤로 넘긴 머리, 높지도 낮지도 않은 목소리로 승객이 여성이든 남성이든 노인이든 어린아이든 동일하게 취급해야 한다. 하지만 우리가 승무원으로부터 받은 인상은 그 직업을 위해 효과적으로 관리된 것에 불과하다. 승무원이 유니폼을 입고 우리에게 보여 주는 모습은 그 사람의 내면과는 전혀 관계없다. 우리 모두는 직업이 요구하는 기능이라는 포장지를 입고 있다. 사람들 각자의 내밀한 세계는 포장지 속에 감춰져 있다. 직업이라는 포장지를 벗기면 우리는 직업이 요구하는 연출된 자아와 달리, 진정한 개인의 특성이 반영되는 활동과 만난다. 취미는 본래 직업상의 활동이 아닌 인간의 활동이다. 여행 가이드에게 여행은 직업상의 업무이기에 취미가 아니지만, 은행원에게 여행은 직업과 관계없는 취미일 수 있다. 취미는 직업의 의무에서 벗어난 자유로운 활동이기에, 직업적 노동과 달리 몰입과 열광을 만들어 낸다. 몰입과 열광 속에는 그 사람의 내밀한 세계로 들어가는 입구가 있다.

취미가 개인의 내면으로 들어가는 실마리가 될 수 있는 사례를 로렌스 스턴은 소설 『트리스트럼 샌디』에서 우리에게 소개한다. 『트리스트럼 샌디』는 1759년에서 1767년 사이에 출간되었지만, 제임스 조이스의 『율리시스』와의 연관성이 언급될 정도로 현대적인 형식을 지녔다. 형식 못지않게 등장인물의 성격 또한 현대적이다. 여러 인물 중 토비 삼촌이 단연 돋보인다. 스턴은 토비 삼촌의 내면을 재현하기 위해, 그의 취미를 묘사한다.

토비 삼촌은 스페인 계승전쟁에 참가했다가 나무르 성 포위 전투에서 부상을 당해 돌아온 이후 대부분의 시간을 침대와 방에서 보낸다. 토비 삼촌은 자신이 참가했던 전투가 벌어진 성의 설계도를 구해, 실제의 성을 축소 모형으로 재현하고 모의 전투를 하는 취미에 전적으로 매달린다. 토비 삼촌과 그의 부하 트림 상병은 "평면도를 구해, (어느 도시가 되었든) 잔디 볼링장과 똑같은 크기의 비율로 확대시켜, 땅에 작은 말뚝을 박아 모퉁이와 철각보를 빠짐없이 표시하고, 큰 노끈 뭉치를 이용하여, 종이에 있는 선을 땅 위에 그대로 옮겼으며, 보루를 포함한 그곳의 측면도를 떠서, 해자의 깊이와 경사, ─ 성벽의 경사면, 사격용 발판, 흉벽 등의 정확한 높이를 측정하여"[11] 성의 모형을 완성하는 데 몰입했다.

그는 "아침부터 저녁까지" 성의 축소 모형을 만들고 그 위에서 실제의 전투를 재현하는 취미에 빠져드는데. 주변 사람들은 이런 행동을 대체 이해할 수 없다. "─ '아니 저 두 사람이 도대체 뭘 하고 있는 거야?' 하고 아버지가 소리쳤습니다. 제 생각에는요 하고 어머니가 말했습니다. 두 사람은 참호를 파고 있는 것 같은데요. — 위드먼 부인의 땅에다 말인가! 아버지는 한 발 뒤로 물러서며 소리쳤습니다. — 그럴 리가 있겠습니까 하고 어머니가 말했습니다. 제발 좀 하고 아버지가 큰 소리로 외쳤습니다. 그 빌어먹을 놈의 축성법을, 거지발 싸개 같은 대포와 지뢰, 방어물, 보람, 둔덕, 해자와 함께 모두 내다버렸으면 좋겠구먼."[12]

토비 삼촌의 내면을 모르는 사람은 그의 집착을 이해할 수 없다. 하지만 토비 삼촌이 전투에서 큰 부상을 당해 남자로서의 기능 상실을 위협받고 있다는 비밀을 알게 되면, 모형 만들기에 몰두하는 그를 충분히 이해할 수 있다. 토비 삼촌이 열광하고 몰입하는 취미의 비밀은 내면에 숨겨져 있다. 그의 외부로 드러난 '취미'는 내면의 비밀로 들어가는 입구인 셈이다.

취미가 있어야 한다고 누구도 강요하지 않는다. 경제적 생존을 위해 직업은 필수이지만, 취미는 교양의 표시일 뿐 없어도 먹고사는 데 지장은 없다. 취미는 직업 이외의 행동이자 동시에 내면에 숨겨진 특별한 기호taste에 의해 만들어진다. 취미의 탄생 조건은 개인의 취향이다. 특별한 취향이 없는 사람은 취미가 없을 수도 있다. 취향은 개인적인 기호이다. 흰색을 좋아할 수도 있고, 검은색에 집착하는 사람도 있다. 개인의 기호에 옳고 그름의 문제는 개입될 수 없다. 기호에는 앞서거니, 뒤서거니도 없다. 그래서 "개인의 기호에 대해 논쟁하지 말라"는 서양 격언이 만들어졌을 것이다.

개인의 선택인 취향에 대해 왈가왈부한다는 것 자체가 입 아픈

쓸데없는 참견이다. 하지만 현실에선 뒤집어진 격언이 사실에 가깝다. 개인의 취향에 대한 세상의 참견은 끝을 모른다. 누군가 자동차를 새로 구입했다고 하자. 차종의 선택은 전적으로 그 사람의 자유이다. 붉은색 자동차를 골랐다면, 그 사람에게는 분명한 이유가 있었을 것이다. 하지만 참견과 관심을 구별 못하는 사람들이 넘쳐 나는 사회에선 타인이 선택한 자동차의 색조차 논쟁의 대상이 된다. 취향은 개인의 개성이 발휘되는 영역인 한 본래 수평적이다. 하지만 개성이 중요하다고 하면서도, 다른 한편으로는 개성의 영역인 취향에 대한 참견이 끊이지 않는 이중적인 사회는 수평적인 취향을 수직적으로 바꾸어 놓는다. 기호의 문제인 취향이 옳고 그름의 문제로 바뀌어 승자와 패자로 나뉘는 취향 전쟁은 이렇게 시작된다.

취향이 사소한 기호의 차이가 아니라 저급적 지위를 담는 그릇이 되면 상황은 달라진다. 어떤 취향은 개인의 기호가 아니라 그 사람의 경제적 살림살이를 나타내는 표식이 된다. 주말에 골프채를 들고 '필드'로 간다는 것은 운동을 좋아한다는 기호가 아니라 '돈 좀 벌었다'는 상징이다. 공부 좀 했다는 사람은 기회가 있을 때 뮤지컬보다 오페라를 좋아함을 타인들에게 드러내야 한다. 심지어 광고 음악으로도 쓰이는 에릭 사티의 〈세 개의 짐노페디〉를 언급하는 사람보다는 슈토크하우젠의 〈컨덕트〉를 좋아하는 사람이 교양 있어 보인다. 취향의 전쟁터에선 거인들의 기호가 경쟁하지 않는다. 겉으로는 취향 전쟁처럼 보이지만, 그 전쟁에서 실제로 싸우고 있는 것은 전쟁 참여자들의 경제적 지위와 학벌이다.

취향 전쟁에서 승리하려면 영악해야 한다. 자신의 내면을 성찰하고, 내면으로부터 취향을 발굴하고, 발굴된 취향을 취미로 승화시키기에는 세상은 너무나 빨리 움직인다. 트렌디한 취향을 구입하면 취향 전쟁에서 쉽게 승리할 수 있다. 그래서 취향 전쟁에서 무조건 이기고 싶은 사람은 자신의 내면에 대한 성찰보다 백화점 구경이 더 급하다. 백화점은 판매를 목적으로 잘 고안된 취향의 전시장이다. 백화점에 들러 대세인 취향을 확인하고, 그 취향을 구입해서 자신의 취미로 포장하는 데 성공한 사람은 취향 전쟁에서 쉽게 승리할 수 있다. 단 취향을 구매했다는 사실은 꽁꽁 숨겨야 한다. 그 취향이 돈 주고 구매한 것이 아니라 오랜 기간 동안 시간과 정성을 투자해 자신이 가꾼 내면의 흔적인 듯 연출해야 한다. 혹시라도 취향 구매 여부가 들통 난다면, 취향 전쟁의 승리자가 속물로 전락하는 건 시간문제이기 때문이다.

취미가 개인의 내면과의 관계로부터 이탈된 구매의 대상이 되면, 취향을 구매할 능력만 있는 사람이라면 누구나 취미를 가질 수 있다. 취향이 판매되는 이상, 취미가 있다는 사실은 더 이상 특권적 표식이 되지 않는다. 마지막으로 남은 차별점은 누구의 취미가 더 세련되었는가의 경쟁에서 판가름난다. 커피가 더 이상 모던보이, 모던걸의 취향 음료가 아니라 촌부까지도 커피 믹스를 마시는 지경에 이르렀다면, 콜드드립 커피라는 승부수를 던져야 한다. 구매된 취향이 서로 차별을 위해 경쟁하는 사회에서, 취미는 인간의 내면으로부터 점점 멀어진다. 이러한 취미는 계급의 표식이 된다. 부르디외의 『구별짓기』는 계급의 표식이 된 취향에 대한 보고서이다.

　부동산 벼락부자는 자신의 초라한 과거를 감추고 성공을 과시하기 위한 표식으로 골프를 취미로 고른다. 졸부가 아님을 드러낼 수 있는 표식이 필요한 사람을 위해 PB은행은 인문학 강의를 무료로 제공하고, 취향의 차별화에 대한 갈망이 강해지면 대학의 인문학은 외면받아도 CEO를 위한 인문학 강의는 유행하는 역설도 벌어진다. 그래서 논리적으로는 유행될 리 없는 취향조차도 유행의 소용돌이에 빨려들면, 어떤 취미는 우후죽순처럼 자라고 어떤 취미는 신기루처럼 사라지기도 한다. 예전에 사모님의 취미는 자수와 꽃꽂이였지만, 현대의 사모님들은 모두 미술에 조예가 깊으시다. 1970년대에 취미로 테니스를 치셨던 사장님들이 골프로 취미 갈아타기를 하시자, 전국 방방곡곡에 골프장이 들어섰다.

　취미가 내면이 풍성한 교양인의 표식이라고 믿었던 그 옛날, 미팅에 나온 모든 남녀의 취미는 한결같이 '고전음악 감상'과 '독서'였다. 취향을 구매하고 취미조차 유행하는 우리 시대 성인들의 취미는 '골프', '등산', '자전거 타기' 중 하나이다. 취미가 토비 삼촌의 내면의 비밀로 들어가는 입구였던 것처럼, 사회학자는 사람들의 내면이 궁금해 취향과 취미를 연구했지만 도대체 연구가 끝나가도록 자신이 연구한 그 사람의 속을 알 수 없다. 취미와 내면이 완벽하게 탈구된 사회에서는 비록 사교성은 부족하나 내면이 완벽하게 취미로 드러나는 직설법의 삶을 사는 오타쿠가 그리워지는 법이다.

　성인이 되면 누구나 돈을 벌어야 한다. 경제활동은 최소한의 조건이다. 최소한의 조건은 중요하지만, 인간은 최소한의 조건이 충족된다고 만족하지는 않는다. 먹고사는 문제는 중요하지만, 인간은 그 이상을 원한다. 취미가 긍정적으로 평가될 수 있는 순간은 자발적인 활동일 때이다. 노동이 생존의 필연성이라는 외부적 조건 때문에 강제된 행위라면, 취미에는 강제성이 끼어들 틈이 없다. 세상에 강제 노동이라는 단어는 있어도 강제 취미는 없다. 취미는 순전히 자발적 행동인 놀이여야 한다.

강제에 의해 억지로 해야 하는 행위를 하며 신바람이 나는 사람은 없다. 그래서 누구나 억지로 하는 일은 하는 시늉만 내지, 자신이 하는 활동에 대한 애착도 긍지도 몰입도 없다. 하지만 자신이 원해서 행하는 일을 할 때 사람은 돌변한다. 억지로 해야 하는 일을 할 때 동작이 굼떴던 사람도 빠르게 움직일 수 있으며, 의자에 오래 앉아 있지 못하던 사람도 하룻밤쯤은 거뜬히 지새울 수 있다. 그 에너지의 원천은 바로 자발성이다.

본래 취미는 귀족의 놀음이다. 취미를 가질 수 있는 사람은 특권세력이어야만 가능했다. 그래서 취미는 귀족적 활동의 대표적인 사례이다. 하지만 우리가 살고 있는 시대의 취미인간은 전혀 다른 모습으로 나타난다. 19세기의 취미인간이 댄디나 보헤미안의 이미지였다면, 디지털 시대의 취미인간은 때로는 긱스Geeks나 오타쿠로 또는 폐인의 모습으로 나타난다. 귀족적 풍모를 지닌 취미인간만을 알고 있는 사람들은 이들이 디지털 시대의 취미인간임을 알아채지 못하지만, 21세기의 취미인간이 20세기의 취미인간과 동일한 외양을 지니기를 기대한다면 그건 어리석다. 시대가 바뀌면 취미인간의 모습도 달라지기 마련이다.

19세기의 취미인간인 보헤미안이 출현했을 때, '보헤미안'이란 말에는 긍정적 뉘앙스보다는 부정적인 뉘앙스가 강했다. 보헤미안이 현재의 낭만적 의미를 획득하기 위해선 시간이 필요했다. 21세기의 취미인간 역시 마찬가지 상황이다. 긱스나 오타쿠나 폐인과 같은 용어들은 부정적인 뉘앙스가 훨씬 더 강하다. 사회적 부적응자를 의미하는 뉘앙스가 매우 강했던 긱스와 오타쿠 등이 긍정적 뉘앙스를 획득하기 시작한 것은 몇몇 인물 덕택이다. 스티브 잡스도 젊은 시절에는 긱스에 불과했다. 히키코모리(은둔형 외톨이)와 같은 부정적 뉘앙스를 풍기던 오타쿠가 부정적 이미지를 벗어던지게 된 것도, 일본의 망가와 애니메이션의 저력에는 오타쿠라는 디지털 놀이집단이 있음을 인정하게 되면서부터이다.

물론 성질 급한 사람은 스티브 잡스로 변신한 긱스를, 미야자키 하야오 같은 오타쿠를 원한다. 그리고 분류한다. 스티브 잡스나 미야자키 하야오가 아닌 폐인은 사회적 부적응자에 불과하다고. 그런데 중요한 사실은 위키피디아Wikipedia가 만들어지기 위해선, 마크 주커버그가 페이스북Face book으로 대성공을 거두기 위해선, 고추장이 익는 시간이 필요하듯 간섭하지 않고 놀 수 있는 시간이 필요했다는 점이다. 물론 기다려 준다고 놀이하는 모든 사람들이 스티브 잡스가 되지는 않는다. 하지만 기다릴 줄 모른다면 미래의 스티브 잡스는 기대하지 않는 게 낫다.

| 섹스 |

문제적인, 너무나 문제적인

빌헬름 라이히, 『성혁명』과 『파시즘의 대중심리』
에리히 프롬, 『사랑의 기술』

58년 개띠의 부모는 섹스에 대해 침묵했다. 그들의 부모들은 섹스라는 단어조차 낯설었다. 아이가 어떻게 태어나는지 부모에게 물어봤자, 되돌아오는 대답은 삼신 할머니가 점지했다는 다소 믿기 어려운 이야기나 다리 밑에서 주워 왔다는 농담 정도였다. 섹스에 관한 침묵 속에 놓여 있던 사람이 사춘기에 접어들면서 돌연 자신의 신체에서 설명할 수 없는 낯선 변화를 느끼기 시작했을 때 부모님이나 학교 선생님은 상담하기에 적절한 사람이 아니었다. 그런 질문이 부모님과 선생님을 곤란하게 만든다는 것을 눈치로 이미 알아채고 있었기 때문이다. 반면 아무도 설명해 주지 않는 신체의 변화와 탄생의 비밀을 알려 주는 '까진 친구'의 이야기는 흥미로웠고, 부모 몰래 돌려 보던 음란 잡지는 탄생의 비밀을 적나라한 이미지로 가르쳐 줬다.

섹스에 관해 침묵으로 일관하던 학교 선생님이 가끔 입을 열었다. 이미 나름의 방식으로 섹스를 배워 버린 학생들에게 선생님의 훈계는 일종의 '뒷북'이었지만, 그 북소리는 견디기 힘들 정도로 요란했다. 도덕적 훈계에 따르면 자녀 생산이라는 신성한 생식적 목적에서 벗어난 섹스는 불경하기에, 결혼을 하지 않은 사람은 자신의 성욕을 억제해야만 했다. 미혼의 성인 남녀는 순결이라는 이름으로 포장된 섹스 금지를 존중해야만 했다. 섹스에 대한 지나친 호기심은 퇴폐적인 행동이기에, 품행이 방정한 사람이라면 자위조차 멀리해야 한다고 배웠다. 선생님의 훈계는 몸에서 느껴지는 욕망에 대한 무조건적인 금지 명령이었다. 하지만 신체의 변화가 명령하는 충동의 힘은 그에 못지 않게 강했다. 선생님의 강한 섹스 금지 명령과 몸에서 느껴지는 강한 충동 사이의 틈 바구니에서 58년 개띠들은 성장하였다.

결혼이 허락되는 나이가 되었을 때, 그들은 결혼이라는 절차를 통해 남자와 여자 사이의 섹스가 더 이상 금기시되지 않는 부부의 연을 맺었다. 그 남자와 여자는 '생식'을 위한 '부부관계'라는 거룩한 행위를 통해 자식을 얻었고 각각 아버지와 어머니라는 지위를 획득했다. 부부는 섹스가 유일하게 허용되는 친밀한 관계임에도 불구하고, 아버지와 어머니 그리고 자녀의 삼각형이 구성되면서 가족은 무성無性적 문화로 편입해 갔다. 무성적 가족과 권위주의적 가족 그리고 정치적 권위주의에 대한 굴복의 상관관계를 연구한 빌헬름 라이히의 분석대상은 나치즘이 득세하기 시작한 1930년대의 독일이었지만, 그 분석은 무성적 공식문화를 지녔던 권위주의 국가에 살아야 했던 한국인들에게도 그대로 적용될 수 있다. 묘하게도 섹스에 대한 엄격한 금지의 문화와 정치적 권위주의 사이에는 친화성이 있다. 권위주의 국가는 섹스를 쾌락이라는 욕망과 분리시켜 국가와 민족을 위한 재생산이라는 틀 속에 가둔다. 한국의 유신시대는 독일의 1930년대에 못지 않았다.

권위주의적 사회에서 성욕이라는 단어와 어머니라는 가족 지위는 왠지 어울리지 않는다. 어머니는 무성적 이미지였다. 국가의 유지 관리를 위한 신성한 생식과 출산을 담당하고 미래의 국가 구성원이 될 자녀들을 자애로운 태도로 돌봐야 하는 어머니와 성욕은 양립될 수 없었다. 권위주의는 여성을 어머니로 칭송하는 방법을 통해 섹스를 도덕화한다. 라이히는 여성을 어머니로 만드는 무성적 과정에 개입하는 권위주의의 장치를 이렇게 분석했다. "쾌락을 위한 성행위는 여성과 어머니를 타락시키는 것이고, '창녀'는 그 쾌락을 긍정하고 추구하며 사는 여성이다. 반동적 성정치학의 가장 중요한 특징은 성을 생식의 목적에 봉사할 때만 도덕적이라고 보는 것이며, 따라서 생식의 범위를 넘어서는 성은 비도덕적이라는 관점을 가진다는 데 있다."[13] 권위주의적 사회에서 가장 도덕화된 여성인 어머니는 섹스를 탐하는 여자일 수 없다. 그런 사회에서 섹스는 어머니가 아니라 화냥년이나 탐하는 것이다. 여자가 섹스를 탐한다면 가족 밖의 여성인 호스티스로 취급받는 사회에서, 여자는 불가피하게 무성적인 어머니가 되는 방법을 선택해야 했다.

어머니 되기를 강요당하며 무성화된 여성의 남편인 남성이 있다. 그 남성 역시 아버지로 소환되는 한 탈성애화의 압력 속에 놓이기는 마찬가지다. 생계부양자로 자리매김된 남성은 규율과 노동 그리고 근면과 대립을 이루는 성적 쾌락의 틈 바구니에서 공식적으로는 자신을 무성적 존재화 한다. 어머니라고 신성화된 여자의 남편인 아버지는 가족 내에서 성적 욕망을 지닌 남성이 아니라 가정 관리의 책임감을 지닌 가부장이 된다. "아버지는 생산 과정에서의 자신의 위치(노예)와 가족에서의 역할(주인) 사이의 모순 때문에 논리적으로, 그리고 전형적으로 야전 훈련 하사관의 성격을 띤다. 즉 그는 윗사람에게는 최대한 정중하게 행동하고 지배적인 세계관을 쉬지 않고 흡수하며 아랫사람을 지배한다."[14] 권위주의 사회에서 아버지로 소환된 남성에게 섹스는 욕망을 실현하는 통로가 아니라 권력을 확인하고 측정하는 바로미터에 불과하다. 남자들의 지위 자랑은 종국에는 부인이 아닌 여자와의 섹스 경험 횟수로, 자신이 품에 안을 수 있는 여자의 숫자 자랑으로 귀결된다.

남성과 여성이 도덕적으로 섹스가 허용된 부부를 구성하였음에도, 남성이 아버지로 여성이 어머니로 소환되는 한 가족은 역설적으로 세상에서 가장 무성적인 공간이 된다. 부부가 오래 살아 가족이 되었을 때 부부의 침실에 더 이상 섹스는 없다. 어느새 섹스리스 sexless의 공간이 되어 버린 부부의 침실은 부부만의 내밀한 공간이 아니라, 거실처럼 노크도 없이 누구나 들락거려도 괜찮은 방이다.

남자가 아버지로 여자가 어머니로 그리고 그 사이에 태어난 자녀가 황금의 삼각 동맹을 이루고 있는 가족은 섹스리스이지만, 그

가족의 구성원이 가족의 품을 떠나 더 이상 가족 호칭이 통용되지 않는 외부로 외출하면, 무성적 가정과는 달리 소돔과 고모라를 현신하듯이 섹스를 암시하는 요지경이 펼쳐진다. 낮의 세계에서는 포르노도 금지되고 간통도 형사처벌되는 엄격한 성도덕이 지배하지만, 밤이 오면서 도시 곳곳에 숨어 있는 러브모텔들이 네온사인으로 옷을 갈아입으면 도덕 공화국은 사라진다. 가족이 섹스리스한 빛의 공간이 될수록, 가족 외부의 공간은 섹스를 탐닉하는 어두운 밤의 세계가 된다. 가족 호칭을 벗어던진 사람들을 위한 밤의 방은 가족의 방과 달리 섹스가 넘쳐 난다. 가족 호칭을 벗어던진 남자가 가족 외부의 여자와 술을 마시는 룸살롱 주변에는 '팔도 과부 상시 대기'와 '여대생 안마'를 알리는 전단지가 매일 밤 뿌려진다. 교외라도 나가면 '대실 2만원'이라는 광고판이 너무나 도드라져서, '이미 식구가 되어 버린' 섹스리스 부부가 함께 쳐다보기 민망한 모텔이 줄을 지어서 있다. 나이트클럽의 웨이터는 '부킹에서 모텔까지'를 보장한다고 외치고 있다.

그 밤의 세계에서 섹스는 애정의 표현도 생식의 수단도 아닌 거래의 대상이다. 밤의 문화에서 오르가슴은 권력과 돈의 법칙을 따라 움직인다. 밤의 시간은 돈으로 섹스를 사는 사람과 파는 사람, 권력을 구실로 오르가슴을 마음껏 분출하는 사람과 그 사람의 파트너가 되어야 하는 사람으로 양분시킨다. '밤의 세계'에서는 한낮에 권위적 명령을 내리며 권력을 만끽하던 권력자들이 섹스에 대한 명령을 내리는 '주색잡기'의 화신으로 변신한다. 돈으로 권력을 표현하는 사람은 돈을 주고 섹스를 구매하고, 섹스를 구매하고도 남자다운 행동으로 포장된다. 지위로 권력을 표현하는 사람은 회식자리에서 섹스를 암시하는 농담을 던지며 아랫사람의 허벅지에 슬며시 손을 올려 놓고도 '친근감'의 표현이었다고 주장한다. 섹스는 권력을 확인하는 도구가 되고 접대라는 단어와 희한하게 결합하여 '성접대'라는 신조어를 만들어 낸다. 사랑과 결합하지 못한 섹스가 거래의 수단이 되고 권력의 도구가 되는 밤의 세계에서 가족 호칭을 벗었던 사람은 새벽녘엔 다시 가족 호칭을 걸친 아버지가 되고 어머니가 된다.

가족들이 가족 호칭을 걸친 채 식사 테이블에 모였다. 그 테이블에 밤의 세계의 흔적은 조금도 남아 있지 않다. 밤의 세계에서 성접대를 받았던 남자도 낮의 세계에선 자애로운 아버지로 다시 돌아온다. 그 아버지의 눈에 식탁에 앉아 있는 자기 자식은 밤의 세계에서 마주쳤던 사람들과는 달리 여전히 '순진'하다. 자기 자식들은 예외적으로 순진하다는 사실상 신앙에 가까운 믿음은 믿고 싶은 것만을 보도록 만드는 장치이다. 믿고 싶은 것만을 믿으려는 부모들은 자기들의 자녀가 순진하기 때문에 여전히 순결하다고 간주하지만, 대부분의 자녀들은 부모의 믿음과 달리 이미 어른이 되어 있다. 부모들은 자신의 경험에만 비추어, 자신이 통과했던 시대의 성 억압의 틀에 갇혀 순결이 파괴되는 순간에 대한 대단한 결심을 떠올리지만 그 자녀 세대는 부모 세대가 상상할 수 없는 방법으로 '캐주얼하게' 그 과정을 돌파한다.

부모 세대에게 연애와 사랑은 일치하지 않았다. 오랜 연애기간 동안에도 섹스가 부재하는 경우가 드물지 않았다. 하지만 그들의 자녀는 다르다. 그들은 소리 소문 없이 이루어진 성 개방 속에 자랐다. 그들의 자녀는 까졌다는 뜻이 아니라 매력적이라는 뜻으로 쓰이는 '섹시하다'를 일상적으로 주고받았다. 부모들이 거북이의 속도로 돌려보던 '음란물'을 빛의 속도로 제공해 주는 인터넷과 함께 자랐다. 그들은 부모들처럼 첫 키스를 하는 데 오랜 시간이 필요하지 않고, 섹스조차 과도한 뜸을 들이지 않고 행한다. 그들에게 '원 나이트 스탠드'는 서양 영화에 등장하는 이해할 수 없는 타락한 풍습이 아니라 경우에 따라 있을 수도 있는 경험의 한 구석을 차지했다.

섹스가 더 이상 음란이나 타락이라는 범주에 묶이지 않는 세계 속으로 이동한 그들에게는 서로에 대한 기초적인 호감만 있다면 섹스란 불가능한 영역이 아니다. 그들에게 섹스란 손을 잡는 것처럼 개인과 개인이 서로 애정이라 말하는 호감을 표현하는 여러 방법 중의 하나이다. 사랑의 감정이 있다면 결혼이라는 제도를 통한 섹스의 정당화 절차를 거치지 않아도 될만큼 섹스는 예외적인 경험이 아니라 일상적인 경험이 되었지만, 일상적인 경험으로 변화한 섹스는 그 어떤 세대도 겪어 보지 못했던 문제를 전면에 부각시킨다.

성욕은 기본적으로 휘발적이다. 연애 감정 역시 한시적이기는 마찬가지다. 성욕과 연애 감정이 섹스라는 행위에서 스파크를 튀기며 조우하지만, 불꽃처럼 아름다운 오르가슴의 순간은 불행히도 지속될 수 없다. 모든 폭발적인 것은 동시에 휘발적이기도 하다. 충동적인 성욕과 한 개인이 타인과의 합일을 꾀하는 사랑이 조우하여 빚어내는, 에리히 프롬이 언급했던 에로스의 모순에 그들은 노출된다. 에로스는 "흔히 사랑에 '빠진다'는 폭발적인 경험, 곧 그 순간까지도 낯선 두 사람 사이에 있던 장벽이 갑자기 무너져버리는 경험과 혼동된다. 그러나 …… 갑작스럽게 친밀해지는 이러한 경험은 본질적으로 오래가지 못한다."[15] 그 휘발성은 성적 개방의 시대에 살고 있는 58년 개띠들의 자녀를 새로운 곤궁으로 몰아 넣는다.

그들의 부모들은 욕망이 충족되지 않고 쾌락이 억압되며 발생한 불안의 성장기를 거쳤다면, 그들의 자녀는 일상화된 욕망으로 인한 불안에 시달리고 있다. 부모들에게는 너무나 어려웠던 섹스가 일종의 오르가슴 불안을 가져왔다면, 그들의 자녀는 그다지 어렵지 않게 오르가슴에 도달할 수 있으나 불안은 다른 방식으로 다가온다. 그들 부모에게 혼전 성 경험은 결혼을 보장하는 보험과도 같았지만, 그들의 자녀에게 섹스는 어떠한 관계의 안정성도 보장해 주지 않는 장치에 불과하다. '오르가슴 불안'에서 벗어날 수 있었던 58년 개띠의 자녀들은 새로운 관계의 불안에 노출된다. 그 관계의 불안을 프롬이 설명해준다. "이러한 모든 형태의 친밀감은 시간이 지남에 따라 점점 희박해지는 경향이 있다. 그 결과 사람들은 새로운 사람, 새로운 타인과의 사랑을 추구하게 된다. 이 타인은 다시금 '친밀한' 사람으로 변하고, 사랑에 빠지는 경험은 다시금 유쾌하고 강렬하지만, 이 경험은 다시금 차츰 덜 강렬한 것이 되고 마침내 새로운 정복, 새로운 사랑을 바라게 된다."[16] 몸으로 정신으로 끊임없이 벌어지는 이른바 '밀당'이라는 심리전은 이 휘발성의 효과를 최대한 지연시키기 위한 필사적인 몸부림이다. 섹스를 하기 위해 결혼이라는 절차를 거칠 필요가 없는 세대, 섹스가 곧 결혼 약속이 아닌 시대에 살고 있는 사람들에게 섹스는 일상적인 요소가 된 것만큼이나 관계의 지속성 불안을 유발하는 근심거리이다.

간만에 58년 개띠의 부모들과 이미 성인이 된 그들의 자식이 식사 테이블에 함께 앉아 있지만, 그들은 섹스에 관해 이야기하지 않는다. 아니 그들이 섹스에 관해 서로 이야기하기 시작하더라도, 그 대화는 오래 가지 못할 공산이 크다. 황금의 삼각동맹을 구성하고 있는 그들의 머리 속에 담긴 섹스의 의미는 동일한 대상이라 할 수 없을 정도로 다르다. 우리가 살고 있는 도시에서 섹스는 성인의 성적 교접을 지칭하는 단어이지만, 동일한 단어를 사용하는 사람들의 머리 속에서 펼쳐지는 섹스라는 단어의 의미는 마치 팔색조의 깃털처럼 다양하다. 그 테이블에 앉아 있는 어떤 사람에게 섹스는 여전히 말로 언급할 수 없고 승화되어야만 하는 비합리적인 충동의 영역이고, 누구에게 섹스는 권력을 확인하는 도구이고, 누구에게 섹스는 관계의 안정성조차 보장해 주지 않는 휘발성의 영역이다. 그러니 차라리 섹스에 관해 이야기하지 않는게 현명할지도 모른다. 섹스는 날씨 이야기처럼 식탁에서 꺼낼 수 있는 평범한 '스몰 토크small talk'가 아니다. 가족 구성원들에게 섹스는 털어놓으면 식탁이 붕괴될 수도 있는 '하드 토크hard talk'이다. 각자의 비밀은 식사 자리에서 꺼내지 않는 게 현명하다. 그래서 언제나 그랬듯이 식구들은 식탁에서 대화 없이 밥만 먹고 있다.

| 남자 |

남자다움의 리얼리티

전인권, 『남자의 탄생』
주디스 버틀러, 『젠더 트러블』

세상의 절반은 남자고 절반은 여자다. 그 사이가 호기심으로 연결되는 건 이상할 것 없다. 그 호기심은 때론 과도하게 진지해서 오히려 부질없게 느껴지는 〈남녀탐구생활〉류의 궁금증을 낳기도 하지만, 남자와 여자 사이에 연애와 결혼이라는 목적이 있기에 서로에 대한 흥미는 이치상 어색하지 않다. 견우는 직녀의 속내가 궁금하고, 줄리엣이 로미오의 심리 상태를 알고 싶어 하는 건 나무랄 일 아니다.

 젠더 정체성을 가르치는 여성주의의 도움이 없어도 여성은 자신이 인간이기 이전에 여성임을 깨닫게 만드는 수많은 말을 들으며 성장한다. "치마 입고 다리 벌리지 마라"부터 시작하여 "밤길 조심해라"에 이르기까지, 여성의 성염색체를 갖고 태어난 사람은 여성에게만 통용되는 금기와 권유 사항에 둘러싸인 채 성장한다. 하지만 남자는 다르다. 남자는 남자에게 조금도 진지한 호기심을 보이지 않는다. 남자에 대한 무관심을 동성애적 취향의 부재라고 해석한다면 분명한 오독이다. 남자가 남자에 대해 무관심하다는 건, 자신을 객관적으로 관찰할 수 있는 능력이 부재하다는 뜻에 가깝다. 남자는 자신을 남자라는 존재로 이해하는 사회적 거울을 들여다본 경험이 없다. 억지로라도 그 거울과 마주하고 있을 때조차, 남자는 거울에 투영된 자신의 모습에서 인간이라는 추상적인 존재만을 발견한다. 남자에게 인간은 남자와 여자로 구성된 상위 개념이 아니라 남자와 동의어이다.

"여성은 태어나지 않고 만들어진다"는 시몬 드 보부아르의 너무나 유명한 주장은 남자도 인간인 한, 그리고 사회적 존재인 한 적용의 예외일 수는 없다. 하지만 남자는 성장 과정에서도, 성인이 된 후에도 자신이 만들어진 존재임을 깨닫지 못한다. 만들어짐을 생각하지 않고 성장해 버린 남자의 종착지가 '문제적 인간' 아저씨이다. 아저씨는 누구라고 할 것 없이 그 유명한 2 대 8 가르마에 안경을 쓰고 있고, 운동과는 거리를 둔 채 삼겹살과 소주로 수십 년간 단련된 불룩한 배를 가지고 있다. 그 위에 얹힌 옷이라는 물건에서 개성 따위는 찾아볼 수 없다. 개성이야 배부른 소리라 하자. 아저씨가 알고 있는 남자의 자격은 지위와 돈뿐이다. 아저씨는 지위를 얻었을 때는 마치 약효가 영원한 비아그라라도 먹은 듯 자기 자랑질로 분기탱천하고, 지위를 얻지 못했을 땐 사회적 발기부전을 벗어나지 못한다. 이것이 실제의 '남자스러움'이다.

남자스러운 아저씨의 리얼한 모습은 긍정적으로 미화되고 찬양

되는 사나이답다는 의미의 '남자다움'과는 거리가 멀다. '남자다움'은 남자가 여성보다 우월하다는 주장을 사실로 만들기 위해 만들어 낸 상상적 허구로 가득한 판타지에 가깝다. 아저씨는 자기가 '남자다움'의 옷을 걸치고 있다고 상상하지만, 그가 진짜로 걸치고 있는 옷은 '남자스러움'이다. 이 사회에선 '남자다움'을 묘사한 판타지 영화가 스크린을 장악하고 모두가 상상적 허구에 대해 논쟁을 벌이지만, '남자스러움'은 제작이 완료되고도 개봉할 상영관을 찾지 못하는 독립 다큐멘터리처럼 침묵에 둘러싸여 있다.

대부분의 남자가 성인이 되어 이런 문제적 인간인 아저씨가 되어감에도, 남자가 만들어지는 현실적인 과정에 대해 사회는 왜 이토록 침묵할까? 혹 남자에 관해 이야기해야 할 때 드러날 수밖에 없는 불편함 때문은 아닐까? 자애로운 가장이라든가 산업의 역군이라든가 국방의 의무를 다하는 용맹한 군인과 같은 남자에게 입혀진 '남자다움'이라는 위장막을 제거하면, 남자의 주변에는 정말 불편한 리얼리티만 남겨진다.

리얼리티 속 남자는 위계적 조직문화의 승리자이거나 패배자이고, 온갖 폭력의 가해자이거나 피해자이며, 성 산업의 소비자일 뿐이다. 승리한 남자는 승리했기에 '남자다움'이라는 판타지에만 관심이 있고, 패배한 남자는 자신이 패배자라는 불편한 진실을 숨기려고 남자의 리얼리티에 무관심하다. 승리한 남자는 소수이지만, 적어도 자신이 패배자임을 드러내지만 않는다면 가부장제적 관습에 의해 남자는 여성과 달리 승리자로 오인받는다. 대다수의 남자들은 이러한 오인을 은밀히 즐긴다. 남자에 대한 침묵과 지속적인 무관심은 오인을 지속시킬 수 있는 얄팍한 계산과 한 편이 된다. 남자의 리얼리티에 관한 침묵은 이러저러한 이유로 최선으로 간주된다. 그래서 세상의 절반은 남자이지만, 우리는 그 남자가 만들어진 과정을 제대로 알지 못하고 알려고 하지도 않는다.

전인권은 암묵적인 침묵동맹을 배반한 남자다. 2003년에 처음 출간된 그의 책 『남자의 탄생』은 언제나 인간이라는 추상적인 보편적 기호에 가려져 있었기에 그 속살을 절대 드러내지 않았던 남자에 관한 사실을, 그리고 남자가 만들어지는 과정을 전면에 내세우고 해부한다. 『남자의 탄생』에서 전인권은 한국식 남자가 어떻게 만들어지는지를 알기 위해 타임머신을 타고 유년기로 돌아간다.

유년기로 돌아간 전인권은 아버지라는 한 아저씨를 만났다. 그 아저씨는 '동굴 속 황제'이다. '동굴 속 황제'는 "모든 인간관계를 우열에 따라 상하의 신분관계로 설정"[17]하는 인간이다. '동굴 속 황제'는 강자에겐 철저하게 비굴하며, 약자에겐 처절하리만큼 권위적이다. 상사의 비위를 맞추느라 손바닥의 지문까지 사라질 지경이었던 김 대리도 부장으로 승진하면 자신만의 영원한 딸랑이를 찾는다. '동굴 속 황제'는 자신이 황제인 동굴 속에선 거들먹거리며 큰 목소리를 내지만, 동굴 밖에선 한없이 주눅 든다. 한국에선 큰소리쳐도 외국에 나가면 움츠러들고, 한국보다 잘사는 나라에선 순한 양이었다가 한국보다 못사는 나라에선 야수로 돌변하는 게 '동굴 속 황제'의 모습, 그게 거울 앞에서 자신을 들여다본 전인권이 발견한 평범한 남자이다. "동굴 속 황제가 때와 장소를 가리지 않고 언제나 '나는 세상에서 가장 뛰어난 진선미의 소유자'라고 주장하는 것은 아니다. 평소에는 오히려 무덤덤하게 살아가며 아무런 우월감도 없는 것처럼 보인다. 특히 자신의 스승이나 선배 앞에서는 '저는 아무것도 모릅니다'라는 태도를 취하기도 한다. …… 그러나 학교나 직장처럼 비슷한 처지에 있는 사람들끼리 모여 있고, 어떤 결정적인 문제가 발생했을 때, 동굴 속 황제는 본색을 드러낸다. 다시 말해, 동굴 속 황제가 '진선미의 화신'처럼 행동하는 것은 동료나 이웃 또는 형제, 즉 비슷한 처지에 있는 타인과 관계를 맺게 되는 순간 더 잘 드러난다는 것이다. …… 그는 자기보다 신분이 높은 사람에 대해서는 진선미를 다툴 생각조차 하지 않는다."[18]

절반의 사람들이 '동굴 속 황제'가 되는 가련한 길을 밟아 남자가 되었다. 그렇게 남자가 된 사람들이 집에서, 직장에서 그리고 사회에서 벌이는 독불장군 같은 소황제 짓거리에 염증이 난 사람들에게 괴테 『파우스트』의 마지막 구절은 충격처럼 다가올 수도 있다. 괴테는 "영원히 여성적인 것들이 우리를 천상으로 인도한다"고 선언했다. 어머니라는 여성을 자애로운 모습으로, 또한 한없이 애처로운 모습으로만 기억하고 있는 사람은 괴테의 이 말에 고개를 끄덕일 수밖에 없다. 하지만 그 끄덕임도 잠시, 텔레비전을 켜고 이른바 사회 지도층이라는 여성들이 뱉어 내는 말들을 들을 때 괴테에게 공감하며 끄덕였던 마음은 혼란에 빠진다.

그런 의문에 대한 대답을 찾을 수 있는 실마리는 주디스 버틀러의 악명 높은 1990년 저서 『젠더 트러블』에서 찾을 수 있다. 『젠더 트러블』은 정신분석학, 푸코 그리고 여성주의 이론에다가 오스틴의 수행성 이론까지 그 어느 하나도 만만하지 않은 이론들로 가득 차 있다. 또한 결코 친절하지 않은 문체까지 더해지면서, 『젠더 트러블』은 읽히지 않으려고 작정하고 쓴 책 같은 느낌조차 준다. 그 미로 같은 행간 사이에 버틀러는 여성이라는 생물학적 존재(섹스)와 여성성이라는 정체성(젠더)의 자동적 연결에 '트러블' 효과를 발휘하려는 명확한 의도를 숨겨 놓았다.

문화적으로 구성된 성인 젠더와 생물학적인 성인 섹스의 자동적 연결에 트러블 효과를 유발하는 버틀러의 틀을 통과하면, '남자스러움'은 더 이상 남성의 육체라는 섹스에 귀속되는 행위가 아니다. '남자스러움'은 남자라는 생물학적 육체에서 구성된 정체성이 아닐 수도 있으며, 남성의 육체에서 이탈하여 섹스로서의 어떤 여성 위에 구성될 수도 있다. 전인권이 『남자의 탄생』을 통해서 찾아낸 소황제주의는 남자라는 섹스를 벗어난다. 전인권이 발견한 '남자스러움'은 여성이라고 예외일 수 없다. "논리를 극단으로 밀고 가면, 섹스/젠더의 구분은 섹스로 결정된 몸과 문화로 구성된 젠더 간의 극단적 단절을 시사한다. 이분법적인 섹스의 공고함을 잠시 가정하기는 하지만, 이 구분이 '남성'의 구성은 전적으로 남자의 몸에 속하고, '여성'의 구성은 여자의 몸과 ㄷ 해할 것이라는 뜻은 아니다."[19]

2004년 이라크 아부그라이브 감옥에서의 포로 학대 사진이 공개되었을 때, 이를 본 세계의 사람들은 경악을 금치 못했다. 미국 병사들은 권총으로 포로를 위협했고, 포로의 옷을 벗긴 채 찬물을 퍼부었고, 자위행위를 강요하고, 동성애자라고 비난했다. 벌거벗은 포로들에게 인간피라미드를 쌓게 하고 그 옆에서 웃음을 지으며 포즈를 취한 사진을 보고 누가 분노에 떨지 않겠는가. 그 경악스러운 사진 중 보는 이에게 2차 충격을 준 것은 린다 잉글랜드라는 여군의 사진이다.

린다 잉글랜드는 담배를 물고 거만한 포즈를 취하며 카메라를 쳐다보고 있는데, 그 곁에는 머리를 가린 채 자위행위를 강요받고 있는 포로들이 줄 지어 서 있다. 이 사진은 남자스러운 인간들이 지상 위에 벌여 놓은 야만적인 폭력으로부터, "영원히 여성적인 것이 우리를 천상으로 인도한다"는 명제를 일격에 무력화시킨다. 포로 옆에서 웃고 있는 린다 잉글랜드의 사진은 여성의 구성이 여자의 몸을 떠날 수 있듯이, 남성의 구성이 남자의 몸과 분리될 수 있음을 보여 주는 사례이다.

미국이라는 남성의 관점에서 사물을 판단하는 여성 정치인 힐러리를 어찌 "우리를 천상으로 인도"할 여성이라 부를 수 있겠는가? 유력한 정치인 힐러리는 단지 생물학적으로만 여성일 뿐이다. 힐러리와 클린턴은 사실상 동성 부부에 가깝다. 힐러리는 생물학적인 여성임이 아무런 의미를 지니지 않음을, 추한 남성의 대칭인 본질적인 여성이 우리를 구원하리라는 낡은 기대가 헛된 꿈이었음을 깨닫도록 만든다.

판도라의 상자를 처음으로 열었던 전인권은 세상의 모든 프론티어들이 그러하듯, 2005년 박정희라는 논란 덩어리 남자를 연구한 『박정희 평전』을 유작으로 남기고 세상을 떠났다. 『남자의 탄생』에서 시작한 남자에 대한 진지한 관심은 이제 겨우 시작이다. 남자라는 판도라의 상자는 갓 열렸다. 그 상자 앞에서 '남자다움'이라는 상상의 옷을 벗어던지기 위해선 상당한 용기가 필요하다. 상자 속에 어떤 '남자스러움'의 리얼리티가 숨어 있는지 알 수 없지만, 이제는 남자가 자신의 '남자스러움'고- 두려워하지 않고 마주할 때이다. 충분히 침묵했다. 이제는, 신성한 침묵동맹을 파괴할 때이다. 그게 남자의 자격이다.

| 자살 |

그리고, 자살은 계속되고 있다

에밀 뒤르켐, 『자살론』,
C. 라이트 밀스, 『사회학적 상상력』

피해갈 수만 있다면 좋겠지만 죽음을 어찌 피하겠는가. 그래서 한 오백 년만 살았으면 좋겠다는 민요는 나이 먹을수록 구성지게 들린다. 주위 사람들에게 이별을 준비할 수 있는 틈이라도 주는 죽음은 그 나마 덜 서럽다. 예기하지 못했던 죽음만큼 사람을 황망하게 만드는 게 또 어디 있으랴. 헤아리지 못했던 죽음이 사고사라면 얄궂은 운명이라도 탓할 수 있다. 하지만 그 죽음이 자살이라면 남은 사람의 마음속에는 여러 감정이 소용돌이친다. 그 감정은 때로는 동정으로, 때로는 왜 좀 더 모질게 살지 않았느냐는 분노로, 그리고 그 모진 결심을 미리 알아채지 못했던 무심함을 자책하는 모습으로 나타난다. 그 모든 감정이 뒤섞이니 사람들은 자살이라는 돌연한 죽음 앞에서 '오죽했으면'을 되뇐다.

하늘에는 무수히 많은 별이 있다. 하나의 별만을 뚫어지게 바라보면, 아무리 오랫동안 하늘을 관찰해도 별들 사이의 관계는 눈에 들어오지 않는다. 자살도 그렇다. 개개의 자살에서 비극적인 사연만을 읽어 낸다면, 자살은 그저 은하수에 흩어져 있는 별처럼 무수히 많은 작디작은 개인의 비극이다. 별과 별 사이를 잇는 가상의 선을 그리며 무리를 짓고 있는 별을 볼 때야 비로소 별들이 별자리라는 관계를 빚어내고 있음을 돌연 깨닫는 순간이 온다. 이처럼 뿔뿔이 흩어져 있는 작은 비극들 간의 관계에 눈 뜨는 순간, 우리는 섬뜩한 의문에 도달할 수 있다. 혹 개별 자살들을 하나로 잇는 시나리오가 있지 않을까?

개개의 자살들이 모여 빚어내는 관계는 인구 10만 명당 자살 건수를 나타내는 자살률에 흔적을 남긴다. 자살률은 설명해야 할 대상이자 커다란 진실을 감고 있는 틀이다. 1991년 해석되어야 하는 사건들이 연속으로 일어났다. 그해 발생한 명지대생 강경대 씨의 사망 사건 이후 스스로 목숨을 끊는 '분신 정국'이 시작되었다. 전남대생 박승희(4월 29일), 안동대생 김영균(5월 1일), 경원대생 천세용(5월 3일)의 분신에 이어, 전민련 사회부장 김기설(5월 8일), 노동자 윤용하(5월 10일), 시민 이정순(5월 18일), 노동자 정상순(5월 22일)의 분신이 뒤를 이었다. 하나의 자살에만 집중하면, 우리는 자살의 원인을 알기 위해 그들이 남긴 유서를 살펴야 한다. 하지만 개개의 자살을 이어 하나의 별자리를 그리기 위해서는, 한 개인이 아니라 그 사람이 살았던 시대로 눈을 돌려야 한다.

1987년 이후 한국 자살률의 추이를 살펴보면 석연치 않은 사실이 발견된다. 1987년 한국의 자살률은 19.67명이었다. 1987년부터 1997년까지 자살률은 미세한 차이는 있지만 극적인 변동 없이 일정한 수준을 유지해 왔다. 하지만 1997년 19.69명이었던 자살률은 1998년 돌연 26.69명까지 치솟았다. 대체 1997년과 1998년 사이에 어떤 일이 있었던 것일까? 돌연 상승한 이 자살률을 대체 어떻게 설명할 수 있단 말인가? 1년 사이에 한국인들은 갑자기 염세적인 삶의 태도를 갖게 된 것일까.

그 질문에 답할 수 있는 실마리를 찾기 위해 에밀 뒤르켐의 『자살론』을 펼친다. 이미 한 세기 이전에 출간된 책이지만, 뒤르켐의 책 속에는 자살이 개인적 현상에 불과하다는 상식을 깨는 섬뜩한 통찰이, 그리고 100여 년 후 한국의 자살률 속에 숨어 있는 무서운 진실을 알아챌 수 있는 아리아드네의 실마리가 담겨 있다.

사회학자는 탐정과 비슷하다. 그는 탐정처럼 사람들이 눈치 채지 못하는 흔적에 주목한다. 범인이 현장에 남긴 머리카락 한 올은 범인을 추적하는 데 결정적 단서가 된다. 사회학자는 유서에 담기지 않은 자살의 이유를 찾는 탐정이다. 탐정 사회학자는 고립된 사건을 일련의 사건으로 변형해서 보이지 않던 실마리를 찾아낸다. 뒤르켐은 개별 자살 사건을 일련의 사건들로 연결시켜 보여 주는 자살률을 통해 사건을 해결하려는 탐정이다. "사회학자는 고립된 개인이 아니라 집단에 영향을 미칠 수 있는 원인을 연구하기 때문에 자살의 요인들 가운데 사회학자의 관심 대상이 되는 것은 사회 전체적으로 감지되는 요인뿐이다. 자살률은 그러한 요인들의 소산이다."[20]

뒤르켐은 각각의 자살에서 관계를 파악하고, 다시 관계에서 "특정한 경향"을 해석해 내고, 그 특정한 경향을 개인 외부에 있는 사회적 힘과 연결시켰다. 각각의 자살을 이어 별자리로 기록하기 위해 뒤르켐은 자살률에 관한 통계자료를 뒤적인다. 뒤르켐이 지키는 방법론적 원칙은 간단히 이렇게 정리된다. "현상의 생성 원인은 개별적인 사례만 관찰하는 사람의 눈에는 보이지 않는다. 그런 원인은 개인의 외부에 있기 때문이다. 그 원인을 발견하기 위해서는 개별적 사건보다 더 높은 관점에서 보아야 하며, 무엇이 개별적인 사례들에 단일성을 부여하는지 파악해야 한다."[21]

만약 심약한 기질이나 염세적인 삶의 태도와 같은 개인의 특이 성향만이 자살의 원인이라면, 자살률은 기복 없이 평균율의 법칙을 따를 것이다. 하지만 한 사회의 자살률에서 변동 경향이 발견됨은 집합적 힘이 개별 자살에 영향을 주고 있음을 의미한다. 그렇기에 자살은 개인적 현상이지만, 자살들의 관계인 자살률 앞에는 '사회적'이라는 형용사가 생략되어 있다. 자살이라는 극단의 선택으로 개인을 몰고 가는 개인 외부의 힘을 뒤르켐은 '사회적 사실'이라 불렀다. 개별 자살의 동기를 찾기 위해선 유서를 살펴야 하지만, 자살과 자살의 관계가 빚어내는 집단적 경향을 찾아내기 위해선 자살률 속에서 '사회적 사실'을 끄집어내야 한다.

다시 1997년과 1998년 사이로 돌아가자. 과거로 돌아가는 여정에서 우리는 국제통화기금IMF 관리체제라는 경제위기와 만난다. 1997년 5.8퍼센트였던 경제성장률이 1998년 마이너스 5.7퍼센트로

| 자살률과 경제성장률 비교 |[22]

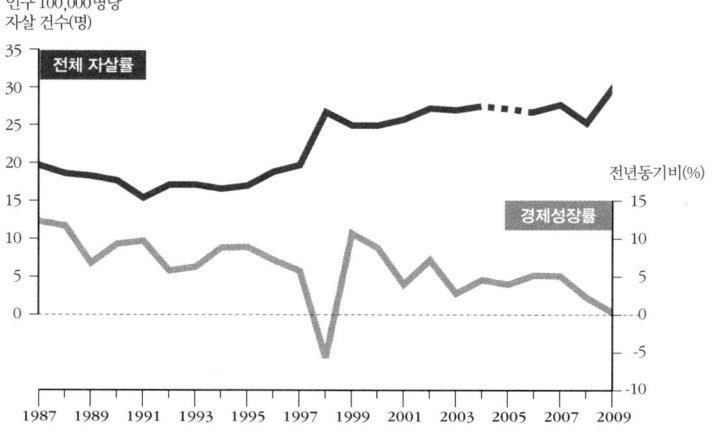

급추락할 정도로 한국을 엄습한 경제위기는 대단했다. IMF라는 기호는 저승사자와도 같았다. 가족은 해체되었고 노숙자는 늘어났고 스스로 삶을 포기하는 사람이 급증했다. 한국인들의 오래된 상식으로는 받아들일 수 없는 마이너스 성장이라는 '경제 성적표'와 '고도성장'이라는 박정희 시대 이후 신념화된 믿음은 충돌했다. 마이너스 성장이 1998년 치솟은 자살률의 유일한 원인일까? 만약 자살률이 마이너스 성장이라는 초라한 '경제 성적표' 때문에 급증했다면, '경제 성적표'가 좋아지면 자살률이 낮아져야 한다. 하지만 1998년 이후 한 번 높아진 자살률은 '경제 성적표'와 상관없이 고공 정체 중이다. '경제 성적표'가 좋으면 모든 것이 다시 좋아질 거라는 기대를 자살률이 배반하는 이유는 대체 뭘까?

IMF 관리체제에서 사람들은 "여러분 부자 되세요. 꼭이요!"라는 덕담에서 탈출구를 찾았다. IMF 관리체제는 공식적으로 끝이 났지만, 1990년대에 학습하고 IMF 관리체제를 통해 복습한 부자 되기에 대한 물신적 집착이 유령처럼 한국을 지배하는 한 IMF 관리체제는 영원한 현재형이다. 부자 되기에 대한 욕망이 강해질수록, 달성하지 못했을 때의 좌절의 강도 또한 커지는 법이다. 커진 욕망과 좌절된 욕망 사이에서 뒤르켐이 "한계를 모르는 열망이 목표를 잃은 경우"[23]에 발생한다고 하는 아노미가 자란다. 아노미적 상황은 커진 욕망과 좌절된 욕망 사이의 충돌에서 발생하기에, 단순히 경제성장률이 높아진다고 해소되지 않는다.

높은 경제성장률이 빈곤은 치료할 수 있지만, 아노미적 상황에서 자란 박탈감은 성장률로 다스릴 수 없다. 돈 벌기가 유일한 삶의 목적인 사회, 승리만 한다면 과정의 정의로움은 묻지 않는 사회, 이유는 모르는 채 경쟁만 해야 하는 사회, 승자는 있는데 명예는 땅에 처박힌 사회는 아노미라는 중병을 앓는다. 사회가 아노미의 상태에 빠지면 사회 속의 개인 또한 아노미적 상황에 감염된다. 사회가 병이 들면 개인도 병이 들기 마련이다. "사회가 앓는 병은 불가피하게 개인들도 겪는다. 사회는 전체이기 때문에 사회의 병은 각 부분에 전염된다."[24] 이러한 뒤르켐의 인식은 놀랍게도 라이트 밀스의 생각과도 일치한다. 뒤르켐의 『자살론』이 출간된 지 아주 한참 후인 1959년 미국의 사회학자 라이트 밀스는 개인의 불행에서 시대의 불행을 읽어내기 시작했다.

손대는 일마다 실패하고 열심히 일을 해도 못마땅한 처지에서 벗어날 희망이 없어 보일 때, 새삼스레 떠오르는 '팔자'란 단어가 있다. 개인의 간절한 소망과 뜻이 장벽에 부딪힐 때, 팔자타령이 절로 나온다. 팔자라도 탓하지 않는다면 힘든 세상살이를 견뎌낼 방법이 없는 사람들의 안타까운 처지를 생각하면, 팔자타령은 일단 들어주는 게 맞다. 팔자타령이 청승맞다고 귀 막아 버린다면 너무 야박하다. 하지만 아무리 팔자타령을 들어주어도, 가련한 팔자는 바뀌지 않는다. 팔자가 바뀌기 위해선 착한 사람이 아니라 현명한 사람의 도움이 필요하다. 『사회학적 상상력』의 밀스는 선량하면서도 동시에 현명한 학자이다.

밀스는 여느 사회학자와는 달리 세상 사람들의 팔자타령에 귀를 기울인다. 하지만 신세타령만 들어주었다면, 그는 현명한 사회학자가 아니라 착한 시민에 머물렀을 것이다. 밀스는 '팔자'라는 개념의 틀을 다른 각도에서 볼 수 있도록 조언함으로써, 선량한 시민이자 동시에 현명한 학자가 되는 데 성공한다.

모든 게 팔자소관이라면, 사회과학이란 불필요하다. 하지만 사회과학자가 팔자타령을 하고 있는 사람에게 "구질구질하니 더 이상 하지 마시오! 모든 문제는 사회구조에서 비롯된 것이오!"라고 야박하게 소리 지른다면, 그는 입 바른 소리를 한 대가로 언제든 팔자타령 거리를 산처럼 쌓아 놓고 있는 시민들로부터 외면당할 것이다. 그렇다고 시민들로부터의 고립이 무서워 "전 여러분의 편이랍니다. 전 여러분의 고통을 충분히 이해합니다"라고 속삭이며 위안만 하며 불행의 사회적 원인을 가린다면 그 또한 직무유기이다. 사회과학자는 팔자타령을 하는 사람을 야단치는 냉혹한 분석가여서도 안 되지만, 위로의 말을 늘어놓는 마치 전문의가 되어서도 안 된다.

밀스의 메시지는 단순하지만 분명하다. 팔자타령을 늘어놓을 수밖에 없는 선량한 사람들을 괴롭히고 있는 고통이, 공공 문제와 동전의 양면이라는 통찰이 『사회학적 상상력』을 관통하는 핵심적 메시지이다. 밀스가 볼 때 그것은 사회학적 상상력의 뿌리이기도 하다. 개인의 고통을 위로한다는 심리학적 위안서들은 고통을 공공의 문제와는 전혀 상관없는 것처럼 간주하지만, 밀스는 개인의 고통을 외면하지 않으면서도 그 고통이 공공의 문제와 연결되어 있음을 통찰력 있게 파헤친다. 밀스가 사회학적 상상력으로 풀쳐 놓는 팔자타령에 대한 해법은 따듯하면서도 동시에 현명하다. 알코올 중독자가 술에 취해 늘어놓는 신세타령을 병리학이 아니라 사회학적 상상력으로 읽어 내는 밀스와 같은 사람에게는, 알코올 중독의 원인은 중독자의 '팔자'가 아니라 '술 권하는 사회'이며 자살은 개인의 불행이 아니라 사회적 불행의 다른 모습이다. 불행한 팔자처럼 보이는 자살로 생을 마감하는 개인의 삶 속에는 그 시대의 불행이 스며들어 있다. 개인의 불행은 시대의 불행과 동전의 양면 같은 관계이다. 사회학적 상상력은 팔자 뒤에 숨어 있는 사회를 찾아내는 탐정의 능력이다.

경제성장률의 상승이 삶의 만족감과 만나지 못한다면 행복이 아니라 오히려 아노미의 조건이 된다. 행복에 대한 요구가 사치스러운 기대로 취급받고, 경쟁에서 승리하기 위한 만인 대 만인의 투쟁만 만연한 병든 사회의 조건이 변화하지 않은 한 아노미적 자살은 결코 줄어들지 못한다. 2006년 경제성장률은 5.2퍼센트에 도달했지만, 한국은 26.85명의 자살률로 경제협력개발기구OECD 국가 평균 자살률 11.7명을 가볍게 넘기며 당당히 1위를 차지했다.[25] 1998년 이후 고공 정체 중인 자살률에 담긴 섬뜩한 진실은 이것이다.

1998년 이후 요지부동인 자살률은 병든 사회가 진단과 처방을 간절히 바라며 사회에 보내는 알람이다. 하지만 알람이 울리기 시작한 지 10여 년이 지났지만, 사회는 그 소리를 듣지 못한 채 '성장을 향해 앞으로 돌격!'만을 소리친다. 국가는 청진기를 들고 병든 사회가 뱉어 내는 고통의 소리를 경청해야 함에도, '경쟁 또 경쟁!'을 확성기를 동원해 세뇌시키기에 바쁘다. 국가는 개인을 둘러싼 '사회적 사실'을 해석할 의무를 지고 있다. 학자는 자살률을 설명하지만, 자살률을 낮출 수 있는 방법 찾기는 국가와 정책입안자의 몫이다. 만약 이들이 그 방법을 찾아내지 못한다면 그들은 자살방조죄로 기소되어야 하며, 또한 그들을 기소하지 않은 사회는 범인은닉죄로 고발되어야 한다.

사회학이 자살 속 '사회적 사실'을 설명할수록 사회학자는 무기력감에 빠진다. 사회학자의 설명은 모든 일이 일어난 이후의 '사후약방문'에 불과하기 때문이다. 평범한 사람들이 이곳저곳에서 감행한 자살의 집합체인 자살률이 세계 1위에 도달해도 심각성을 따지지 않던 언론은 유명인이 자살하면 그때서야 '베르테르 효과'를 입증할 자살들을 찾아낸다고 요란을 떨고, 전문가에게 자살을 설명해 달라고 부탁한다. 사회학자가 아무리 열심히 1997년 이후 높아진 '사회적 자살'을 설명해도, 자살을 '사회적 사실'로부터가 아니라 개인의 비극으로만 해석하는 곤습에 빠진 사회는 자살률의 고공 행진을 멈추기 위한 방법을 찾아낼 수 없다.

 '사회적 자살'을 설명하느라 지친 사회학자는 버스 안에서 깜빡 잠에 빠졌다. 그리고 꿈을 꾸었다. 사회학자는 방송국으로부터 전화 인터뷰 요청을 받았는데, 질문은 이랬다. "몇 년 전까지 OECD 국가 중 1위를 차지했던 높은 자살률이 최근 급격히 낮아진 이유를 어떻게 설명할 수 있을까요?" 그 꿈은 너무 달콤했기에 사회학자는 꿈에서 영원히 깨어나기 싫었다.

3부

좋은 삶을 위한 공격과 방어의 기술

| 노동 |

임금노동의 운명

칼 마르크스, 『임금노동과 자본』
프리드리히 엥겔스, 『잉글랜드 노동계급의 처지』

이솝우화 속 개미와 베짱이 이야기를 모르는 사람은 없다. 어린 시절 미래를 위해 고통을 참으며 열심히 땀 흘리는 개미와, 개미를 비웃으며 놀기만 했던 베짱이의 운명이 추운 겨울에 서로 엇갈리는 에피소드를 들으며, 우리의 머릿속에는 희미하게나마 바람직한 삶의 자세에 대한 윤곽이 그려졌다. 개미와 베짱이 이야기를 들려주고 누구처럼 살아야 하냐고 묻는다면, 사람들은 주저하지 않고 개미와 같은 삶이라 답할 것이다. 그렇다. 적어도 도덕적으로는 개미가 바람직한 삶의 모델이다. 그래서 사람들은 개미가 땀 흘리며 몰두했던 노동을 삶의 중요한 본보기라고 여긴다.

하지만 현실은 도덕적인 생각과는 항상 거리가 있다. 삶의 법칙의 냉혹함을 맛본 사람들의 내면에선 개미를 닮아야 한다는 교훈에 대한 의문이 고개를 들기 시작한다. 노동을 통해서 모을 수 있는 돈으로는 집 한 채 장만할 수 없다는 냉혹한 사실을 깨닫기 시작한 순간, 노동이 신성하다고 떠드는 사람들은 정작 노동을 하지 않고 있다는 역설을 발견하는 순간, 우리는 신성하고 고귀하다고 여겼던 노동에서 시지푸스의 고통을 떠올리기 시작한다. 노동은 한편으로는 성실한 개미와 다른 한편으로는 시지푸스의 고통이라는 양가적인 이미지 사이에 놓여 있다.

노동은 괴롭다. 노동을 고통스러운 행위로 간주했던 사고방식의 흔적은 비단 한국어에서뿐만 아니라 다른 언어에서도 찾아볼 수 있다. 노동을 전혀 긍정적인 개념으로 받아들이지 않았던 고대의 관습은 노동과 관련된 서양 언어에 스며들어 있다. 고대 그리스어로 노동을 의미하는 포노스*ponos*는 슬픔이라는 뜻을 갖고 있다. 히브리어에서 일을 나타내는 단어와 노예를 나타내는 단어는 동일하다. 라틴어로 일을 의미하는 단어 라보르*labor*는 고통이 수반되는 극도의 노력이라는 뜻이다. 노동labour이라는 단어는 14세기 영어에 최초로 등장했다. 이 단어는 짐을 메고 미끄러지거나 비틀거리는 것을 의미했다. 노동을 의미하는 프랑스어 트라바이travail는 라틴어 트리팔리움*tripalium*에 뿌리를 두고 있는데, 트리팔리움은 원래 로마군이 사용했던 고문 도구의 일종으로 세 개의 말뚝을 가리키는 말이며 슬픔과 고통을 뜻한다. 또한 중세 독일어로 노동이라는 뜻을 지닌 아르바이트arbeit는 시련, 박해, 역경, 곤경으로 해석된다. 무수히 많은 서양 언어에서 노동이라는 단어가 '고통'을 뜻하듯, 한국어의 노동勞動 역시 노력勞力이며, 그 느력은 고통인 노고勞苦를 포함하고 있다.

분명 노동은 고통만은 아니다. 노동은 고통스러운 노고이지만, 힘든 노력이 결실을 맺는 순간 맛볼 수 있는 성취감은 대단하다. 케이블카를 타고 쉽게 오른 정상과 한 걸음 한 걸음 땀 흘리며 부지런히 걸어 올라간 정상의 느낌은 전혀 다르다. 정상에 올랐을 때 느낄 수 있는 쾌감은 노력한 사람만이 맛볼 수 있는 특권이다. 베짱이는 개미가 느낄 수 있는 이 짜릿함을 알 수 없다. 하지만 노동이라 부를 수 있는 모든 인간 활동이 종국에 개미의 성취감을 맛보도록 해 주는 것은 아니다.

에베레스트 정상을 향해 한 걸음 한 걸음 올라가는 등반가는 개미를 닮았지만, 등반가의 짐을 나르고 있는 셰르파에게 노동은 도덕적인 범주가 아니라 현실적인 활동이다. 정상에 오른 후 등반가는 명예를 얻지만, 셰르파는 짐을 나른 대가로 임금만을 받을 뿐이다. 이렇듯 도덕적으로 칭송되는 노동과 현실의 노동은 전혀 다르다. 도덕적 범주 속 노동은 완성된 인간성을 향해 달려가는 활동일 수 있지만, 현실의 노동은 간과 쓸개를 자존감과 함께 가져가고 결코 넉넉하지 않은 돈에 보너스인 양 스트레스와 직업병을 함께 담아 되돌려 준다. 이 거대한 격차를 이해하기 위해 우리는 마르크스의 『임금노동과 자본』을 읽는다

『임금노동과 자본』은 1849년 마르크스가 『신라인신문』에 연재했던 기사들을 모은 아주 얇은 책이지만, 이 오래된 책 속에서 독자들은 21세기라는 현재를 살고 있는 사람들의 처지를 이해할 수 있는

실마리를 발견할 수 있다. 마르크스는 묻는다. "노동력은 그 소유자, 즉 임금노동자가 자본에게 파는 하나의 상품이다. 그는 왜 그것을 파는가?"[1]

2012년 재벌닷컴이 상장사 대주주 및 특수 관계인이 보유한 주식 지분 가치를 기준으로 조사한 결과에 따르면, 1억 원이 넘는 상장 주식을 보유한 만 12세 이하 어린이가 모두 102명이나 된다. 가장 많은 주식을 보유한 어린이는 453억 원어치의 주식을 가졌는데, 2012년 현재 겨우 열두 살이다. 이 어린이는 세 살이었던 2004년 주식 25만 9000여 주를 증여받았고, 현재는 76만 341주로 늘었다. 태어난 지 1년밖에 안 돼서 주식을 증여받아 9억 원대 주식 부자가 된 어린아이도 있다. 당신이 이런 복 받은 인생이 아니라면 먹고살기 위해서 해야 할 일은 단 한 가지 임금노동이다.

사람은 누구나 고유한 능력을 갖고 있다. 그 능력을 제공하고 대가로 임금을 받는 행위가 임금노동이다. 취직과 함께 임금노동은 시작된다. 취직을 위해 제출한 이력서에는 우리가 팔 수 있는 능력의 목록이 나열되어 있지만, 면접관은 최종 확인이라도 하듯 지원 동기를 꼭 묻는다. 자아실현과 꿈 이루기와 같은 대답은 면접용 멘트이지 사실이 아니다. 사실은 맥 빠질 정도로 단순하다. "살기 위해서이다." 왜 대학생들은 취업이라는 절대 목표에 청춘을 저당 잡히고, 취업에 성공한 사람은 밀려나지 않기 위해 영혼마저 저당 잡힌 느낌으로 직장에 들러붙어 있어야 하는가? 화려한 수사적 표현을 모두 발라내고 진심만 남겨놓을 때 그 이유는 처절할 정도로 단순해진다.

제공할 수 있는 능력의 숙련 차이나 영역 차이는 노동력을 판매해야 하는 이유의 동일성 앞에서 사라진다. 노동력을 팔지 않아도 충분히 잘 먹고 잘살 수 있는 사람은 임금노동의 세계로 진입하지 않아도 된다. 하지만 막대한 유산을 상속받은 경우가 아니라면, 어느 누구도 먹고살기 위해서는 노동력 판매라는 절대 명령으로부터 자유로울 수 없다. 노동력을 팔아야만 먹고살 수 있다는 1849년의 냉혹함은 지금도 사라지지 않았다.

엥겔스는 『잉글랜드 노동계급의 처지』에서 임금노동을 해야만 하는 처지에 놓인 사람과 노동은 하되 임금노동이 아니었던 사람들을 비교한다. 자본주의가 발생하기 이전에도 인간은 노동했지만, 자본주의의 법칙에 종속된 임금노동과는 다른 모습이었다. 임금노동의 강제에 시달리지 않을 때 "그들은 과다하게 노동할 필요가 없었고 그들이 내킬 때 외에는 더 이상 일하지 않았다. 그럼에도 불구하고 그들은 자신들이 필요로 하는 것을 일해서 조달하였으며, 자신의 정원이나 뜰에서 건강한 노동을 위한 여가를 가졌다. 노동은 그 자체로 이미 그들에겐 오락이었으며, 그밖에 그들은 그들 이웃의 오락과 놀이에 참여할 수 있었다. 이러한 모든 놀이, 즉 볼링, 공놀이 등등은 건강을 유지하고 신체를 강건하게 하는 데에 도움을 주었다. …… 그들의 아이들은 농촌의 자유로운 공기 속에서 자라났으며 노동할 적에는 자신의 부모들을 도울 수 있었으나, 이 역시 단지 가끔일 뿐으로 하루 8 내지 12시간의 노동시간이니 하는 것은 있을 수 없었다."[2]

엥겔스가 고사하고 있는 농부는 우리와는 전혀 다르다. 농부는 적어도 자기 땅을 갖고 있었다. 자기 땅을 갖고 있는 사람에게 비록 농사짓는 일은 고통스러운 노동이지만, 그 결실을 기대할 수 있기에 동시에 기쁨일 수 있는 양면적인 성격을 갖고 있었다. 하지만 우리의 처지는 농부와는 전혀 다르다. 월급쟁이의 다른 뜻은 월급을 받지 않는다면, 그것 이외에는 먹고살 길이 없는 사람이라는 뜻이다. 월급은 고용된 사람에게만 지급된다. 고용되지 않으면 먹고사는 일이 막막해지는 사람들이 해야만 하는 노동, 그 노동이 '임금노동'이다. "그에게 있어서 삶이란 이러한 활동이 멈출 때, 즉 식탁에서 선술집 의자에서 침대에서 시작된다. 이와는 반대로 그에게 있어서 12시간의 노동은 옷감 짜기, 실 뽑기, 구멍 뚫기 등등으로서의 의미는 전혀 없고 그를 식탁으로 선술집 의자로 침대로 데려다 주는 벌로서의 의미를 갖고 있다."[3]

구체적으로 어떤 일을 하는지는 중요하지 않다. 연봉의 차이도 의미 없다. 직업의 위신이나 평판 따위의 차이도 무색하다. 어떤 옷을 걸치고 일을 하는지도 결정적이지 않다. 어떤 호칭으로 불리는지도 상관없다. 작업복을 입고 공장에서 생산직 근로자로 불리는 사람이든, 유니폼을 입고 마트에서 일하든, 정장을 걸치고 고층 빌딩 속에서 일하든, 크레인을 운전하든, 그 사람이 노동하는 구체적인 환경의 차이에도 불구하고 그들을 단박에 하나로 묶어주는 공통점은 임금노동이라는 보편성이다. 그들은 모두 "살기 위해서 노동하는 것이다." 고용되지 않으면 먹고사는 일이 막막해지는 처지, 한 달이라도 월급을 제대로 받지 못하면 삶 전체가 동맥경화증에 걸리는 신세, 그게 월급쟁이의 운명이다. "그는 필요한 생활 수단을 확보하기 위하여 이 생명 활동을 제3자에게 판매한다. 따라서 그의 생명 활동은 그에게는 생존할 수 있기 위한 하나의 수단일 뿐이다. 그는 살기 위해서 노동하는 것이다. 그는 노동을 자기 삶으로까지 생각하는 일이 없으며, 오히려 노동은 그의 삶의 희생일 뿐이다. 노동은 그가 제3자에게 넘겨 버린 하나의 상품이다. 따라서 그의 활동의 산물 또한 그의 활동의 목적이 아니다."[4]

1849년 마르크스는 『임금노동과 자본』에서 이렇게 반문한다. "12시간 동안 천을 짜고 실을 뽑고 구멍을 뚫고 선반을 돌리고 집을 짓고 땅을 파고 돌을 깨고 짐을 나르는 등등의 일을 하는 노동자 — 이 노동자에게 이 12시간 동안의 옷감 짜기, 실 뽑기, 구멍 뚫기, 선반 작업, 집 짓기, 삽질, 돌 깨기 등이 자기 삶의 발현으로, 삶으로 여겨지겠는가?"[5] 이 질문은 21세기에도 유효하다. 임금노동과 삶의 관계에 관한 한 1849년이나 지금이나 별로 달라진 점이 없기 때문이다. 물론 차이도 있다. 임금노동의 범위는 무한히 확대되어 임금노동자는 육체노동뿐만 아니라 정신노동까지 포함하고, 심지어 감정노동의 세계에 살고 있는 노동자도 등장한다.

임금노동이 시작되는 순간 그의 삶은 정지한다. 그는 자신의 삶을 퇴근할 때야 되찾을 수 있다. 임금노동이 시작되는 순간 개성이나 성격은 자취를 감춘다. 사교적이지 않은 성격의 소유자도 승무원의 복장으로 갈아입고 감정노동을 시작하는 그 순간부터 세상에서 가장 환한 미소를 지으며 친절한 성격인 척해야 한다.

퇴근한다고 임금노동자가 자신의 삶을 그다음 날 출근 시간까지 온전히 되찾을 수 있으리라 기대한다면, 그건 당신이 이제 막 임금노동을 시작한 세상물정 모르는 신출내기라는 뜻이다. 임금노동이 지배하는 세계는 그렇게 만만하지 않다. 임금노동에 의해서 먹고사는 사람은 세상에 널렸다. 퇴근길 지하철을 가득 채우고 있는 인파, 일시적으로 승객이라 불리는 이들이 조금 전까지 직장에선 임금노동자였던 사람들이다. 이처럼 세상에 널린 존재가 임금노동자라면, 그리고 누구나 임금노동에 의존해 살 수밖에 없는 절실함의 강도도 유사하다면, 일자리를 둘러싼 경쟁은 치열해질 수밖에 없다.

경쟁자들이 사방에서 그에게 육박해 옴을 감지하는 임금노동자는 퇴근시간이 넘어도 퇴근할 생각을 못하고, 퇴근을 하고서도 경쟁에서 승리하기 위해 이른바 자기계발이라는 명목으로 졸더라도 영어학원에 다녀야 한다. 만약 퇴근하고도 집에 가지 못하고 직장 회식 후 노래방에서 상사의 노래에 맞추어 탬버린을 치면서 넥타이 춤이라도 추었던 적이 있다면, 직업이 무엇이든 상관없이 당신은 임금노동 세계의 멤버라는 뜻이다.

임금노동이 평범한 사람들의 운명과도 같은 무게감을 지닌다면, 그 운명에 맞서는 방법 중 하나는 임금노동의 보편성에 대한 인식이다. 그것을 거창한 말로 표현하면 연대라 한다. 연대가 지배적인 사회에선 거대한 공통분모에 주목하고 복지라는 수단으로 평범한 사람들을 압박하고 있는 임금노동이라는 굴레를 헐겁게 해 주지만, 연대라는 단어를 살해한 사회에선 누구나 자신만의 예외를 꿈꾸며 임금노동의 세계로부터 혼자 탈출할 궁리를 한다.

먹고살기 위해 취직으로 시작한 임금노동을 사표를 내던지며 그만둘 수 있다면 그보다 짜릿한 순간이 어디 있으랴. 그래서 나 홀로 탈출을 기도하는 임금노동자는 매일매일 마음속으로는 사표를 쓰지만, 의지할 곳은 복권뿐이다. 복권을 사기 위해 줄을 서 있는 김 대리 앞에는 전문가처럼 보이지만 사실 임금노동자에 불과한 대학교수도, 월급쟁이 의사도, 마트의 비정규직 종업원도 서 있을 수 있다. 복권을 사는 사람의 소박한 소원은 당첨이 되어 마음속으로 수백 번 쓰고 또 썼던 그 사표를 마침내 내던지는 순간이 도래하는 것이다. 복권의 유일한 효용가치는 이런 백일몽을 꿀 수 있는 권리이다. 퇴근길 혼잡한 지하철에서 혼자 웃고 있는 사람의 머릿속에선 복권 당첨이라는 짜릿한 백일몽이 상영되고 있을 것이다. 하지만 꿈은 꿈일 뿐이다. 해결책은 꿈이 아니라 현실 속에 있다고 깨달은 사람은 더 이상 복권 따위에 기대를 걸지 않는다. 세상에는 여전히 복권을 사는 사람과 더 이상 복권에 기대하지 않고 연대라는 죽어 버린 단어에 귀 기울이는 두 종류의 임금노동자가 있다. 당신은 어느 쪽인가?

| 게으름 |

노동과 게으름에 대한 불편한 진실

폴 라파르그, 『게으를 수 있을 권리』
조영래, 『전태일 평전』

다시 한번 이솝우화에 등장하는 개미와 베짱이 이야기로 시작한다. 베짱이는 겨울이 온다는 걸 몰랐을까? 몰랐다면, 분명 베짱이는 바보다. 혹, 겨울이 오고 있음을 알았는데도 일하지 않았던 걸까? 겨울이 오는지 몰랐다면, 베짱이는 단지 멍청한 거지만 겨울이 다가옴을 알고서도 일하지 않았다면 사정은 다르다. 베짱이는 멍청하다는 단어로 부족한, 무책임하고 게으른 존재이다.

    개미와 베짱이 에피소드를 읽던 어떤 사람이 베짱이의 속내가 궁금해졌다. 베짱이가 멍청한 건지, 혹은 무책임했던 건지 알고 싶었던 그 사람은 수소문 끝에 힘겹게 베짱이를 만났다. 그 사람은 방송국 기자처럼 마이크를 들이대며 베짱이에게 다급한 목소리로 물었다. "왜 일하지 않으셨습니까? 겨울이 절대 오지 않을 거라고 생각하셨

나요? 지난겨울에는 이상 한파가 심했는데, 추위에 떨면서 후회하지는 않았습니까?" 그런데 직접 만난 베짱이의 모습은 예상과는 달랐다. 개미의 전언에 따르면 베짱이는 패가망신하여 행려병자가 되었다고 했다. 그렇지만 막상 만나보니 베짱이는 오히려 일에 찌든 개미보다 행복한 표정이었다. 의아한 표정을 눈치라도 챘는지, 베짱이가 입을 열었다. "지금까지 왜 일을 안했는지 아무도 묻지 않았어요. 사람들은 개미에게만 물어보더군요. 개미가 대변인을 자청하고 내 머릿속이라도 들여다본 양 내가 일을 멀리한 이유를 이러쿵저러쿵 사람들에게 설명하고 있다는 이야기는 전해 들었습니다. 내 이야기 한 번 직접 들어 보시겠어요?" 이제부터는 개미와 베짱이 이야기의 베짱이편 외전外傳이다. 정사正史의 주인공은 개미지만, 외전의 주인공은 베짱이이다.

베짱이는 말을 이어가기 시작했다. "혹시 메리 앤 워클리Mary Anne Walkley라는 여자 이야기 들어보신 적 있소? 마르크스의 『자본』에도 등장하는 여자이지요. 그 여자가 왜 자본주의 발전법칙을 과학적으로 해명했다고 평가받는 『자본』에 등장하냐고요? 메리가 죽은 억울한 사정 때문이죠. 메리는 일하다가 죽었다오." 베짱이의 말에 놀란 그 사람은 재빨리 마르크스의 『자본』에서 메리가 등장하는 대목을 찾아냈다. 마르크스는 메리가 노동하던 환경에 대해 이렇게 쓰고 있다. "여기서 일하는 소녀들은 하루 평균 16시간 반을, 그리고 사교계절(성수기)에는 가끔 30시간을 중간에 쉬는 일도 없이 계속 노동하며, 그녀들의 노동력이 지칠 대로 지쳐 제대로 작업 능률이 오르지 않

게 되면 때때로 셰리sherry주, 포도주 또는 커피를 공급함으로써 기운을 차리게 했다. …… 메리는 60명의 다른 소녀들과 함께, 30명씩 배치된 그리고 그 인원에게 필요한 공기량의 3분의 1도 들어 있지 않은 한 방에서, 중단 없이 26시간 반 동안 일했다. 그리고 밤에는 한 개의 침실을 널빤지로 칸을 나누어 숨이 막힐 듯이 만들어진 여러 개의 구멍들 중의 한 구멍에서 두 명씩 잠을 잤다."6 결국 메리는 금요일에 병이 나서 일요일에 죽고 말았다.

"몹쓸 병이나 사고 때문도 아니고 부지런하게 일하다가 죽었다니 놀랍지 않소? 아 참, 메리 이야기를 하다 보니 한국의 전태일도 생각나는구려." 베짱이의 말에 고무되어 그 사람은 『전태일 평전』을 찾아보았다. 그 책에는 전태일이 살아 있던 1970년 동대문 평화시장에서 부지런한 노동자들이 어떻게 일했는지에 관해 쓰여 있었다.

"노동시간은, 작업량이 비교적 많은 기간(가을, 겨울, 봄)은 보통 아침 8시 반 출근에 밤 11시 퇴근으로 하루 평균 14~15시간이었다. 일거리가 밀릴 때에는 물론 야간 작업을 하는 일도 허다하며, 심한 경우는 사흘씩 연거푸 밤낮으로 일하는 경우도 있다. 업주들이 어린 시다들에게 잠 안 오는 약을 먹이거나 주사를 놓아 가며 밤일을 시키는 것도 이런 때이다. 한 달을 통틀어 휴일은 이틀, 제1주일과 제3주일의 일요일인 경우가 대부분이었으며 그것이나마 꼭 지켜지지는 않았다. 여성 노동자가 대다수를 차지하고 있는 이곳에서 생리휴가라는 것은 있어본 일도 없고 생각도 할 수 없는 일이었다. …… 아침 8시경에 출근하여 재봉틀에 앉으면 낮 1시 점심시간이 되어서야 잠시 허리를 펴게 되고, 앉은 자리에서 도시락을 후딱 먹어 치우고는 다시 허리를 꾸부리고 작업에 들어가 밤 10시나 11시가 되어서야 자리에서 일어나는 생활, 중간에 변소 가는 일도 거의 없는 참으로 불가사의한 생활이 평화시장 여공들의 일과였다."[7]

"메리나 전태일이나 아주 오래전 사람 아닙니까?" 다소 충격을 받은 그 사람은 베짱이에게 다시 물었다. "요즘은 좀 달라졌나요? 달라졌으면 다행인데, 정말 달라졌소?" 베짱이의 되물음에 할 수 없이 그 사람은 또 통계자료를 찾아보았다. 하지만 자료를 찾을수록, 그 사람은 희한한 감정에 빠졌다. 1970년 전태일의 청계천변이야 그렇다고 치더라도, 두 자릿수 경제성장률이 보통이었고 게다가 88올림픽까지 치러졌던 1980년대는 좀 다를 줄 알았다. 그런데 통계자료로는 1980년대도 1970년대와 별반 다르지 않음만이 확인될 뿐이었다.

그 사람은 국제노동기구ILO의 노동통계에서 한국이 1980년대 내내 세계에서 노동시간이 가장 긴 국가 중 하나임을 찾아냈다. 1980년 제조업 주당 평균 노동시간의 경우 미국이 39.7시간, 일본 38.8시간, 타이완 51시간인 것에 비해서, 한국은 무려 53.1시간이었다. 경제성장과 노동시간의 단축은 아무런 관계가 없었다. 경제는 꾸준히 성장했지만, 노동시간은 도통 줄어들지 않았다. 그 사람은 혼잣말로 중얼거렸다. "아니다. 이건 옛날 통계다. 지금은 분명 달라졌을 거다. 이 통계는 한국이 못살았던 시절의 이야기다. 지금은 분명 다르다. 달라야 한다."

이때 베짱이가 다시 끼어들었다. "아, 당신 한국 사람이라고 했지요. 그래요. 한번 봅시다. 요즘은 얼마나 달라졌는지. 이른바 선진국 클럽이라고 말하는 OECD에서 발행하는 가맹국 관련 주요 통계가 담긴 『OECD 팩트북 OECD Factbook』을 보면 요즘은 얼마나 달라졌는지 알 수 있을 거요. 한번 같이 찾아봅시다." 그 사람은 불안해졌다. 달라졌을 거라고 확신하지 못했기 때문이다. "와! 당신네 한국 사람들 정말 대단하군요. 믿을 수 없을 정도로 당신들은 열심히 일하네요." 베짱이의 이런 말이 칭찬이 아니라는 것을 너무나 잘 알고 있었기에, 그 사람은 판도라의 상자를 여는 심정으로 『OECD 팩트북』을 열었다.

1998년 한국의 임금노동자들은 1년 동안 2658시간 노동했다. OECD 평균 1838시간을 압도적으로 앞서는 1등이다. 한번 앞서면 결코 추월을 허용하지 않는 한국 쇼트트랙 선수처럼, 한국은 노동시간 1등을 절대 놓치지 않았다. 2008년 한국의 임금노동자들은 1년 2256시간 일했다. OECD 국가의 임금노동자들은 그해 평균 1764시간 일했다. 『OECD 팩트북』을 덮으며, 그 사람은 쥐구멍이라도 찾고 싶어졌다. 베짱이가 그 사람에게 비수를 꽂는 듯한 말을 덧붙였다. "오우. 한국은 자살률도 OECD 국가 중 1위군요."

베짱이를 추궁하러 갔던 그 사람은 불편한 진실이 판도라의 상자에서 계속 튀어나오자 당황해 하며 소리 질렀다. "아니 대체 당신은 누구요?" 베짱이가 말했다. "아. 내가 누군지 당신에게 소개를 안 했군요. 내 이름은 라파르그입니다. 1842년 산티아고 데 쿠바에서 프랑스계 유대인 어머니와 스페인계 아버지 사이에서 태어났답니다.

1868년 칼 마르크스의 둘째 딸 라우라와 결혼했으니, 마르크스가 장인어른이시지요." 그 사람은 놀라서 되물었다. "아, 당신이 게으를 수 있는 권리를 부르짖었다던 그 정신 나간 사람이군요. 어쩐지. 누가 그런 터무니없는 소리를 늘어놓나 했더니 역시 베짱이 피는 못 속이는군요." "그나저나 내 이야기를 한번도 제대로 들어본 적이 없는 것 같은데, 내가 왜 일을 거부하고 게으를 권리를 주장했는지 들어보시구려."

베짱이 라파르그는 『게으를 수 있는 권리』라는 제목의 책을 꺼내 한 구절을 그 사람에게 읽어 주었다. "상품의 과잉생산과 제조 과정에서의 질의 저하에도 불구하고, 헤아릴 수 없을 정도로 어마어마한 숫자의 노동자들이 일을 달라! 일을 달라!고 애원하며 시장을 가득 메웠다. …… 일단 일할 기회가 생기면 모두 와 하고 그쪽으로 달려가는 것이다. 그리고 일에 대한 게걸스러운 욕구를 충족시키기 위해 12, 14시간의 노동을 요구한다. 하지만 다음 날에는 노동에 대한 이러한 집착을 다시 부추길 수 있는 음식물 하나 얻어먹지 못하고 길거리로 내쫓긴다. 매년 철 따라 모든 공장에서 이러한 일이 벌어진다. 한 생물체를 파괴하는 과잉노동 다음에는 두 달 혹은 넉 달 동안의 절대적인 휴식이 이어진다. 그리고 일을 멈추면 당연히 그나마 벌어들이던 약간의 수입도 끊기게 된다. 노동하지 않고는 못 배기는 나쁜 버릇은 마치 악마처럼 노동자 가슴에 착 달라붙어 있다."[8]

라파르그의 이야기를 들던 사람이 라파르그가 책을 다 읽기도 전에 소리쳤다. "아니 일을 하지 않으면 굶어 죽을 수밖에 없는 처지에 있는 노동자의 처지를 이해하기는커녕 비아냥거리는 건가요? 누구는 그러고 싶어서 노동에 집착을 하는 줄 아는가 본데요, 먹고살기 위해서 어쩔 수 없어서 그런 거라구요. 당신은 세상물정 모르는 학자 아니요?" 라파르그는 빙그레 웃으며 말했다. "잠시 흥분을 가라앉히고, 내 이야기 좀 더 들어보시구려." 그러면서 라파르그는 책을 계속 읽기 시작했다. "숙련된 여공은 1분에 바늘로 5개의 망사부에 만들지 못하지만 뜨개질 기계는 같은 시간에 3만 개를 만들어 낸다. 따라서 이 기계의 1분 동안의 작업은 여공 노동의 100시간에 해당되는 셈이다. 다시 말해 기계가 단지 1분 동안만 생산해도 여공은 10일간 쉴 수 있다. 섬유 산업에 적용되는 이러한 논리는 분야에 따라 크고 작은 차이가 있을지는 몰라도 현대의 기계제 공업에 의해 운영되는 모든 산업에 그대로 적용될 수 있을 것이다. 하지만 우리의 현실은 어떠한가? 기계가 활존해 전례 없이 놀라운 속도와 정확성으로 인간의 노동을 대신하고 있지만 노동자들은 예전에 가졌던 여가 시간을 더 연장하기는커녕 기계와 경쟁하기라도 하듯 작업 강도를 배가하고 있을 뿐이다. 아, 이 얼마나 어처구니없는 살인적인 경쟁인가!"[7]

라파르그의 말을 계속 듣던 그 사람의 표정이 조금씩 바뀌기 시작했다. "으흠. 그렇긴 그렇지요. 기술은 산업혁명 당시와는 비교도 할 수 없을 정도로 발전했는데, 노동시간은 도통 줄어들지 않았으니 그건 저도 참으로 이해할 수 없습니다. 고생 끝에 낙이 온다고 했는데, 노동하는 사람에겐 고생 끝이란 표현은 그림의 떡인 것 같습니다." 이 틈을 타 라파르그가 끼어들었다. "당신 생각이 그렇다면, 이 구절만 들어보시구려. 그러면 내 참 뜻을 이해하게 될 터이니." 라파르그는 다시 책을 꺼내 읽기 시작했다. "왜 12달 동안 동일하게 분배하지 않고, 또 왜 6개월 동안 하루 12시간 일하느라 소화불량에 걸리는 대신 1년 내내 5~6시간씩만 일하도록 하지 않나? 일단 하루 할 일의 양이 정해지면 노동자들은 더 이상 서로 시기하지 않을 것이며, 다른 사람의 손에서 일자리를 뺏고 다른 사람의 입에서 빵을 빼앗기 위해 싸우지도 않을 것이다. 그러면 몸과 마음도 지치지 않을 것이며, 게으름의 미덕을 실천할 것이다."[10]

"으흠. 그럼 결국 당신의 주장은 사람들을 더 많이 고용하고 일을 나눠서 노동시간을 줄이자는 것이군요." 그 사람이 물었다. 그 사람은 개미에게서는 전혀 들을 수 없었던 베짱이가 일하지 않았던 깊은 이유를 이제는 알 듯했다. "그렇죠. 게으를 권리를 농담으로 들으면 부지런하지 못한 인간의 자기변명이지만, 진지하게 들으면 인간을 파괴시키는 노동시간을 줄이자는 것이지요. 혼자 피우는 게으름은 패악이지만, 사회가 허용하는 게으름은 사람의 목숨까지 살린다오. 일하다가 죽는 과로사를 조장하는 개미들의 사회가 정상이라 할 수 있나요? 근데 사람들은 내 이야기를 자꾸 귓등으로 듣는지, 농담으로만 받아들인다오. 바빠서 죽겠다고 소리 지르고 힘들어서 돌아버리겠다는 말을 입에 달고 살면서도 말이오." 이렇게 인터뷰는 끝이 났다.

인터뷰를 마치고 돌아가는 길에, 그 사람은 출근해서 퇴근할 때까지 잠시도 쉬지 않고 일을 했는데도 일에 파묻혀 죽을 지경이고,

심지어 집에까지 일감을 들고 가야 하며, 정시 퇴근은 근로기준법의 사문화된 조항에 불과하고, 장기 휴가는 언감생심인 정말 부지런한 개미들과 만났다. 개미들의 피곤에 지친 얼굴을 보면서 베짱이 라파르그에게 들은 마지막 구절을 떠올렸다. "오! 게으름이여, 이 오랜 고통에서 자비를 베푸소서! 예술과 고귀한 미덕의 어머니인 게으름이여, 이 인간의 고통에 위안이 되어 주소서!"[11]

| 인정 |

인정받고 싶은 당신

악셀 호네트, 『인정투쟁』

무관심하면 무수히 많은 사람이 동시에 있어도, 서로 있는지조차 알아채지 못한다. 출퇴근길 버스 좌석을 공유했던 사람, 지하철 건너편에 앉아 있던 사람을 일일이 기억할 수는 없다. 무관심은 관계의 블랙홀이다. 무관심하면, 코앞에 있는 사람조차 보이지 않는다. 무관심은 관념적 살인 무기이다. 그래서 악플보다 무플이 더 무섭다고들 한다. 관심은 관계를 낳고, 관계는 관심이 있을 때만 유지될 수 있다. 존재를 깨닫지 못하던 사람들도 관심으로 이어지면, 들리지 않았던 목소리가 갑자기 들리게 된다.

관계를 맺고 있는 마주 선 사람들이 싸우지 않고 살 수 있다면 그것처럼 좋은 상태가 어디 있겠는가? 아쉽게도 현실은 그렇지 않다. 신문을 펼친다. 텔레비전 뉴스를 본다. 인간은 지구상에서 온갖 이유로 서로 싸우고 있다. 무자비한 무력을 휘두르는 집단은 여전히 활개치고 있고, 이에 항의하는 시위대는 카이로에도 월 스트리트에도 있다. 평화는 누구나 원하는 이상적 상황이지만 현실적이지 않다. 갈등은 이상적이지는 않지만 현실을 묘사하기에 적합한 단어이다. 평화에 관한 이상적인 질문을 현실적인 질문으로 바꾸면, 우리는 인간이 투쟁하는 이유를 묻게 된다. 진정으로 평화를 원하는 사람이라면, 평화가 무엇인지 정의하는 것보다는 사람들이 투쟁에 나선 까닭에 관심을 기울일 필요가 있다.

사람들은 심성이 사나워서 투쟁할까? 투쟁이 공격적인 태도를 갖고 있는 싸움꾼의 전유물이라는 사유의 습관에 젖어 있는 한, 우리가 떠올리는 투쟁의 사례는 길거리 취객들이 벌이고 있는 개싸움에서 벗어나지 못한다. 또한 인간은 물질적 이익이 침해당했을 때 자신의 이득만을 위해 투쟁에 나선다고 싸움의 동기를 이해하는 한, 우리의 머릿속에는 부동산 가격이 떨어진다고 이른바 혐오시설 이전을 반대하는 피켓을 든 시위대의 모습만 떠오른다.

하지만 투쟁하는 대부분의 사람은 싸움을 즐기는 싸움꾼이 아니다. 투쟁하는 사람은 보다 많은 여물을 달라고 요구하는 돼지와 같은 존재도 아니고, 돈을 받고 영혼을 저당 잡힌 채 왜 싸워야 하는지 이유조차 알려 하지 않는 '용역'도 아니다. 싸워야만 하는 유전자를 내재한 싸움꾼도 아닌 정신대 할머니들이, 부당해고 당한 노동자들이, 삶의 터전을 빼앗긴 철거민들이, 폭력과 고문에 항의하는 인권운동가들이, 등록금에 절망한 대학생들이 대체 왜 길거리에서 그리고 크레인 위에서 투쟁하는지 궁금할 때, 그 의문을 풀 수 있는 책이 악셀 호네트의 1992년 출간된 『인정투쟁』이다. 3세대 프랑크푸르트학파를 대표하는 철학자인 호네트는 인정이라는 틀로 인간사의 갈등을 들여다본다.

너무나 분명한 사람에 관한 두 가지 사실에서 출발하자. 첫째, 로빈슨 크루소는 예외적 존재이다. 모든 개인은 사회 속에 살 수밖에 없다. 관념 속에서 개인은 단독자일 수 있지만, 현실 속에서 모든 개인은 사회적 존재이다. 둘째, 인간은 먹고살아야 하지만 물질적 궁핍 해결이 인간이 세상을 살아가는 이유의 전부는 아니다. 사람은 생존 그 이상을 원한다. 배부른 돼지가 되었을 때 맛보는 동물적 만족감은 오래 지속될 수 없다. 사람은 돼지가 아니라 자기 존엄을 추구하는 존재이다. 사람에 관한 명백히 변할 수 없는 두 가지 사실이 교차하는 지점에 인정이란 단어가 있다. 인정이라는 개념을 통해 호네트는 인간을 규정하는 부정할 수 없는 두 가지 사실이 빚어내는 풍경을 탐색한다. 사람과 사람의 관계는 타인으로부터 인정을 얻고 그를 통해 자긍심을 획득하지만, 무시에 의해 자긍심이 훼손되었을 때는 투쟁하는 끊임없는 '인정투쟁'의 과정이다.

인정이란 얼마나 통속적인 단어인가. 인정은 학자들만 사용하는 전문 용어가 아니다. 다른 일상어처럼 인정은 식욕이 왕성하다. 통속적 일상어는 좋아하는 음식과 싫어하는 음식, 좋은 음식과 나쁜 음식을 가리지 않는다. 일상어는 어떤 경우에도 편식하지 않는 먹성 좋은 사람처럼 폭넓고 빈번하게 사용된다. 하지만 철학자의 언어는 다르다. 철학자는 대식가보다 미식가에 가깝다. 식탁 위에 수많은 개념들이 요리로 완성되어 차려져 있어도, 철학자는 미식가의 감각을 발휘하여 음식들의 뉘앙스 차이를 섬세하게 구별한다. 아무리 배가 고파도 철학자는 허겁지겁 아무 음식으로나 위장을 채우지 않는다.

학자가 미식가로서의 전문가적 식견을 발휘하며 단어의 정교화에 탐닉할 때, 일상용어를 사용하고 있는 사람의 입장에서 미식가는 까다로운 취향을 지닌 편식가로만 보일 뿐이다. 하지만 먹성 좋은 사람이 바로 좋은 식욕 때문에 놓치고 있는 영양소를 미식가는 골라낼 수 있다. 호네트는 미식가의 위치에서 인정에 접근한다.

통속적인 인정의 개념으로는 종업원의 불친절에 화가 난 손님이 매니저를 불러 '손님은 왕'이라고 소리 지르는 '리얼 진상'의 풍경, 승진 심사를 앞두고 임원으로부터 호감을 얻기 위해 노래방에서 머리에 넥타이를 두르고 탬버린을 치며 "부장님 최고!"를 연발하는 가련한 장면만이 떠오르지만, 미식가의 감정을 거친 인정이라는 개념으로 다시 들여다보는 세상은 다르다.

인간은 배부르면 만족하는 돼지가 아니다. 아무리 위장이 꽉 차 있어도, 자기 존엄이라는 그릇이 비어 있다면 인간은 만족할 수 없다. 타인으로부터 인정받으려는 개인의 욕구는 자기의 밥그릇에 보다 많은 음식을 채워 넣고 싶은 물욕으로 환원될 수는 없다. 인정에 대한 절실함은 보다 많은 돈도 넘치는 권력도 아니라, 자기 존엄이라는 스스로 부여한 가치에 뿌리를 두고 있다.

인정에 대한 요구가 부당하게 무시될 때 사람은 모욕감을 느낀다. 모욕은 자기 존엄을 추구하는 개인에 대한 일종의 관념적 살인이다. 모든 개인은 자신의 신체를 자유롭게 사용할 수 있는 가능성을 지닌다. 고문이나 폭행은 단순한 신체적 학대가 아니라 자기 존엄의 추구를 짓밟는 행동이다. 지렁이는 밟혔을 때 고통이라는 물리적 자극에만 반응하여 꿈틀댄다. 하지만 인간은 신체적 고통뿐만 아니라 인격에 가해진 무시에도, 그로 인한 정신적 모멸감에도 반응하는 존재이다.

인간은 지렁이처럼 하찮은 존재가 아니다. 인간은 시민에게 응당 부여되어야 하는 권리에서 배제되었을 때 굴욕을 느낀다. 언론출판, 집회결사의 자유에 명시되어 있는 시민의 권리가 특정 집단에게 보장되지 않을 때, 자존감은 굴욕으로 변한다. 종교가 다르다고, 인종이 다르다고, 성취하고 싶은 꿈이 다르다고, 성적 정체성이 다르다고, 한 개인의 생활 방식과 추구하는 사회적 가치가 무시되어 놀림의 대상이 될 때, 그 개인 혹은 집단의 명예와 품위는 무차별적으로 훼손된다.

투쟁은 모욕당한 사람이 훼손된 자기 존엄을 다시 획득하려고 떠나는 기나긴 여행이다. "투쟁에 동기를 부여하는 이차적 이유 역시 무시 경험의 구조 자체와 연결되어 있다. 우리가 사회적 수치감 속에서 알게 되는 것은 굴욕과 모욕을 수동적으로 참아낼 때 전형적으로 갖게 되는 자기 존중심의 약화에 대한 도덕적 감정이다. …… 정치적 투쟁에 참여함으로써 각 개인은 모욕을 느낄 만큼 무시당했던 자신의 속성 자체를 공개적으로 보여 줌으로써 상실된 자기 존중을 어느 정도 되찾게 된다. 또한 이에 따라 강화된 인정 경험은 정치적 공동체 내에서 연대를 형성하게 된다. 왜냐하면 연대는 구성원들로 하여금 서로에게 가치를 부여할 수 있게 하기 때문이다."[12]

그래서 『인정투쟁』의 부제는 너무나도 적절하게 '사회적 갈등의 도덕적 형식'이다. 무시와 모욕을 통해 존엄이 훼손된 개인 혹은 집단의 명예 회복을 위한 행동인 인정투쟁의 원인은 탐욕도 트집도 투정도 아니다. 따라서 사회는 존엄을 되찾기 위해 인정투쟁을 벌이는 사람의 목소리를 경청해야 할 의무를 지닌다. 그래야 사회는 정상적이라는 판정을 받을 수 있다. 자기 존엄의 회복을 위해 인정투쟁을 벌이는 사람들에게 침묵을 강요하지 않는 사회라야 비정상의 딱지를 떼어 버릴 수 있다.

그러나 아무리 철학자가 통속적인 인정 개념에 담겨 있는 자기 존엄의 추구라는 영양소를 찾아내도, 통속적인 개념을 더욱더 타락시키는 악덕 업자가 판을 치면 미식가의 노력은 머쓱해진다. 악덕 업자는 통속적 개념을 더욱더 통속적으로 만든다. 미식가 철학자가 도덕적 요소라는 영양소를 발견했던 인정이라는 음식은 악덕 업자에 의해 다시 정크푸드로 타락한다.

정크푸드가 지배하는 곳에서 사람들은 인정이라는 재료 고유의 풍미를 식별할 능력이 없다. 인공 조미료를 흠뻑 뒤집어쓴 정크푸드화된 인정이란 단어는 성공과 단순 등치된다. 정크푸드의 달콤한 속삭임에서 벗어나지 못하는 사람들은 명예와 품위를 훼손당한 사람들이 자기 존엄을 되찾기 위해 시작한 투쟁을 이해할 수 없다. 그들에게 인정이란 사물로부터의 인정에 다름 아니다. 몰고 다니는 자동차의 크기가 자신을 인정해 주기를 바라고, 명절날 선물로 들어오는 갈비세트의 무게와 위스키의 숙성 연도로 인정 여부를 확인하는 사람들은 정작 자기 존엄에는 둔감하면서도, 자신을 인정해 주는 사물에 둘러싸여 있지 않을 때만 모욕을 느끼는 물신화된 심성을 지니고 있다.

인정의 통속화가 극한까지 진행되면, 인정은 마음대로 권력을 휘두를 수 있는 자리를 차지했다는 것과 동의어가 된다. 인정받았음이 타인의 '눈에 들었다'와 동일하게 느껴지는 한, 사람은 눈도장을 찍을 수 있는 권력을 지닌 사람과 눈도장을 구걸하는 사람으로 양분되기 마련이다. 속류화된 인정은 사전에 등록되어 있지는 않지만 속류화된 인정투쟁이 판을 치는 조직 생활을 한번이라도 경험한 사람이라면 본능적으로 그 뜻을 알 수 있는 '짜웅'에 가깝다. 속류화된 인정투쟁이 벌어지는 전쟁터에선 아부의 능력과 인정 여부가 정확히 일치한다.

사람은 각자 자기 그릇의 크기로 타인을 이해한다. 배부른 돼지의 눈에는 모든 투쟁이 위장을 채워 달라고 꿀꿀거리는 소리로만 보인다. 그런 사람들은 한 개인의 권리가 무참히 무시된 소설 『도가니』의 상황을 보고도 도덕적으로 분노할 수 있는 능력을 상실했고, 자기 존엄을 회복하기 위해 싸움을 하는 사람들의 깊은 속내도 알지 못한다. 정신대 피해자가 물질적 보상만을 받겠다고 아직까지도 매주 수요일 집회를 하고 있겠는가?

인정투쟁으로 전개되는 사회 투쟁은 단순히 자기의 물질적 이익을 위한 투쟁과는 다르다. 인정투쟁의 촉발 요인이 자기 존엄에 대한 부정이기에, 인정투쟁은 제로섬게임에서의 승리가 아니라 무시를 통해 부정당했던 자기 존중을 되찾는 과정이다. 그렇기에 인정투쟁은 단순히 심리학적인 공격적 행동도, 자신의 밥그릇을 지키기 위한 이기적 행동도 아니라, 약화된 자기 존중을 회복하여 자기를 치유하는 동시에 무시라는 폭력을 휘두르는 사회를 치유하는 도덕적 행동이다. 이 치유의 과정이 인정투쟁의 도덕적 역할이다.

인정투쟁은 사회의 성숙도를 측정하는 바로미터와도 같다. 사회에서 벌어지는 인정투쟁이 폭력, 고문, 폭행 등 개인의 신체적 불가침성에 대한 반작용뿐인지, 아니면 가치를 인정받기 위한 투쟁인지에 따라 그 사회의 성숙도는 가늠될 수 있다. 생존권과 폭력에 대한 거부와 같은 원초적인 인정투쟁만을 수용하는 사회는 도덕적 고양과는 거리가 멀다. 한국은 무시를 통해 훼손된 자기 존엄을 회복하기 위한 고양된 인정투쟁을 승인하고 그 투쟁에 참가하고 있는 사람의 목소리를 들기 위한 귀를 갖고 있는가? 혹 인정투쟁이라는 개념 자체가 낯설고 과잉이라고 느껴진다면, 그 이유는 전적으로 '지금 여기'의 한국이 부끄러운 성숙도를 지니고 있기 때문이다. 성숙하기에 품위 있는 사회로 가는 투쟁의 길을 찾으려고 할 때, 『인정투쟁』은 현재 우리가 알고 있는 최상의 안내서 중 하나이다.

자기 존엄을 회복하기 위한 인정투쟁을 이해 못하는 사람이라면, 개보다 낫다고 할 수 없다. 그들은 인정투쟁을 벌이는 시위대를 보고도 "아니 배부르고 등 따스하면 그만이지 인정이라니 웬 지랄들

이래?"라고 말을 뱉어 낼 주제들이다. 분명한 사실, 이 책은 사람 말을 할 줄 아는 개가 아니라 존엄을 추구하는 사람을 위해 쓰였다. 사람만이 이 책의 핵심적 메시지를 해독해낼 수 있다. 이 책은 말한다. 자기 존엄을 회복하기 위해 인정을 위한 투쟁을 벌이고 있는 당신은 도덕적이라고. 그래서 당신은 한없이 정당하다고.

| 개인 |

상처받은 개인

테오도르 아도르노, 『미니마 모랄리아』
작가선언6·9, 『지금 내리실 역은 용산참사역입니다』

누구나 한번은 경험했을 일이다. 여러 명이 중국 식당에서 주문을 할 때, 다들 짜장면을 외치고 있는데 짬뽕이나 볶음밥이 먹고 싶은 사람은 슬쩍 눈치를 보는 상황 말이다. 대부분의 사람들이 짜장면을 주문하고 있는데, 슬쩍 눈치를 보며 한 명이 겸연쩍게 간짜장이라고 말하면 다른 사람들은 일제히 '이거 왜 이래?'라는 표정을 짓는다. 또 "이런 집에서는 통일해서 주문해야 해"라는 애정 어린 핀잔을 들을 각오를 해야 한다. 식탁에서의 개인의 입맛 정도는 다반사로 '통일'이라는 명목으로 무시된다.

'전체'의 '통일'을 위해 개인의 특별한 사정쯤은 묵살되어도 괜찮다는 사고가 지배적인 사회에서는 개인을 옹호하려면 때로는 용기까지 필요하다. 개인의 사정을 들먹거리면 한편으로는 사소한 문제에

집착한다는 깔보는 듯한 눈길과, 다른 한편으로는 개인주의자의 자기변명이 시작되었다고 의심하는 눈초리 사이에 끼기 쉽다. 개인에 대해 글을 쓰려면 현명하기도 해야 한다. 한편으로 "개인적인 이야기는 그만하지!"라는 경고를 통과할 묘책을 찾아내야 하고, 개인의 구구절절한 사연들로 가득한 여성지 특유의 수다의 향연의 늪도 피해야 하기 때문이다.

이런 어려움 때문인지 특히나 사회과학은 개인에 대한 언급을 피하려 한다. 개인을 공적 의제로 삼지 않으려는 조심스러움이 강해질수록, 방송국어 소소한 사연을 보내는 사람들은 늘어난다. 공적 세계에서 개인이 무존재가 될수록, 사람들은 집요하리만큼 사적인 개인에 집착하기 마련이다. 우리는 개인에게 눈길조차 주지 않는 공적 세계와 개인이 과잉으로 넘치는 사적 생활이라는 양 극단 사이에서 처량하게도 진자운동을 한다.

우리가 매일 벌이는 진자운동은 역사에서도 발견된다. 지구상에 무수히 많은 사람들이 살았지만, 우리가 기억하는 개인은 영웅뿐이다. 아예 개인이라는 단어조차 무의미하던 시기에 영웅이 아닌 사람들은 그저 무명씨이다. 세상에 그렇게 넘쳐나던 무명씨들은 신분의 굴레에서 벗어나 투표권을 얻고 나서야 무명의 상태에서 벗어났다. 그런데 이 세상의 모든 무명씨가 개인이 되는 순간, 영웅이라는 특별한 대접을 받는 특수한 개인이 아닌 평범한 개인들은 너무나 흔하다고 얕잡아 볼 수 있는 대상으로 전락한다. 개인에 대한 크고 작은 무시가 번성하면, 개인보다는 전체를 우선시하는 전체주의까지 등장한다. 전체주의는 평범한 개인에게 전체를 위해 개인이 희생하기를 요구하는 괴물이다.

전체주의는 파시즘이나 스탈린주의와 같은 극단의 사례에서만 발견되지 않는다. 전체주의의 그림자는 구체적인 질을 양적 범주로 환산시키는 데 능숙한 환원의 논리 속에도, 집단에 소속된 사람과 국외자를 분리해야 비로소 안심하는 집단 정체성 유지 집착증에도, 보편에서 벗어난 특수한 존재를 견디지 못하는 신경증 속에도, 대의를 위해 개인을 희생하라는 집단주의에도, "조국과 민족의 무궁한 영광을 위해 몸과 마음을 바쳐 충성을 다할 것을 굳게 다짐"하는 애국주의와 국가주의에도 살아 있다. 전체주의의 망령은 집단화를 강요한다. 한 개인은 집단의 구성원임을 증명해야 의심의 눈길에서 벗어난다. 집단이라는 범주로 포섭되지 않은, 혹은 포섭되기를 거부한 개인은 위험한 존재이다. 개인은 온갖 종류의 집단의 압력 속에 노출되어 있다.

전체의 뜻에 거역하는 개인은 반역자이다. 대의를 거슬리는 개인은 뿌리 뽑혀도 상관없는 사소한 존재일 뿐이다. 전체를 강조하기 위해, 전체를 정당화하기 위해 개별적인 것을 사소한 것과 동일하게 여기는 전체주의의 쓰나미에 개인이 쓸려갈 때, 아도르노는 개인이라는 실마리를 다시 붙잡았다. 그 실마리는 '상처받은 삶에서 나온 성찰'이라는 너무나 적절한 부제를 달고 있는 『미니마 모랄리아』에 담겨 있다. 개인으로 회귀한다고 해서 사적인 영역으로 퇴행하는 것은 아니다. 개인에 대한 관심이 "나는 소중하다"는 광고의 수사학과 이기심의 배양기가 되지 않기 위해서는, 개인에 대한 주목은 개인을 침탈하는 전체주의의 고발에서 출발한다는 것을 잊지 말아야 한다. 그래서 개인에 주목하는 『미니마 모랄리아』는 전체주의의 기원을 묻는 『계몽의 변증법』과 같은 맥락에서 독해되어야 한다.

『계몽의 변증법』은 전체주의의 기원을 탐색한다. 전체주의는 개인을 궤멸시킨다. 전체주의는 개인은 전체를 위해 희생되어야 마땅하다는 전제로부터 출발한다. 따라서 개인에 대한 주목은 전체주의의 희생양이 되어 버린 개인을 구원하는 행위가 된다. 『미니마 모랄리아』를 관통하는 개인 구원을 통한 전체주의의 극복을 아도르노는 이렇게 설명했다. "사회에 대한 분석은 헤겔이 용인했던 것보다 훨씬 많은 부분을 개인적 '경험'에서 이끌어 낼 수 있게 되지만, 거대한 역사적 범주들은 이러한 범주들과 결부된 여러 상황을 고려해 볼 때 기만의 의혹을 받지 않을 수 없다. …… 개인이 몰락하는 시대에 자신에 대해서나 자신이 겪을 수밖에 없는 것에 대한 '개인의 경험'은 은폐되었던 많은 것을 인식하도록 해 주었다. …… '차이'를 녹여 버리는 것을 곧바로 의미라고 외쳐 대는 전체주의적 통일성에 직면해서 사회의 해방적 힘들 중에서 어떤 것은 잠정적으로 '개별적인 것'의 영역으로 모여질 수도 있을 것이다. '비판이론'은 ─ '개인 을 들먹이는 데 찔리는 구석이 없지 않지만 ─ 이 '개인' 속에 자리를 잡을 수 있는 것이다."[13]

『미니마 모랄리아』와 『계몽의 변증법』이 만날 때, 개체 발생과 계통 발생은 유사하다는 무시무시한 깨달음에 도달한다. 개체(개인)는 계통(집단)의 운명에서 벗어날 수 없다. 그렇기에 가난한 개인에게 당신의 가난은 오로지 당신 능력 탓이라고 힐난할 수 없고, 부유한 개인의 부가 오로지 자신의 능력의 증거라는 주장도 억지스러워진다. 개인은 분명 계통을 발견할 수 있는 '발견적 원칙'이다. 개인의 가능성은 사회의 가능성과 동일하다. 월급쟁이 회사원이 최고 경영자가 될 수 없는 가능성의 차단은 부가 세습되는 사회가 허용하는 가능성의 제한과 일맥상통한다. 우리는 개인 회사원의 불가능성 속에서 그가 속한 사회가 개인에게 허용하는 가능성의 진폭을 가늠할 수 있다.

개체와 계통의 조우 때문에 우리는 개인에 대한 관심을 이제부터 개인의 시대이니 모든 것을 개인의 힘으로 알아서 하라는 주장으로 살짝 바꾸어 놓을 수 없다. 이러한 사고방식은 개성 시대를 들먹이며, 소비를 꼬드기는 자본의 논리와 다를 바 없다. 자본의 논리는 개인의 회복이 마치 개성이라는 단어에 의해 가능한 것처럼 꼬드긴다. 그리고 속삭인다. 당신의 개성을 위해 더 많은 개성적인 물건을 소비하라고. "미국으로 수입된 개성은 …… 다채로운 개성이라 불린다. 그런 개성의 거침없는 다혈질, 번개 같은 착상들, 그의 '독창성' …… 그의 알아듣기 힘든 이상한 말투는 '인간적인 것'을 광대 옷 정도로 만들어 버린다. 그들은 보편적인 경쟁 메커니즘에 종속되며 '남다르다'는 경직된 형태 말고는 달리 시장에 동화되어 살아남을 수 없기 때문에 지나치게 자아라는 특권에 젖고 자신을 과장하게 되어 무엇을 위한 개성인지는 완전히 지워지고 만다."[14]

상품을 통한 개인 회복의 한계는 분명하다. 개인의 구원은 상품 소비에 의한 개성 회복이 아니라, 개인을 다 하는 사회의 태도를 문제 삼을 때 비로소 가능해진다. 개인 구원의 최종 책임은 개인에게 있지 않다. 우리는 그 책임을 개인을 둘러싼 사회에 물어야 한다. 집단적 통일에 집착하는 사람들은 개인에 대한 관심이 이기심을 부추긴다고 협박하지만, 개인에 대해 관심을 가지면 가질수록 우리는 최종 책임의 담지자인 사회와 마주하게 된다.

대한민국의 수도 서울 용산 일대에서 40층 규모의 주상복합아파트 6개 동이 들어서는 '용산 4구역 재개발' 사업이 시작되었다. 사람은 어느 곳이나 살고 있는 법이다. 재개발 기획을 설명하며 제시하는 지도에는 마치 그 땅 위에 사람이 없는 듯 보여도, 어느 땅에나 그곳에는 개인이 살고 있다. '용산 4구역 재개발' 현장 역시 마찬가지이다. '그곳에는 사람'이 있었다. 그곳에 살고 있는 사람을 고려하지 않은 재개발 계획은 삶의 터전을 빼앗기는 철거민이라는 이름의 난민을 만들어 낸다. 재개발 이익을 챙기려는 자본이 도시의 곳곳을 휘젓고 다니고 국가가 그 자본을 옹호하면, 도시의 곳곳에선 상처받은 삶이 자란다. 2009년 1월 20일 개인을 보호하기 위해 몸부림치던 용산 그곳에서 다섯 명의 사람이 죽었다.

참사 이후 재판이 벌어졌다. 재개발이라는 명목으로 개인의 삶이 파괴되는 것을 막아 내던 사람들이 오히려 재판에 회부되었다. 국가가 그리고 사회가 개인을 보호하지 않는 야만의 상황에 처해 재판에 회부된 사람은 재판에서 이렇게 말했다고 전해진다. "자신들 이외에는 자신을 변호해 줄 사람이 문자 그대로 아무도 없는 상황에서,

법이라는 거대한 존재, 철벽 같은 국가권력을 상대로 '나의 살아갈 권리, 말할 권리, 부당하게 처벌받지 않을 권리를 존중해 주십시오' 하고 직접 말을 해야 하는 개인들 한 사람 한 사람의 목소리가 어떤 식으로 공기를 울리는지, 나는 똑똑히 들었다. 변호인이 없어도 재판을 진행하겠다고 재판장은 말했다. '그렇다면 돌아앉게 해 주십시오. 나는 변호인이 없습니다……. 나는 보호받지 못하고 있습니다.'"[15]

국가가 개인을 보호하지 않을 때, 설상가상 보호하기는커녕 국가가 악행의 근원일 때, 국가로부터 돌아앉은 개인은 대체 무엇을 바라봐야 하는 것일까? 어떤 이는 국가가 개인을 돌보지 않을 때 이기주의로 후퇴한다. IMF 관리체제 이후 한국인의 상식은 적어도 그렇다. 한국인은 국가가 나를 보호해 주지 않는다면, 오직 부만이 나를 보호해 줄 수 있다는 교훈을 얻었다. 그러한 이기적 상식은 해결책은 아니다.

개인의 먹고살 걱정을 해결하지 못하는 국가는 개인을 대리할 자격이 없다. 개인은 국가가 최소한 먹고살 걱정을 해결해 준다는 믿음에 따라 많은 권리를 국가에 양도했다. 개인의 권리를 양도받은 국가가 국가에게 귀속된 과대한 권리는 당연하고 개인은 국가에 대해 의무만 지는 개체라 주장한다면, 그때부터 국가는 정당성을 상실한 이익집단에 불과하다. 만약 그 이익집단이 소수 개인의 이익만을 대변한다면 그때부터는 국가가 아니라 패거리라 불러야 한다. 따라서 해결책은 개인의 이기주의가 아니라 국가의 정상화이다.

자본은 개인 옹호를 탈맥락화하여, 그것을 개인 간의 자유로운 경쟁의 문제로 치환시킨다. 개인 간의 경정으로 치환된 개인주의가 지배하면, 세상은 자신의 배꼽만을 쳐다보는 탐욕적인 개별자로 넘쳐나기 마련이다. 그러한 탐욕은 개인을 파괴하는 또 다른 위험 요인이다. 개인은 한편으론 득세하는 국가주의에 의해, 또 다른 한편으로는 탐욕을 선동하는 자본의 논리에 의해 위협받고 있다. 탐욕을 선동하는 자본의 논리에 포섭되면, 개인은 화폐의 소유자, 탐욕의 거주지일 뿐이다.

침해받을 수 없는 개인의 권리를 옹호하는 것과 자기의 이익만을 고집하는 경제적 개인주의는 다르다. 국가가 개인을 보호하지 않을 때, 오히려 국가와 사회가 개인을 무명씨로 강요하는 악행의 근원일 때, 이를 목격한 어떤 사람들은 "나만 잘살면 된다"는 경제적 개인주의로 후퇴한다. 하지만 경제적 개인주의로 퇴행한 개인에 대한 옹호가 해결책이 아님은 분명하다. 국가의 악행이 지속되는 한, 국가가 개인을 보호하지 않는 한, 국가를 대신해 개인이 자신을 완전히 고립적으로 보호할 수 있으리라는 기대는 차라리 순진하다. 자신을 스스로 보호하라는 자조의 철학은 보험회사가 손님을 유혹하는 논리와 다를 바 없다. 삶은 분절되어 보험 상품에 의해 절대 보호될 수 없다. 삶은 총체적이니까.

개인에 대한 관심은 나의 이익에 대한 생각이 아니라 개인이라는 작은 단위 속에서 반복되는 사회라는 커다란 단위에 대한 생각이다. 개인에 대한 관심을 나의 이익에 대한 생각이라고 착각하는 사람은 개인을 언급할수록 탐욕스러워지지만, 자기 속에서 사회를 발견하는 사람은 개인을 언급할수록 품이 넓어진다.

　모든 개인이 소중한 관심을 받는 사회는 품위 있다. 학력·재산·권력은 잘난 척을 낳지만, 품위를 갖고 있는 개인과 사회는 배려를 제일 덕목으로 삼는다. 품위 있는 사람의 혀에선 감동의 언어가 나오지만, 이익만을 쫓으며 뱀처럼 갈라진 혀를 숨기고 있는 자의 입에선 독이 뿜어져 나온다. 품위 있는 사회에서는 그 어떤 개인도 존중받지만, 품위를 뱀의 혀로 날름 삼켜 버린 세력이 권좌에 오른 사회에 똬리를 튼 뱀들은 매일매일 개인을 아가리 속으로 빨아들이고 있다. 개인은 단순히 잘사는 사회가 아니라 품위 있는 사회를 원한다. 개인은 품위 있는 사회 속에서만 인간일 수 있기 때문이다. 용산에서 개인들은 외쳤다. "여기 사람이 있다!"고. 하지만 개발 이익을 탐하는 자본의 논리는, 힘없는 개인을 보호할 의사가 없는 국가는, 현대판 영혼의 노예인 용역깡패는, 그리고 당사자가 아니라는 이유로 무심한 사회는 그날 용산에서 사실상 개인을 살해했다.

| 가족 |

가족이라는 운명과 화해하는 방법

프란츠 카프카, 『아버지에게 드리는 편지』
강상중, 『어머니』

못 보면 죽을 것 같은 절실한 감정 때문이든, 더 이상 혼자 사는 게 지겨워서이든, 대부분의 사람들은 성장하면 짝을 찾고 그 짝과 가족이라는 세상에서 가장 신비로운 공동체를 구성한다. 모든 가족은 고유한 탄생의 스토리를 갖고 있다. 그렇기에 가족이라는 단어에 거리낌없이 정상성이나 표준과 같은 개념을 붙여 사용한다면, 세상물정을 모르거나 텔레비전 홈 드라마에나 등장하는 가상의 가족을 사실의 가족과 혼동하고 있다는 증거이다. 표준적인 가족은 너무나 익숙하지만 막상 주의에서 구체적인 사례를 찾으려면 사라지는 신기루와도 같다. 단지 표준적인 가족, 정상적인 가족에 대한 신화가 너무나 굳건한 나머지 모든 가족 구성원들이 자신이 속한 가족이 바로 그 정상성의 표식인듯 증명하기 위해 노력하고 있을 뿐이다. 그래서 사람들은 거실에 가족사진을 건다.

　살아 있는 사람이라면, 누구나 탄생이라는 재생산 과정을 거친다. 생물학적 탄생을 가능하게 한 가족의 구성원에 대해, 우리는 성별에 따라 그 사람이 남성이라면 아버지라 부르고, 여성이라면 어머니라는 호칭을 부여한다. 아버지와 어머니는 우리 모두의 탄생과 성장에 관여되어 있다. 삶에서 처음 배우는 공포는 아버지와 어머니의 부재에서 온다. 잠시라도 눈에 보이지 않으면 마치 미아라도 된 것처럼 울어 대며 아버지와 어머니를 찾던 유년 시절이 있었다.

　성장하면서 아버지와 어머니가 우리에게 제공하는 환경으로부터 어렴풋이나마 계급의 차이를 느낀다. 부모로부터 자식에게 전해지는 계급의 한계가 느껴질 때 사춘기의 감성으로 출생의 비밀을 의심한다. 그 이후로 부모와 자식은 영원히 '밀고 당기기'의 싸움을 벌인다. 때로는 은덕에 고마워하기도 하고, 때로는 독립된 개체로 인정하지 않는 관습 때문에 갈등을 겪고, 미래의 진로를 두고 서로 다른 것을 원할 때는 마치 서로 원수 사이라도 된 양 급격히 서로를 밀어 대다가, 부재의 시간이 지나치거나 자신에게서 아버지와 어머니의 모습을 문득 발견하게 되는 순간이면 부모와 자식은 다시 N극과 S극처럼 서로를 끌어당긴다.

　부모라는 호칭을 공유하고 있지만, 아버지와 어머니는 동일하지 않다. 가부장제가 힘을 발휘하고 있는 한, 아버지와 어머니는 부모라는 호칭을 공유해도 동일한 사람이 될 수 없다. 아버지와 어머니는 다르다. 가부장제 질서하에서 아버지는 개인적 성격의 자애로움과 상관없이 기성의 권력을 상징하는 인물에 가깝다. 아버지가 기성의 권력을 상징하는 한, 아버지를 극복하는 문제, 즉 오이디푸스 콤플렉스는 누구나 피해 갈 수 없다. 오이디푸스 콤플렉스의 극복은 가장 비밀스러운 성년의식이다.

　카프카라는 청년이 있었다. 이 예민한 청년은 오이디푸스 콤플렉스를 극복하기 위해 평범하지 않은 길을 선택했다. 세간의 남자들은 자신이 아버지가 되어 아버지와 동일한 지위에 오름으로써 오이디푸스 콤플렉스를 극복하는 쉬운 방법을 선택한다. 하지만 카프카는 아버지가 되는 쉬운 방법이 아니라 아버지를 고발하는 어려운 방법을 선택했다. 그는 아버지에 대해 고민하고 절망한다. 그리고 항변한다. 일견 카프카는 어리석어 보인다. 카프카는 쉬운 길을 놓쳤다. 아버지가 권위적이면 어떤가. 아버지는 잘나면 그만이다. 영악한 사람들은 카프카처럼 아버지와 대결하지도 고민하지도 않는다. 어떤 사람들에게 아버지는 '자산'이다. 그들은 아버지에 대해 고민하지도 않고, 아버지의 모습에서 권위주의를 읽어 내지도 않는다. 아버지가 '자산'으로 다가오는 순간, 그들은 오이디푸스 콤플렉스를 자신들만의 럭셔리한 방법으로 해결한다. 그들은 성찰적인 카프카와는 달리 '유산 상속'이라는 방식으로 오이디푸스 콤플렉스를 잠재운다.

　하지만 카프카는 아버지와의 대결이라는 방법을 택했다. 아버지는 카프카에게 권위의 상징이자 공포의 기원이었다. 그 권위와 대결하는 과정은 개인적으로는 오이디푸스 콤플렉스의 해결 과정이었고, 동시에 카프카 문학에 창작 에너지가 제공되는 순간이었다. 성인이 되어 카프카는 아버지 앞에서 느꼈던 압박을 부치지 못한 편지를 통해 표현했다. "저는 제 모든 생각에서 아버지의 심한 압박을 받고 있었으니까요. 아버지의 생각과 일치하지 않았던 생각의 경우에도 마찬가지였고 오히려 어떤 때는 특히 심한 압박을 받았지요. 아버지한테 매여 있는 것으로 보이는 이 모든 생각들은 아예 처음부터 아버지의 부정적인 판결이 내려질 것을 각오해야 하는 부담을 안고 있었던 거지요. 그러니 무슨 생각이든 그것을 온전하게 지속적으로 실행에 옮기기까지 내내 그런 부담을 견뎌 낸다는 것은 거의 불가능했습니다."[16]

카프카의 아버지는 도처에 있다. 그 아버지의 특성은 개인의 특질이라기보다 그가 살았던 시대의 특징에 가깝다. 그래서 아버지를 극복하는 문제는 단순히 불효의 태도가 아니라, 새로운 시대에 대한 갈망과 연결되어 있었다. 아버지 극복은 권위주의에 대한 극복과 같았다. 카프카에게 아버지는 권위의 상징이었다. "아버지는 저한테 그토록 엄청난 권위로 여겨지던 분이셨으니까요. 그로 인해 세계는 세 부분으로 나누어지게 되었지요. 그 하나는 제가 살고 있는 노예의 세계로 나를 위해서만 제정된, 그러나 왠지 모르게 나로서는 결코 온전히 따를 수가 없는 법칙들이 지배하는 세계였고, 두 번째로는 내 세계와는 무한히 멀리 떨어진 세계로 아버지가 살고 계신 세계였는데 그곳에서 아버지는 통치하는 일에 열중하여 수시로 명령을 내리셨고 그 명령이 지켜지지 않을 때면 크게 역정을 내셨지요. 그리고 마지막으로 세 번째 세계는 나머지 사람들이 사는 세계였는데 그들은 명령과 복종의 일에서 벗어나 자유롭고 행복하게 살았습니다. 저는 줄곧

치욕 속에서만 살았지요. 아버지의 명령에 따랐으나 그건 치욕이었습니다."[17] 비록 브치지 못했다 하더라도 카프카에게 『아버지에게 드리는 편지』는 자식이 성장해 기성의 권위주의에 기대지 않고, 저벅저벅 걸어 나오는 치유의 길이었다. 이 편지가 완성되었을 때, 카프카는 사실 아버지에게 그 편지를 부칠 필요가 없었다. 이미 그는 아버지로부터 독립적 개체로 성숙했기 때문이다.

카프카가 아버지에게 편지 쓰기를 통해 권위주의와의 소송을 진행했다면, 재일교포 강상중은 가부장적 국가질서의 희생양 어머니에 대해 글을 쓰면서, 자식들이 물려받은 시대와의 관계 맺음의 방법을 배운다. 고향을 떠나 일본 규슈의 구마모토까지 이주해야 했던 어머니는 강상중에게 재일 한국인이라는 가혹한 정체성을 남겼다. 재일 한국인이라는 낙인은 강상중 어머니의 운명이었지만, 자식이기에 강상중은 어머니의 운명을 물려받았다.

어머니에 대해 책을 쓰기 시작할 때, 강상중의 어머니는 그저 자신의 생물학적인 어머니에 불과했다. "어머니, 어떤 세상 어느 시대를 막론하고 이 단어는 자식들의 마음을 사로잡는다. 어린 시절, 한 여자의 자식 외에 아무것도 아니었던 모든 사람들에게 어머니는 절대적인 존재였다. 비록 그 안에 치열한 애증을 품고 있더라도. 특히 세상의 아들들에게 어머니는 '여자'가 아니고 어디까지나 어머니일 뿐이다. 아들에서 '남자'가 되고 '여자'를 만나 사랑을 나누고, 자신이 아버지가 된 후에도 아들들은 어머니가 '여자'였음을 인정하려 하지 않는다. 그만큼 '어머니'라는 단어는 아들들의 마음에 특별한 울림으로 다가온다."[18]

하지만 어머니에 대한 자서전을 대필하는 아들이 어머니의 이야기를 기록할수록, 어머니의 이야기는 한 여자의 이야기가 아니라 우리보다 시대를 앞서 살았던 사람들이 운명처럼 짊어져야 했던 시대의 이야기로 변주되어 간다. 그래서 서술되고 있는 어머니는 생물학적으로는 강상중의 어머니일 뿐이지만, 사회적으로는 우리 모두의 어머니이다. 재일 한국인으로 태어난 운명을 저주할 텐가? 아니면 한번 일어난 일, 그래서 되돌릴 수 없는 일이라면 그 운명을 기꺼이 수긍할 텐가? 글쓰기를 통해 강상중은 가족을 가족 그 자체로 받아들여야 한다는 깨달음을 얻었다. "누가 어디에 살아도 해는 뜨고 또 진다. 특별할 것도 없는 당연한 일이다. 하지만 그 당연함을 당연함이라고 생각하지 못했던 건 왜일까? 그렇다. 있는 그대로 사는 거야. 있는 그대로. 아버지와 어머니가 이 나라에서 태어났고 또 나는 어쩌다 우연히 일본에서 태어났다. 단지 그뿐 아닌가. 그렇다면 있는 그대로의 모습으로 살아야 한다."[19] 그리고 운명에 대한 수긍은 그를 염세주의가 아니라 새로운 가능성으로 이끌었다. 생물학적 가족은 모두가 짊어져야 할 운명과도 같다. 생물학적 부모를 모른다 하더라도, 생물학적 부모가 있어도 마음속 깊이 차라리 부정하고 싶은 마음이 크다 하더라도 어쩌겠는가, 그건 운명이다. 가족에 불만 없는 사람이 세상에 어디 있으랴. 모든 가족은 결핍을 숨기고 있을 뿐이다.

사람들은 이렇게 부모의 자식으로 태어나 부모가 자식에게 물려주는 사회적 운명을 뒤집어쓴 채, 괴로워하고 신음하다가 자신만의 방법으로 이전 시대와 대결하는 방법을 깨닫고 그렇게 성인이 된다. 그래서 사람들은 성인이 되었을 때, 그 사람이 누구의 자식인지는 더 이상 중요하지 않게 된다. 성인이란 자신의 이름으로 세상을 살아가는 자신감을 담는 그릇이다.

하지만 성인이 되어도 여전히 누구의 아들이나 딸로 기억해야 하는 사람들이 있다. 억세게도 운이 좋은 사람들은 누구의 아들이나 딸인데다가 누구의 손자, 손녀이기도 하다. 왜 내 이름과 아버지, 할아버지의 이름을 연결시키고 조롱하냐고 그들은 따질 수 있다. 하지만 자신의 아버지와 할아버지가 없었어도 오늘의 그 지위에 오를 수 있었던 사람, 오직 자신의 이름만으로 그 자리와 부를 이룩한 사람만이 자신 있게 따질 수 있다. 이재용이 아버지 이건희 회장과 할아버지 이병철 회장이 없었어도 그렇게 많은 부를 획득할 수 있었고, 박근혜가 대통령 박정희와 영부인 육영수의 딸이 아니었어도 오늘날의 지위에 오를 수 있었다면 불만은 정당하다. 하지만 이병철 회장, 이건희 회장, 전두환 대통령, 김영삼 대통령과 박정희 대통령이 없었다면, 우리가 지금 알고 있는 그들의 아들과 딸인 이재용, 전재용, 김현철과 박근혜는 없었을 것이다.

나의 부모는 나의 과거이다. 내가 성장하여 성인이 되면서 부모와 나의 관계는 변했다. 언제부터인가 과거인 아버지는 현재인 나에게 자리를 물려주었다. 나는 성인이 되기 위해서 나의 과거인 부모를 미워하지도 않고 부끄러워하지도 않으면서 극복해야 했다. 부모와의 새로운 관계 정립은 따라서 과잉된 부모의 흔적을 지워 버리고, 나의 이름으로 세상을 살아가려는 의지의 선언이기도 했다. 우리는 아버지에게, 왜 당신은 이병철과 박정희가 아니었냐고 투정부리지 않는다. 우리는 각자의 이름으로 살아가고 있기 때문이다. 성인은 그런 투정을 부리지 않는다. 단지 철부지만이 부모 탓을 한다.

누구든 자신의 부모를 극복하지 못하면, 성인이 될 수 없다. 성인이 된 세상 사람들은 자신의 이름으로 삶을 살기에, 그들이 내미는 명함 속에는 자신의 이름만 적혀 있다. 누군가 내미는 명함의 뒷면에 부모의 이름이 적혀 있다면, 그 사람은 치사한 반칙을 하고 있는 셈이다. 누군가 왜 명함 뒤에 부모의 이름이 적혀 있냐고 따진다고 하자. 성인이 된 사람은 부모의 이름을 곧 명함에서 지우고 죄송하다는 말을 남기지, 화를 내지 않는다. 명함에서 부모의 이름을 지우고, 자신의 이름만이 새겨진 명함을 건네는 자는 페어플레이를 하고 있다.

자신의 이름으로 살고 있는 사람에게 아버지와 어머니의 과거는 열어서는 안 되는 판도라의 상자가 아니다. 부모의 과거가 담긴 상자가 열리는 걸 두려워하는 사람은 자신이 아닌 부모의 유령으로 살고 있는 사람이다. 무엇이 숨겨져 있든 두려워하지 말고 아버지와 어머니의 상자를 열어야 우리는 집단적으로 오이디푸스 콤플렉스에서 벗어날 수 있다. 만약 누군가 과거와의 화해의 악수가 교환되는 곳에 자신의 손을 떳떳하게 내밀지 못하거나, 봉인된 상자를 열었다고 화를 내고 있다면, 그 사람은 자신이 여전히 성인이 아님을 입증하는 셈이다.

| 집 |

고물상 강 씨네 집을 위하여

나카무라 요시후미, 『집을 생각한다』
지그문트 바우만, 『모두스 비벤디』

책은 여행의 좋은 동반자이다. 특히 먼 여행이라면 더욱 그렇다. 전세기를 타고 다니는 처지도 아니고, 한참을 돌아가더라도 제일 저렴한 비행기 표를 구해 여행해야 하는 형편이라면 공간 이동은 그 자체가 기다림의 연속이다. 환승 공항에서의 오랜 대기 시간, 오지에서 언제 올지 모르는 버스를 기다리며 하염없이 보내야 할 때, 기다림으로 인한 무료함을 달래기 위해선 대화가 통하는 말동무나 최신 테크놀로지 미디어 기기도 좋지만 그래도 책이 곁에 있다면 다행이다.

여행의 목적에 따라 들고 가는 책도 달라질 수 있다. 휴양 여행이라면 떠나는 여행지의 기본 정보를 제공하는 여행안내 책자의 대명사인 『론리 플래닛』이나 휴가지에서 읽기에 부담스럽지 않은 가벼운 소설이 제격이다. 하지만 단순한 기분 전환이 아니라 에너지를 충전하러 떠나는 길이라면 그 이상의 책이 필요하다.

집을 떠나며 집에 관한 책을 집어 든다면 역설이다. 적절하지 않은 선택처럼 보이기도 한다. 여행지에서 떠나온 집을 생각한다는 건 속류화된 노스탤지어처럼 보이기도 한다. 하지만 여행이란 본래 돌아가기 위한 공간 이동이 아니던가? 되돌아감을 전제로 하지 않는다면 떠나지도 않는 게 여행이다. 집으로 되돌아가지 못하는 공간 이동은 여행이 아니라 망명이거나 추방이라 한다.

누구나 자기 집이 제일 편하다. 여행지의 숙소가 아무리 청결하고 안락해도, 임시로 거주하는 곳에서 우리는 편안함을 느끼지 못한다. 며칠 머무르는 호텔방에는 침대시트를 갈아 주는 메이드도 있고 고급스러운 가구도 있지만, 집이 마땅히 갖추어야 할 편안함은 없다. 여행에서 편안함이 깃들어 있는 우리 집으로 돌아올 때 누구나 이렇게 말한다. 세상에서 집이 제일 좋다고.

하지만 편안함은 때론 사유의 독이 되기도 한다. 익숙한 곳은 낯설게 보기를 불가능하게 만들어 습관적인 사유를 반복하게 만든다. 너무 익숙해졌기에 편안한 곳의 의미를 쉽게 깨닫지 못한다. 집도 그렇다. 집은 편안한 곳이지만 편안함의 대가로 우리의 사유는 타성에 젖는다. 자기의 집에선 좋고 나쁨이라는 범주가 갖는 힘이 약화된다. 호사스럽든 소박하든 아니면 초라하든 간에 상관없이, 누구에게나 집은 가장 친밀한 공간이다. 우물 안 개구리가 자신을 성찰적으로 볼 수 없듯이, 편안함의 타성에 젖어 있는 사람은 자기의 집에서 집에 대해 생각하기 힘들다. 그렇기에 여행은 친밀한 공간인 집에 대해 생각하기 가장 좋은 기회이기도 하다. 휴양 여행이 아니라면, 혹은 휴양 여행일지라도 집에 관한 책을 고른다면 그 여행은 처음부터 신선할 수 있다.

맥락이 없다면 집 그 자체는 건조한 단어이다. 거주자와 집이 만들어 내는 보이지 않는 맥락을 감안하지 않으면, 집은 그저 바람과 비로부터 사람을 보호해 주는 인공물에 불과하다. 건축물은 세상에 널려 있다. 도시에선 하루가 멀다 하고 새로운 건축물이 지어지고, 철거되어 사라진다. 도시는 건축물의 생로병사가 펼쳐지는 생태계의 현장이다. 도시는 지번이라는 추상적인 기호의 체계로 건축물이 얽혀 있는 공간이다.

하지만 집과 집이 401호와 402호라는 기의 없는 기표의 체계가 아니라 '누구의 집'이 된다면 사정은 달라진다. 그 순간 집은 단순 건축물에서 생명이 있는 사람의 터전이 된다. 눈에 보이지 않는 맥락은 그 집에 살고 있는 사람과 건축물과의 상호작용이 만든 흔적이다. 그렇기에 같은 평수, 같은 구조물인 402호와 403호에 누가 살고 있는지에 따라 그 건축물은 다른 뉘앙스를 풍긴다. 건축물 안에 살고 있는 사람이 건축물을 집으로 맥락을 변경시키는 과정을 우리는 '거주'라 한다. 구체적인 인간이 추상적 기호 체계에 불과했던 집에 거주하면서, 집은 건축가도 예측하지 못했던 내밀한 공간으로 변형되기 시작한다. 그 변형을 통해 단순 건축물인 집은 고귀한 인간의 터전이 되고, 인간은 터전에 뿌리를 내리고 정주민이 된다.

집터에 정주함은 최적의 조건을 찾아 이동하고 또 이동했던 인간이 자신을 위한 최적의 위치를 찾는 거룩한 순간이기도 하다. 그래서 철학자들은 인간의 존재에 대한 질문을 인간이 정주하는 집터에 관한 질문으로 바꾸어 놓았다. 집터에 뿌리를 내리는 순간이 존재가 탄생하는 거룩한 순간이라면, 집터에서 내몰리는 순간은 그 탄생의 거룩한 빛과 동일한 강도로 어둡다. 그래서 개인의 뜻에 반해 집터에서 내몰린 디아스포라는 세상이 인간에게 내릴 수 있는 가장 가혹한 형벌 중 하나이다.

편안함은 집의 시설에 좌우지되지 않는다. 건물이 지어지면 처음에는 건축물이 사람에게 적응하라고 명령한다. 이미 잘 짜인 공간 속에 거주자의 의지가 들어설 틈은 없어 보인다. 하지만 거주자가 텔레비전을 놓고 이부자리를 깔고 조석으로 음식을 하면, 도도한 듯 적응하라고 명령을 내리던 건축물에 거주자의 냄새가 밴다. 콘크리트 냄새와 같은 건축물의 재료 냄새를 거주자의 살 냄새가 압도하기 시작하면, 742-1과 같은 지번은 고물상 강 씨네 집이나 슈퍼 최 씨네 집과 같은 구체물로 바뀐다. 이리하여 오랜 세월의 때와 사람의 냄새가 장판과 벽지 위에 살며시 내려앉으면, 모든 이의 집은 세상에서 제일 내밀하고 안전하고 편한 곳이 된다.

편안함이 넘쳐흘러 심신을 달래 주는 안락함의 기원이기를 넘어서 사유마저 둔하게 하는 수면제가 될 때, 마침 편안함과 마취제의 양면을 지닌 집을 잠시 떠날 기회가 생겼을 때, 집에 대해 생각할 수 있는 책을 집어 드는 건 적당하다. 언젠가 여행을 떠날 때 나도 그런 이유로 『집을 생각한다』를 동반자로 선택했다. 집에 대해 생각한 적이 없다는 놀랍도록 불편한 진실을 깨달으면서.

　나카무라 요시후미는 철학자가 아니라 건축가이다. 하지만 집에게 던지는 그의 질문의 깊이는 거주의 철학으로 우리를 이끈다. 거주의 철학으로 우리를 이끄는 질문은 투자 가치도 개발 이익도 시세 차익도 아니다. 『집을 생각한다』는 집이라면 응당 갖추어야 할 요소들에 대한 나카무라 요시후미의 생각이 담겨 있다. 집에 대한 그의 생각에 재건축 전망이라든가 학군이라든가 역세권과 같은 개념은 들어설 틈이 없다. 그 대신 그 책에는 우리가 집을 생각하면서 전혀 던지지 않았던 질문인 "좋은 집의 조건은 도대체 무엇일까? 집을 구성하는 데 빠져서는 안 되는 요소에는 어떤 것이 있을까?"[20]를 묻는다. "주택 안에서 살아가는 사람의 시점, 즉 보통 사람의 일상생활이라는 측면에서 '집이란 무엇인가?' '집을 구성하는 데 꼭 필요한 요소는 무엇인가?'라는 질문의 답을 찾는 것이 이 책의 목적"[21]이다.

　여행을 마치고 일상의 현실적인 공간으로 돌아올 때는 나카무라 요시후미의 책을 덮는 게 낫다. 집에 관한 책을 읽으며 우리가 한동안 잊고 살던 아니 한번도 생각하지 않았던, 인간의 거처가 갖추어야 할 당연함에 대해 생각했다면, 현실로 돌아오는 비행기에선 당연함에 대한 자유로운 상상이 아니라 실제로 우리가 살고 있는 꼬락서니에 관한 현실적인 찰이 필요하다. 현실적인 꼬락서니를 언어에 반영하려면, 다소 몽상적이기까지 했던 인간의 거처를 지칭하는 '집' 대신 다른 단어가 필요하다. 그 단어는 집에 담긴 몽환적이고 낭만적인 기대를 냉정하고 합리적인 계산과 예측으로 대체한다. 그 단어는 '부동산'이다.

부동산은 블랙홀 같은 단어이다. 부동산은 인간이 주거의 터전에 대해, 좋은 집에 대해, 뿌리 뽑힘의 야만에 대해 던졌던 모든 질문을 먹어 삼킨다. 집을 부동산이라는 단어로 포장하면 집은 터전이기를 그만 두고, 그곳에 살고 있는 사람마저도 교환가치에 포섭된 존재로 전락시킨다. 모든 것이 대량으로 소비되기를 희망하며 대량 생산하는 포드주의가 지배하는 사회에선 집마저도 포드주의의 원리를 따른다. 포드주의적 원리가 건축물로 표현되면 아파트라는 '모던 리빙'의 꿈이 담긴 주거지가 등장한다. 아파트가 처음 지어졌을 때 아무도 살려고 하지 않았다는 에피소드는 이제 호랑이 담배 피던 시절의 이야기이다. 아파트는 무한 증식하여 우리가 살고 있는 도시 풍경을 지배한다. 아파트에는 주거의 철학도, 좋은 삶을 담는 그릇인 좋은 집이 제공하는 편안함도 담기지 않는다. 부동산이라는 포장지를 쓴 아파트는 시가나 호가로 표현되는 교환가치를 담는 그릇에 불과하다. 여행이 끝났을 때 우리의 대부분은 내밀한 공간인 집이 아니라 교환가치 상승의 꿈이 담긴 부동산 속으로 들어간다.

부동산 세계는 요지경이다. 총 주택수를 총 가구수와 대비시켜 계산하는 주택보급률은 통계상으로는 100퍼센트를 넘었다. 2010년 주택보급률은 이미 101.9퍼센트이다. 통계에 따르면 이미 한국에는 누구나 자기 집을 가질 수 있을 정도로 여유 있게 집이 있다. 하지만 자기 집에 사는 비율인 자가점유율은 2005년 현재 55.6퍼센트에 불과하다. 이 통계의 요술은 전적으로 부동산 세계의 절대 강자인 부동산 부자 덕택이다. 2005년의 조사에 따르면 단 한 명의 사람이 무려 주택 1083채를 소유한 경우도 있다. 부동산 세계의 한쪽 극에는 부동산으로 막대한 불로소득을 올리는 사람이 있고, 다른 한 극에는 100퍼센트를 넘는 주택보급률에도 불구하고 오른 전셋값을 마련하지 못해 음독 자살을 하는 사람이 공존한다.

부동산의 세계가 보여 주는 요지경에 신물이 나서 거주의 터전을 회복하려는 사람들이 있다. 부동산에 포획되지 않은 거주의 터전을 위한 정보를 수집하려는 사람들로 건축박람회는 언제나 북적인다. 이들은 아파트라는 공산품에서 벗어나 자기만의 '좋은 집'을 짓기 위해 '집 짓기 교실'의 문을 두드리고 동호회를 결성하여 '좋은 집'에 대한 정보를 교환하고 서로를 북돋는다. 자기만의 '좋은 집'을 설계하고 짓는 과정을 소개하는 책은 베스트셀러는 아니어도 안정적인 독자층을 확보한다. 이 정도로 '좋은 집'에 대한 기대는 꽤나 크다. '좋은 집'을 꿈꾸는 사람들은 '시세 차익'만을 생각하는 탐욕스러운 사람보다는 선하다. 하지만 '좋은 집'에 대한 꿈은 부동산 세계의 극과 극 사이에 끼인 중산층의 선한 꿈이다. '좋은 집'에 대한 꿈은 부동산 난민에게는 언감생심이며, 부동산 재벌에게는 소박한 공상일 뿐이다.

그나마 착한 꿈이라도 꾸며 '좋은 집'에 대한 기대를 키울 수 있는 사람이라면 크게 실패하지 않은 인생이다. 아니, 자기의 집을 평생 갖지 못한 사람과 경제적 이유로 자기의 집을 떠나 돈벌이를 찾아 유랑해야 하는 21세기의 경제적 디아스포라의 운명에 처한 사람의 눈에는, '정주'할 수 있는 권리를 빼앗긴 적이 없는 이들이 부동산 재벌 못지않은 승리자로 보인다.

    인간은 정주를 꿈꾸지만, 자본은 정주를 업신여긴다. 자본은 '부동'의 존재가 되고 싶지 않다. 자본은 정주하고 싶은 사람의 꿈을 하찮게 여기며 유동의 자유를 강조한다. 자본이 이윤을 쫓아 이동을 하면 할수록, 거주의 터전에선 막대한 규모로 난민들이 만들어진다. 삶의 터전이 재개발 대상 지역에 포함되는 순간, 추가 비용을 감당할 수 없는 사람들은 '난민'의 처지가 되어 유랑할 수밖에 없는 운명을 피할 수 없다. 이들은 "이 지상에서는 설 곳을 잃은 채, 존재하지 않는 곳 …… '비공간' 혹은 …… '유령마을'로 내던져졌거나 …… 정의상 사람이 살지 않는 땅, 즉 인간에게 화를 잘 내서 인간이 거의 찾지 않는 땅, 황무지"[22]로 내팽개쳐지는 존재이다. 바그너의 오페라 〈방황하는 네덜란드 사람〉의 주인공은 귀신처럼 바다를 헤매고 다니는 처지이다. 하지만 그래도 그가 방황을 멈출 수 있는 유일한 방법은 있다. 네덜란드 사람은 죽음을 맹세할 정도로 진정한 사랑을 만나면 방황해야 하는 '운명'에서 벗어날 수 있다. 하지만 방랑해야 하는 운명을 지닌 경제적 난민을 끝없이 만들어 내는 자본의 놀라운 유동에 제동을 거는 브레이크 장치는 어디에 있을까? 낭만적 사랑이 브레이크가 될 수 없음은 분명하다.

| 성숙 |

배운 괴물들의 사회

이마누엘 칸트, 『칸트의 교육학 강의』
클라이브 해밀턴, 『성장숭배』

풀들조차 자라면 변화한다. 어린 싹도 세월을 견디며 성장하면 꽃이 든 열매든 결실을 맺는다. 비바람을 견뎌 낸 세월이 헛되지 않았음을 일깨워 주는 순간이다. 사람들이 모여 사는 사회도 다르지 않다. 사회도 인간도 성장의 끝 무렵에선 성숙의 순간을 맞이해야 한다. 성숙은 성장통을 겪은 후 애벌레가 껍질을 벗고 성충으로 다시 태어나는 순간과도 같다. 이른바 나잇값을 하지 못하는 사람이나 성장했지만 성숙 없는 사회라곤 비아냥거림을 피할 수 없다.

매우 억울하지만 인정할 수밖에 없는 사실이 있다. 아저씨 혹은 아줌마라는 호칭에서 누구도 품격과 인격을 연상하지 않는다. 불행하게도 아저씨와 아줌마라는 단어에 어울리는 명사는 뻔뻔함, 능청스러움, 악착스러움 등이다. "혈연관계가 없는 남자 어른을 친근하게 이르는 말"이라든가 "아버지의 친형제를 제외한 남자를 이르는 말"과 같은 사전에 등장하는 아저씨의 뜻은 잊어야 한다. 상식적으로 사용되는 아저씨라는 단어에는 돈 자랑이나 지위 자랑질을 일삼는, 상쾌한 느낌을 주지 못하는 중년 남자라는 뉘앙스가 그림자처럼 따라붙는다. 어느 누구도 "나이든 여자를 가볍게 또는 다정하게 부르는 말"이라는 뜻을 아줌마라는 호칭에서 떠올리지 못한다. 우리의 뇌리에 박힌 아줌마의 모습은 붐비는 지하철에서 좌석을 확보하겠다고 몸을 날리거나 새치기를 일삼는 얌체 같은 중년 여자이다. 나이는 먹었지만 성숙하지 못한 사람은 중년 시절에는 그나마 아저씨, 아줌마라는 소리만 듣지만, 나잇값을 하지 못하는 상태가 변하지 않는다면 더 경멸적인 표현을 들을 각오를 해야 한다.

성장하면 결실을 맺는 건 자연의 이치이나, 비료라는 촉매제를 만나면 식물은 좀 더 빨리 풍성한 결실을 맺을 수 있다. 인간에게 비료 같은 촉매제가 있다면, 그것은 성장을 촉진하여 성숙의 순간을 당겨 주는 배움이다. 배움에 대한 기대와 믿음은 깊고도 오래되었다. 자식 교육을 위해 이사를 세 번이나 했다는 맹자의 어머니 이야기부터, "배우고 때때로 익히면 또한 기쁘지 아니한가"라 했던 공자에 이르기까지 배움의 중요성을 일깨운 위인들은 부지기수이다.

사람은 배워야만 금수와 구별된다고 했다. 배우지 못해서 나라도 빼앗겼다고 생각했다. 그래서 모두가 미친 듯이 배웠다. 배우지 못한 게 한이었던 예전 부모는 소 팔고 논 팔아서라도 자식은 학교에 보냈다. 요즘 부모는 자식 교육을 위해 기러기 아빠가 되기도 한다.

이제 배움에 관한 한 한국은 지표상으로는 전 세계가 부러워할 만한 나라이다. 우리 학생들의 학업 능력은 OECD 국가최상위를 벗어나지 않는다. 한국 사람 중 읽고 쓰는 능력이 없는 사람은 고작 1.7퍼센트이다. 대학진학률은 2009년 기준 무려 81.9퍼센트이다. 2010년의 경우 1만 322명이 박사학위를 받았다. 인구 1만 명 당 박사학위 취득자는 1985년 0.3명에서 2009년 2.1명으로 증가했다. 2010년에 발행된 도서의 발행 종수가 4만 291종에 이를 정도로 한국은 지식사회다. 이 정도로 엄청난 양의 배운 사람을 배출하는 성장한 사회라면, 군자는 아니어도 최소한 성숙한 사람들이 모여 사는 품격 있는 나라이어야 한다. 하지만 그렇게 배움에 투자했지만 '싸가지 없는 애들'과 '추접스런 중년'과 '나잇값 못하는 늙은이들'이 뒤섞인 지하철 풍경은 배움이 사람을 바꾸어 놓을 것이라는 철썩 같은 믿음을 접도록 만든다.

한국의 출산율만 OECD 최저는 아니다 성장이 성숙을 낳고 배움이 인격을 낳는 비율을 성숙률이라 계산한다면, 한국은 그것도 OECD 국가 최저일지도 모른다. '유식'과 '교양'이, '성장'과 '성숙'이 결합하지 않은 '얼치기 배움'이 판치는 이 사회에서 출세의 수단으로, 돈벌이를 위한 미래 투자로 더럽혀진 배움의 본뜻을 찾아 이마누엘 칸트의 아주 오래된 책 『칸트의 교육학 강의』를 펼친다.

칸트는 규칙적인 생활로 유명한 철학자이다. 매일 정해진 시간에 하루도 거르지 않고 산책을 했기에 동네 사람들이 산책하는 칸트를 보고 시간을 추정했다는 에피소드가 전해질 정도이다. 칸트는 계몽주의 시대에 살았다. 그의 부지런함과 규칙적인 삶은 편집증이 아니라 그가 평생 추구했던 계몽주의적 이상에 대한 믿음 때문일 것이다. 그는 계몽주의의 이상을 가슴에 품고 살았다. 그는 계몽주의의 이상을 1783년의 논문 「계몽이란 무엇인가에 대한 답변」에 담아내는데, 『칸트의 교육학 강의』는 그 질문에 대한 칸트의 또 다른 대답일 것이다. 칸트는 계몽이란 '미성숙 상태'에서 벗어나 '성숙한 인간'으로 완성되는 것이라 생각했다. 칸트는 성숙한 인간으로의 완성 가능성을 배움에서 찾았다. 그래서 배움에 대해 남다른 기대를 걸었다. 부모는 배움을 통해 "자녀들이 세상에서 성공하여 입신양명하는 일에만 마음을 쓰고" 있을 뿐이며, 국가의 통치자는 배움을 "그들이 추구하는 목적을 달성하는 데 필요한 한갓 도구"[23] 정도로 생각하지만, 철학자의 눈에는 배움 속에서 인간이 야만에서 벗어나 성숙한 인간이 되는 과정이 보였다.

칸트가 보기에 인간의 동물적 야만성을 규제하는 훈육에서 시작하는 교육의 최종 목표는 이러해야 한다. "인간은 교육을 통해서 어떤 목적 또는 여러 가지 목적들에 숙달되고 숙련된 유능한 인간이 되어야 할 뿐만 아니라, 또한 더욱 중요한 것은 교육을 통하여 오로지 선한 목적들을 삶 속에서 지향하고 선택할 수 있는 마음의 성향을 길러야 한다. 여기서 말하는 선한 목적들이란 필연적으로 모든 사람들에 의해서 동의되고 승인될 뿐만 아니라 또한 동시에 모든 사람들에 의해서 추구되는 목적들을 뜻한다."[24] 교육은 필연적으로 성숙으로 귀결된다. 교육은 아직 미성숙한 사람을 유능한 사람이자 선한 사람으로 바꾸어 놓는 과정이다. 그래서 교육을 받은 사람은 교육받지 못한 사람보다 능력이 있을 뿐만 아니라, 인간의 선한 목적이 무엇인지를 분명하게 깨달은 사람이다. 사람들은 지혜의 해법이 필요한 일이 생길 때 교육받은 사람, 이른바 '배운 사람'에게 조언을 청한다. 칸트에 따르면 교육은 그 자체가 목표가 아니라 인간이 보다 선한 목적에 접근하도록 돕는 것이기에, 배움을 통해 성숙한 사람은 배웠기에 선하고, 배움과 선함이 조화롭기에 아름다울 수 있는 법이다. 얼굴이 못났다고 "공부나 할 얼굴"이라고 비아냥거린다면, 공부가 무엇인지 모르고 내뱉는 미성숙한 태도다. 제대로 배운 사람이라면, 타고난 거죽의 꼴과 상관없이 각자의 방식으로 진리와 선함을 결부시킬 수 있기에 아름다운 사람이 된다.

하지만 진선미라는 단어로부터 성숙한 배움이 아니라 미스코리아 선발대회의 등수를 부르는 호칭만을 기억해 내는 사회에서 배움을 통한 진선미의 통합을 강조하는 철학자의 모습은 고리타분하게 느껴진다. 고리타분한 느낌은 칸트가 시대에 뒤떨어진 주장을 해서가 아니라, 우리가 오랫동안 성숙이라는 단어를 잊고 살았기 때문이다. 성숙이라는 단어가 더 이상 쓰이지 않는 고어처럼 느껴지는 사회, 그 사회가 '성장 물신성'의 사회이다.

유신 시대에 초등학교를 다녔다. 나의 유년 시절은 두 자릿수가 넘는 경이로운 경제성장률이 보통이던 시절이다. 유년 시절 학교에서 나는 양적 팽창이 궁극에 가서는 행복을 가져다줄 것이라 배웠다. 사회는 양적 팽창의 속도를 경제성장률이, 증가하는 수출 액수가, 일인당 국내총생산GDP이 보여 준다고 가르쳤다. 하늘을 향해 쏘아 올린 로켓마냥 치솟으며 양적 팽창을 보여 주는 그래프를 교과서에서 보고 배우며 행복한 미래를 꿈꿨다. 개인의 양적 팽창은 성적이 알려 줬다. 백점 만점을 향해 뜀박질하는 성적, 만점까지 성적이 팽창하면 최고의 대학을 갈 수 있었다. 팽창이 행복을 가져다줄 것이라 굳게 믿던 그 시절 어느 누구도 팽창해야 하는 이유를 묻지 않았다. 성장의 이유도 모르는 채 팽창이라는 절대 목적을 향해 국가가 그리고 개인이 폭주기관차처럼 달려온 여기에는 기대했던 행복은 없었다. 그래도 팽창이 유전자처럼 코드화된 사회는 팽창을 멈출 수 없다.

클라이브 해밀턴은 팽창에 대한 묻지마 숭배를 성장 물신성이라 불렀다. 성장 물신성이 지배하는 사회의 모습은 이렇다. "경제성장은 한 해에 생산되는 재화와 서비스의 양이 얼마나 늘었느냐는 극히 평범한 생각에서 나온 개념에 불과하다. 그러나 성장에 대한 우리의 강박관념은 사람들이 영험한 마력이 있다고 주물을 받들고 모시는 집착이나 애착처럼 보인다. 소득 증대는 세상 사람들이 갈구하고 궁리하는 인생의 목표 그 자체가 되었지만, 과연 우리들은 40년 혹은 50년 전에 비해 지금 더 행복하다고 말할 수 있는가? 경제성장이라는 관념은 이제 사람들을 홀리는 망상으로 둔갑해 경제는 물론, 정치, 사회, 문화 그리고 개인의 심리에 이르기까지 사회 전체를 조직하고 시스템과 이데올로기를 재생산하는 망상 체계로 진화했다."[25]

양적 팽창을 의미하는 것에 불과한 '성장'이 '성숙'을 대체하여 삶의 목표가 되는 사회에선, 배움조차 성숙이 아니라 성장을 위한 수단이 된다. 그래서 우리가 살고 있는 팽창 숭배 사회에서는 배움도 스펙의 도구로 전락했다. 전 국민이 죽어라 공부하고 졸업 후에도 승진하기 위해 자기계발에 매진하는, 지식사회의 외양은 갖추었어도 성숙이라는 목표를 잃어버린 사회에서 배운 사람과 성숙한 사람은 일치하지 않는다.

성장과 성숙이 일치하지 않은 사회에서 교육은 위인을 길러 내는 것이 아니라 범죄를 저지르는 괴물의 생산 공장으로 전락한다. 이른바 화이트칼라 범죄는 배운 괴물들이 벌이는 악행이다. 묵묵히 시장에서 김밥을 말아 평생 모은 돈을 대학에 기부하는 할머니는 화이트칼라 범죄를 저지르지 않는다. 하지만 무학이 평생의 한이었던 김밥 할머니의 돈을 기부받은 대학에선 논문 도절도 가짜 학위 사건도 빈번하게 일어난다.

성장했지만 성숙하지 못한 사람은 배운 지식을 사용해 금융 사기를 친다. 배우지 못한 장발장은 고작 촛대나 훔칠 뿐이지만, 배웠지만 성숙하지 못한 인간은 못 배웠지만 성실한 사람들의 삶을 통째로 파괴하는 괴물 짓을 서슴지 않고 한다. 이른바 특정경제범죄가중처벌법상 횡령·배임 혐의로 구속되는 사람들은 무학이 아니다. 배운 괴물들이 그 좋은 머리로 지능적이고 전문적인 수법으로 주가를 조작하고 분식회계라는 속임수를 쓰고 그 유탄을 맞은 개미투자자들이 자살을 해도, 배운 괴물들의 범죄에 대한 처벌은 솜방망이일 확률이 높다. 화이트칼라 범죄는 자본주의가 고도로 발전할수록 지능적이고 전문적으로 발전해 활개치지만 법원에서 집행유예 등 솜방망이 처벌을 받는 경우가 많은 것이다.

누구나 가고 싶어 하는 최고로 좋은 대학의, 입학 성적이 가장 높은 학과 출신인 사람이 텔레비전 토론 프로그램에 출연해서 그 좋은 머리로 늘어놓는 궤변을 듣고 있노라면 분노가 치밀 정도이다. 성숙하지 못한 사람의 머릿속에 들어 있는 지식은 '아는 것이 독'인 경우이다. 성장한 만큼 성숙하지 못할 때, 성숙 없이 웃자라기만 인간은 거인병에 걸린 괴물과 다름없다.

　언어의 능력이 뛰어난 사람이 있다. 평범한 단어들을 보석처럼 잘 조합하는 사람이 빚어내는 언어는 참으로 감칠맛 난다. 그래서 그 감칠맛 나는 언어는 읽어서 배부른 눈의 만찬을 제공한다. 언어 능력만을 놓고 보자면 괴테와 나치의 선전부장 괴벨스는 우열을 가리기 힘들다. 하지만 뛰어난 언어 능력으로 한 명은 시대를 뛰어넘어 존경받는 대문호가 되었고, 다른 한 명은 유대인 학살을 정당화하는 궤변을 만들어 내는 나치 선전부대의 수장이 되었다. 차라리 괴벨스가 '일자무식'이었다면 우리가 알고 있는 악인 괴벨스는 세상에 없었을 것이다. 배웠지만 성숙하지 못한 사람은 이렇듯 괴벨스처럼 위험한 괴물에 다름 아니다.

　높은 교육열과 화려한 교육 관련 통계지표에도 불구하고 끊임없이 이 사회에서 나타나는 '배운 괴물'들이 벌이는 악행들의 '쇼쇼쇼!'가 끝이 나는 순간은 대체 언제일까? 성장이 성숙으로 귀결되지 못함이 너무나 분명할 때, 차라리 성장하지 않겠다는 귄터 그라스의 소설 『양철북』의 주인공 오스카의 선택은 오히려 성숙한 결정일지도 모른다. 차라리 키가 작은 오스카가 웃자란 괴물 괴벨스보다는 낫지 않은가?

| 죽음 |

죽음에 대한 성찰

수전 손택, 『타인의 고통』
노베르트 엘리아스, 『죽어가는 자의 고독』
에드워드 사이드, 『말년의 양식에 관하여』

뉴스의 숨겨진 장르 규칙 중 하나. 뉴스는 하루도 거르지 않고 죽음을 보도한다. 전쟁터에서 죽은 사람에서 폭탄 테러의 희생자, 교통사고를 당한 사람에 이르기까지 뉴스를 통해 우리는 하루도 빠짐없이 죽음을 접한다. 하지만 죽음 소식을 듣고도 우리의 마음속에선 동요가 일지 않는다. 알지 못하는 사람의 죽음에서 애가 타는 듯한 슬픔을 느낄 사람은 없다. 뉴스가 보도하는 죽음은 되풀이되는 일기예보만큼이나 일상화되어 버렸다. 어떤 일의 구경꾼이 되는 것과 당사자가 되는 건 다르다. 당사자와 구경꾼 사이에는 천국과 지옥처럼 넘을 수 없는 분리의 선이 있다.

    타인의 죽음을 거실의 소파에 앉아 텔레비전으로 구경하는 일은 더 이상 낯설지 않다. 우리가 구경하는 죽음이 어찌나 많은지, 신경은 마비되어서 웬만한 죽음 앞에서는 놀라지도 않을 지경에 이르렀다. 평범한 죽음은 시청자의 눈을 끌지 못한다. 비극적 스토리가 있어야 한다. 단순 살인 사건은 흥미롭지 않다. 적어도 남편인 의사가 만삭의 아내를 살해한 사건 정도쯤은 되어야 한다. 사람이 많이 죽으면 죽을수록 좋다. 그래서 한 명의 죽음보다는 휴일 나들이에 나섰던 일가족의 죽음을 미디어는 더 좋아한다. 그래도 하나하나의 죽음에는 비극적 스토리의 흔적이 그나마 남아 있지만, 죽음이 축적되면 죽음에 담겨 있는 비극조차 걷혀진다. 죽음의 거대한 축적인 전쟁이 미디어를 통해 보도되면, 그 보도 속에는 애국심 선동은 있어도 슬픈 스토리는 없다.

수전 손택이 『타인의 고통』에서 문제 삼는 상황은 바로 이것이다. "타국에서 발생한 재앙을 구경하는 것은 지난 1세기하고도 반세기 동안 오늘날의 언론인과 같다고 알려진 전문적인 직업여행자들이 촘촘하게 쌓아 올린 본질적으로 현대적인 경험이다. 오늘날 우리는 거실에서도 전쟁을 구경할 수 있게 됐다. 다른 곳에서 무슨 일이 벌어지고 있다는 정보, 이른바 '뉴스'는 비참한 모습을 시청자들의 눈에 내던져 동정심이나 격분, 그도 아니면 찬성 같은 반응을 자아낼 수밖에 없도록 만드는 분쟁과 폭력을 대서특필하기 마련이다."[26] 구경거리로 전락한 인간의 죽음은 산 자들이 거실에서 누리는 최대의 사치 중 하나이다. 죽음이 매일매일 재생산되어 과잉축적이 빚어지는 전쟁조차도 미디어를 통해 중계되면 스펙터클이 된다. 미디어를 통해 중계되는 죽음이 본질적으로 우리와는 아무런 관계가 없다고 믿고 있기에, 우리는 죽음의 축적을 보고도 무덤덤하다. 그게 관음증이다. 관음증적 응시는 응시의 대상과 자신과의 연루를 알지 못한다. 텔레비전을 통해 죽음을 보고 있는 사람의 무의식 속에서 울리는 내면의 소리는 이렇다. "이런 일이 나에게 일어나지는 않을 거다. 우리는 안전한 곳에 있다. 나는 아직 죽지 않는다."

정서적인 연결고리가 있는 사람의 죽음 소식을 접하는 그 순간 죽음은 더 이상 스펙터클이 아니라 누군가를 철학자로 만드는 사건으로 바뀐다. 아침에 일어나 예전과는 다른 몸을 느낄 때, 순간 머릿속에서 죽음이라는 단어가 자신과 무관하지 않음을 감지한다. 이 순간 죽음에 대해 무감각했던 태도는 돌변한다. 죽음의 당사자가 자신이 될 수도 있다고 믿는 한, 사람들은 늘어만 가는 흰머리에서, 얼굴의 주름살에서, 계단을 올라갈 때의 숨 가쁨에서, 술이라도 많이 마시고 일어난 그다음 날 확실히 예전과는 다른 신체적 컨디션에서 죽음을 느낀다. 죽음이 자신의 일이 되면, 그보다 공포스러운 대상도 없다. 그 공포를 다스리는 좋은 방법 중 하나, 죽음을 마치 일어나지 않는 일처럼 만드는 것이다.

엘리아스는 이것을 죽음의 배제라 했다. 죽음에 대한 공포를 잠재우기 위해 죽음을 연상시키는 그 어떤 것도 우리의 일상에서는 찾아볼 수 없게 만든다. 결혼식장은 요란한 간판을 달고 있지만, 장례식장은 죽음이 발생하지 않는 한 존재조차 깨닫지 못할 정도이다. 죽음을 섬세하고 체계적으로 배제하는 데 성공한 우리의 일상은 불로초가 가득 피어 있는 초원과도 같다. 영원한 피터팬이 되고 싶었던 마이클 잭슨은 어디에나 있다. 보톡스를 들이마신 듯한 퉁퉁 부은 얼굴로 텔레비전에 등장하는 영원히 늙지 않는 연예인, 죽음을 연기할 수 있는 신약 개발 소식을 알리는 신문기사의 공습으로 넉다운이 되어 있는 우리는 죽음을 연기하기 위해 가능하다면 모든 방법을 동원한다. 그래서 얼굴에 바르는 주름살 방지 크림과 흰 머리카락을 감추는 염색약은 불황을 모르는 제품으로 자리 잡는 것이다.

　죽음을 잠시 돈의 힘으로 연기할 수는 있지만, 누구도 죽음을 피해 가지 못한다. 피할 수 없었던 죽음이란 운명을 맞이했을 때도, 죽음의 배제 법칙은 여전히 유효하다. 유족은 죽음의 처리 과정에서 배제된다. 현대 사회의 모든 일들처럼 삶을 마무리하는 죽음의 순간조차, 죽음은 관계자가 아니라 그 기능을 위해 특별히 전문화된 사람들의 손에 맡겨진다. "죽어 가는 사람들로부터 살아 있는 자들의 물러섬, 그리고 그 주위로 점차 번지는 침묵은 임종 이후에도 계속된다. 시신의 처리와 묘지 관리에서 그 점이 잘 나타난다. 오늘날 이 둘은 대부분 가족, 친지, 친구들의 손을 떠나 돈을 받고 일하는 전문인의 손에 맡겨져 있다. 죽은 사람에 대한 기억이 아직 눈에 선한데도 그들에게 시신과 묘지는 별 의미를 갖지 않는다. 죽은 아들의 시신을 두고 슬퍼하는 어머니의 모습을 그린 미켈란젤로의 〈피에타〉는 하나의 예술 작품으로서는 납득 가능하지만 실제적인 사건이라고 믿기는 어렵다."[27] 지상에서 벌어지는 대부분의 장례식은 장의사가 각본을 쓰고, 유족들은 각본의 지문대로 따라 움직이는 연극과 다를 바 없다.

　모든 것이 상품화된 사회에선 죽음마저 상품의 법칙으로부터 자유롭지 않다. 산부인과에서 태어나, 태어나자마자 마케팅 대상이 되어 의지와 상관없이 수완 좋은 분유회사 판매원의 뜻에 따라 분유라는 상품을 먹기 시작했던 인생은, 웨딩 시장과 관광 시장의 논리에 따라 또 다른 가족을 결성한다. 그런 삶이 마감될 때 태어날 때처럼 시장의 법칙에 따라 움직인다는 건 그다지 이상할 것도 없다. 오히려 상품으로 시작한 인생이 마지막 순간 탈시장화된 인류학적 의례로 끝을 맺는다면 일관성을 상실한다. 적어도 일관성이라도 있으려면 삶을 마감하는 그 순간도 개인의 의지가 아니라 시장의 법칙을 따르는 게 낫다. 분유로 시작한 인생은 그래서 상조회사의 고객으로 끝맺는다.

철학적 의미의 죽음은 만인 평등의 법칙을 따르지간, 죽음의 리얼리티는 철학적 죽음과는 달리 불평등의 법칙을 따른다. 질병은 누구나 무서워하는 죽음의 징후이다. 인간학적 관점에서 질병은 생물학적 존재로서의 인간의 유한성을 깨닫게 한다. 병이 사람의 육체를 장악하기 시작할 때, 누구나 철학자가 되어 인간의 유한성을 느끼게 된다. 철학적 대상으로서의 질병은 인간 유한성의 증거이지만, 사회학적 대상으로서의 질병은 계급 유한성의 지표이다.

죽음이 불가피하다는 점에서 모든 사람은 평등하다. 하지만 죽음에 다가가는 방법은 당신이 어느 계급에 속하느냐에 따라 다르다. 개인이 처한 사회적 상황은 개인의 죽음을 통제하는 숨겨져 있는 변수이다. 더 많은 교육을 받고 더 많이 벌수록 심장마비와 뇌졸중, 당뇨 그리고 각종 암으로 죽을 가능성이 훨씬 더 적다고 통계는 말해준다. 만성질환을 일으키는 위험 요인은 고학력층보다는 저학력층에게 더 흔하게 나타나고, 돈이 없는 사람들은 죽음을 재촉하는 병을 예방할 수 있는 자원도 방법도 잘 모르지만, 돈이 많은 사람들은 죽음을 최대한 유예할 수 있는 온갖 정보와 유예를 돕는 전문가들에 둘러싸여 있다. 누구나 한번은 죽는다는 인간학적 보편성은 한 개인의 구체적인 죽음이 발생했을 때, 즉 그가 어떻게 죽는지를 생생하게 보여 주는 상황 앞에서는 무력화된다. 한 사람이 죽는다는 건 그 사람이 유한한 존재였다는 증거이지만, 그 사람이 어떻게 죽었는지는 그 사람이 속한 계급을 알려준다. 죽음이라는 삶의 마감 앞에서도 그 사람이 속했던 계급의 흔적은 그대로 남아 있다. 인류학적 장례식은 의례이지만, 사회학적 의미의 장례식은 그 사람의 계급적 성분을 마지막으로 모든 사람에게 알려 주는 전시장이다.

누구나 죽음을 피해갈 수 없다. 매일매일 조금씩 노화의 과정을 거치면서 우리는 알게 모르게 한 발자국씩 죽음에 다가서고 있다. 시작하는 순간부터 마무리되는 순간까지 시장의 법칙에서 자유로울 수 없는 게 우리의 평범한 인생이라는 통찰이 헛헛함을 남긴다면, 삶의 그 쓸쓸함을 무엇으로 달랠 수 있을까? 노화는 젊음의 상실이지만, 그 대가로 원숙함을 얻을 수 있는 기회를 제공해 준다. 비록 젊음은 잃었지만 그 대신 원숙함을 얻는 사람이 있는가 하면, 젊음만을 잃고 원숙함도 얻지 못하는 사람도 있다.

젊음을 잃고 원숙함도 얻지 못한 사람은 삶의 쓸쓸함을 달래기 위해 권위와 돈의 힘에 의존하려 한다. 그는 누구도 피할 수 없는 죽음의 공포를 사람의 생명보다 더 끈질긴 현대의 불사신인 재산의 힘으로 극복하려 한다. 그 사람은 죽음을 유예하기 위해서 삶의 마지막 순간까지 지위를 탐하며 비아그라를 찾는다. 마침내 o 길을 걸었던 사람이 죽음을 맞이하면 장례식장에는 끝을 알 수 없는 근조 화환이 줄지어 전시된다. 하지만 이미 망자가 된 그 사람은 문상객들이 뒤돌아 서서 하는 이야기를 듣지 않아야 편하게 저승길을 떠날 것이다. 그 사람은 VIP 장례식장에 잠시 머물다가 최고급 수의를 입고 떠나는 마지막 사치를 누리지만, 그의 죽음을 진심으로 애도하는 사람은 그다지 많지 않다.

 나이 듦과 원숙함이 결합한 사람은 다르다. 에드워드 사이드가 유작으로 남긴 『말년의 양식에 관하여』는 원숙한 노년의 아름다움에 대한 성찰이 담겨 있다. 아도르노가 후기 베토벤 그리그 쇤베르크의 위대함이라고 칭송했던 노년의 길을 따라 걷기 위해, 사이드는 아도르노를 읽었고 모차르트의 오페라 〈코시 판 투테〉를 참조하고 콘서트를 거부하고 레코딩에만 매달렸던 글렌 굴드의 기괴함에 귀 기울였다. 거장들은 인생의 끝에서 소박한 깨달음을 얻는다. 삶의 끝자락에 와 있다는 건, "사회 내에 안착함으로써 얻게 되는 닳은 보상들을 얻기"[28]에는 이미 시간이 넉넉하지 않다는 것이다. 그래서 말년의 거장들은 출세에 집착하지 않고, 지위로 인한 보상에 둔감해진다. 늙을수록 탐욕스러워지고 볼에 심술살이 늘어나는 사람과 달리 나이 들었기에 무르익은 사람은 "늙어 가지만 정신적으로는 민첩한, 그리고 금욕적인 평온함이나 향기로운 원숙함"[29]을 보여 준다. 심술살이 늘어진 늙은이의 얼굴에선 지위로도 돈으로도 감출 수 없는 경박함이 보이지만, 원로의 주름살에선 추함이 아니라 원숙함이 보인다.

어느 날 세월이 얼굴에 남긴 흔적인 주름을 발견했다. 소스라치게 놀랐고, 그날 이전까지는 생각하지도 못할 거금을 들여 주름 개선에 좋다는 로션을 샀다. 늘 무시했는데 그날만큼은 잃어버린 젊음을 되찾게 해 준다는 피부과의 광고마저 매혹적이었다. 그 로션을 열심히 바르며 가는 세월의 흔적이 감춰지기를 기대했지만, 로션이 바닥을 드러냈을 때 가능하지 않은 일에 기대를 걸었기에 대가로 돌아오는 헛헛함이 마음속에서 고개를 쳐들었다. 다행히 로션 병의 바닥에서 사이드가 발견한 원숙한 노년의 아름다움이라는 이미지와 만난 것은 행운이었다.

항상 젊을 수는 없다. 영원히 살 수도 없다. 나이 듦과 죽음은 피할 수 없는 인간의 운명이다. 우리는 살면서 매우 짧은 시간만 젊음을 누릴 수 있도록 허락받았다. 인생에선 젊지 않은 시절이 더 길다. 그렇기에 젊음의 사멸을 유예하려는 애달픈 시도보다 원숙한 노년에 대한 준비가 더 현명할지도 모른다. 우리는 매일 인생의 젊은 날들과 이별한다. 그리고 과거라는 이름의 지나온 날에 비해 미래라는 다가올 날의 길이가 짧아지는 순간이 생각보다 빠른 속도로 다가온다. 인생의 추분점에 도달했지만, 인생의 하지夏至만을 그리워하며 지난 세월을 되돌리려는 노스탤지어의 가련한 몸짓은 허무함만을 남긴다. 모든 노인이 추하지는 않다. 나이 듦의 가능성을 알지 못하고, 허무함을 달래기 위해 돈과 지위 자랑질에 몸을 내맡긴 노인은 추하다. 하지만 어떤 노인은 아름답다. 얼굴의 주름이 아니라 지혜가 먼저 보이는 사람이 있다면 바로 삶의 리얼리티와 용감하게 대면하며 좋은 삶을 위한 공격과 방어의 기술을 익혔기 때문일 것이다. 원숙한 노인의 얼굴은 인생의 동지 冬至 에서도 달빛 아래 오히려 더 아름답게 빛날 것이다.

| 에필로그 |

사회로부터 고립당할 위험에 처한 사회학자의 고백

Thst's a concrete cold fact!

시장은 범죄율을 숨기고 여자 의원은 주저하고
사람들은 분노했지만, 정작 투표일을 까먹고
일기 예보관은 맑은 날을 예고했는데 비가 온다고 투덜대고
모두가 저항하고 있는데, 남자친구는 다른 사람들처럼 그러지 말라 하고
쓰레기 치우는 사람은 없고, 여자들도 보호받지 못하고
정치인들은 이용당하는 사람들을 써먹고
오염된 강물처럼 마피아 세력은 커져만 가고
당신은 이게 현실이라 내게 말하고
아침에 일어났을 때 머리는 지끈거리고
침대에서 흘러나오며 내던졌던 옷들을 끼어 입고
창을 열고 뉴스를 들어도 지배층들의 블루스만 들을 수 있을 뿐이고
총은 불티나게 팔리고, 주부들은 삶이 따분하고
이혼만이 해법이고, 흡연은 암을 유발하고
열 받아 있는 젊은이들의 노래 속에서 이 따위 체제는 곧 망해야 하고
이 모든 것이 구체적인 냉혹한 사실일 뿐이고

— 로드리게스, "이것은 노래가 아니고 분노야", 〈콜드 팩트〉 앨범 중에서

유대인의 율법서 『탈무드』에 따르면 "한 생명을 구한 자는 전 세계를 구한 것과 같고, 한 생명을 파괴하는 자는 전 세계를 파괴하는 것과 같다"고 한다. 논리적으로만 따져보면 이 경구는 비약도 매우 심하고, 한 가지 사례를 침소봉대하는 과장이라는 비난을 피할 길이 없다. 현실은 이 경구가 사실이라고 증명해 주지 않는다. 이 경구의 엄숙한 경고와 달리 현실에서는 한 생명이 사라져도 세계가 멸망하지 않는다. 아니 때로 무수히 많은 사람들이 동일한 이유로 세계의 이곳저곳에서 반복적으로 사라져도, 세계는 기억조차 하지 못한다. 이 경구가 현실 속에서는 아무런 힘을 발휘하고 있지 못함을, 삶의 경험을 통해 깨우친 사람들은 억울하게 죽은 희생자와 동시대에 살고 있어도 그 죽음이 작은 사례에 불과하다고 마음 편하게 생각한다. 이 경구가 논리적으로 과장이라는 이유로 무시될수록 우리가 살고 있는 세상의 야만성은 독버섯처럼 자란다. 이 야만적인 세계에서 우리 이름 없는 무명씨들은 언제나 존재 파괴의 위험에 노출되어 있다. 무명씨들의 삶은 이렇게 흘러간다.

한때 진보라는 변화가 무명씨들의 존재를 보호해줄 수 있으리라는 믿음이 팽배했던 때가 있었다. 진보라는 단어에서 무명씨들은 자신이 세계의 억울한 희생자로 전락하지 않는 순간을 대타게 기다리기도 했다. 자신이 진보의 시간을 앞당기는 행위자가 되기에 용기든 결단이든 부족하다고 느낄 때는, 자신을 대변하는 영웅이 도래하여 난세를 구원하는 순간을 염원하기도 했다. 하지만 사회가 언젠가는 더 나아질 것이며 종국에 선은 승리하고 악은 패배한다는 진보에 대한 믿음 자체가 사라진 시대와 대면했을 때, 무명씨들은 위안에서 마지막 비상구를 찾는다. 더 나은 미래가 도래하리라는 믿음의 상실로 발생한 우울증을 앓고 있는 사람에겐 따뜻한 위로가 그 어떤 명약보다 효과가 있는 법이다. 비록 플라시보 효과에 불과하더라도.

    모두가 위안을 찾는 시대에 나 홀로 냉혹한 리얼리티를 들먹이는 사람은 자칫 고립의 위험에 빠지기 쉽다. 진보라는 믿음을 상실한 사람은 우리가 살고 있는 시대가 야만적임을 그대로 드러내는 비탄의 소리로 가득 찬 다큐멘터리보다는, 우리를 괴롭히는 문제를 잠시라도 잊을 수 있는 위안을 느끼게 해주는 판타지 영화를 더 선호하는 법이다. 사회학자는 판타지 영화 제작자보다는 알고 싶지 않은 냉혹한 리얼리티를 그대로 제시하는 다큐멘터리 제작자에 가깝다. 지금 그 사회학자는 '상실의 시대' 이후에 찾아온 '위로의 시대'에 철저하게 고립되어 있는 존재로 전락해 있다.

―

2013년 경기도 안산시 대부도에 있는 경기창작센터의 레지던시에서 연구년 기간을 보낼 수 있었다. 그때 경기창작센터는 주민들을 청중으로 초청하여 진행하는 강의를 마련했다. 나름 준비를 했지만, 막상 강의가 시작되었을 때 평생 한번도 느껴보지 못했던 당혹감에 휩싸였다. 청중은 단어 그대로 '주민'들이었다. 언뜻 훑어봐도 강의를 하겠다고 앞에 서 있는 사회학자보다 모두가 세상 경험이 풍부한 분들이었다. 족히 팔순은 넘어 보이는 할아버지 앞에서 세상에 관해 이야기를 해야 하는 상황에 직면하여 사회학자의 혀는 머뭇거렸다. 사회학은 누구나 살고 있는 사회를 설명하는 학문인데, 그 학문의 중심에 서 있는 사회학자가 아카데미를 벗어나 세속의 현장에 서 있을 때 느꼈던 당혹감은 대체 어디에서 기인한 것일까?

학자는 연구자로서 책을 깊이 읽도록 훈련받았다. 책을 깊이 읽고 책을 통해 세계를 설명하도록 훈련받은 학자는 장점과 약점을 동시에 지니고 있다. 연구자는 전지전능하지 않다. 그들은 깊게 책을 읽을 줄 알지만, 깊게 읽을 수 있는 범위가 너무나 협소한 이른바 '전문가 바보'가 되기 쉽다. 바보-전문가들이 만들어 낸 지식은 삶과의 구체적 연관성을 상실하기 쉽다. 아카데미라는 성소에 안주하던 사회학자는 대부도 주민들 앞에서 자신이 세상과 사람과의 공통감각을 상실한 완전히 고립된 존재에 불과함을 철저하게 깨달았다.

사회는 두 가지 세계로 분열되어 있다. 한 세계는 평범한 사람들이 삶을 살아가는 '세상으로서의 사회'이다. 또 다른 세계는 학자들의 폐쇄적인 아카데미로 구성되어 있는 '세계로서의 사회'이다. '세상으로서의 사회'에 살고 있는 사람들과 '세계로서의 사회'에 살고 있는 사회학자는 각자의 세계에 분리된 채 살고 있다. 각각의 세계에서 그들은 서로 알아 듣기 힘든 각자의 언어를 사용하고 있다.

'모스키토 음'이라는 게 있다. 주파수의 특성 때문에 특정한 연령대의 사람들만 감지할 수 있다고 알려진 소리이다. '세상으로서의 사회'에 가득 찬 모스키토 음은 '세계로서의 사회'에서는 들리지 않는다. 아카데미에 고립되어 있는 사회학자는 세상 사람들이 모스키토 음으로 서로 주고받는 '세상으로서의 사회'의 세상물정에 관한 이야기를 들을 수 없다. 세상 사람들은 모스키토 음을 사용해서 사회학자가 들으면 어이없고 불편한 이야기들을 나누고 있을지도 모른다. 혹 그들은 묻고 있지 않을까? "왜 사회학자들이 해석하는 세계와 내가 경험한 세상은 어긋날까?" "사회학자가 매우 중요하다고 강조하는 저 이론을 내가 안다고 나의 삶이 바뀌는가?" 세상 사람들이 모스키토 음으로 서로 나누는 대화 중에서 사회학자에게 가장 결정적인 비수처럼 다가오는 이야기는 이것이다. "사회학자는 나보다 세상물정을 알지 못해!"

'세상으로서의 사회'에 대해 늘어놓는 주정과는 구별되는, '세계로서의 사회'에 대한 냉정하고 체계적인 해석을 우리는 이론이라 부른다. 세상에 대한 생생한 체험과 세상에 대한 분노를 담고 있지만 당사자의 입장에 너무 깊숙이 빠진 나머지 중심을 잃고 휘청거리는 술주정과 달리 이론은 매우 차분하고 전문적이다. 이론은 분명 술자리에서의 세상 한탄이 놓치고 있는 섬세한 결을 포착하고, 그 결에 체계를 부여할 수 있다. 하지만 그 이론은 진공 속에서 탄생하지 않는다. 이론은 대기권 밖 우주를 표류하는 물체가 아니다. 사회를 그리고 우리가 살고 있는 세계를 설명하는 이론은 그 어떤 것보다 강력하게 중력의 법칙을 따른다. 따라서 '세상으로서의 사회'와 '세계로서의 사회' 사이에는 중력의 법칙이 작용해야 한다. 하지만 사회학자는 중력의 법칙을 거스르며 사회와 세계에 관한 체계적 설명이라는 이론을 대기권 밖으로 몰아내기도 한다.

너무나 잘 알려진 데카르트의 제1명제 "코기토 에르고 줌Cogito, ergo sum"은 흔히 "나는 생각한다, 고로 존재한다"라고 번역된다. 사회학은 이 명제를 "내가 생각한다, 고로 존재한다"로 읽으면서 출현한 대표적 근대적 학문이다. 사회학적 정신은 감히 인간이 신을 대신하여 세계의 리얼리티를 스스로 해석하려 했던 도전으로부터 출발한다. 하지만 사회학이라는 학문이 전문화된 분과학문으로 한국에 수입되면서, 신을 대신해 감히 인간이 자기가 살고 있는 사회를 설명한다는 사회학적 정신은 사라졌다. "내가 생각한다"는 정신과 결합하지 못한 채, 책을 통해 수입된 이론은 '세상으로서의 사회'와 '세계로서의 사회' 사이를 중재할 능력을 상실했다. 그 결과 사회이론은 세상을 사는 사람들의 삶의 느낌과는 유리된 자폐적인 존재로 전락했다.

그곳에만 있다는 원본을 찾아 유학을 떠났을 때 나는 학생이었다. 학위를 받고 돌아왔을 때 더 이상 학생에 머무르면 안 되고 독립한 지적 장인이 되어야 했다. 지적 장인은 자격증을 지닌 사람이 아니라 "내가 생각"하는 사람이어야 했다. 하지만 지적 장인이 되라는 일종의 허가증이자 명령서인 박사학위증을 받고도 내가 아닌 다른 사람의 생각을 경청하고 암기하고 반복하는 학생의 지위를 고집했다. 한번 익힌 습관은 쉽게 변하지 않는다. 나는 심지어 교수가 된 이후에도 강단에서만 가르치는 교수이지, 연구실에선 학생의 위치를 포기하지 않았다. 학생의 위치를 이처럼 오랫동안 유지한다는 것이 지위를 얻고도 식지 않은 탐구욕의 반영이라면 좋겠지만 학생 지위의 지연은 이런 겸허함이 아니라 우리 몸에 밴 공부를 하는 오래된 습관 때문이다. 공부는 학위를 받기 위한 수단이고, 교수로서의 권위를 유지하기 위해 지식이 알리바이로 사용된다. 공부가 출세를 위한 수단에 불과한 이상, 단 하나의 정답을 놓고 서로 경쟁하는 풍토에서만 공부를 한 이상, 우리의 공부는 학부생이든 교수든 막론하고 훈고학적 주석 달기의 틀을 벗어나지 못한다. 나는 책 속에서는 생각했지만, 세속 속에서 "내가 생각"하지는 못했다. 어느새 책이 없으면 생각하지 못하는 존재로 전락해 있던 것이다.

우리에게 익숙한 책 읽기 방법은 퀴즈 대회에 나가는 사람들의 준비와 별반 다르지 않다. 사상가의 이름과 그 사상가의 대표 저작을 연결하기, 그리고 그 대표 저작에 담겨 있는 핵심적인 테제를 암기하기 위해 책을 읽었다. 그렇게 대학에서 책 읽는 방법을 배웠고, 대학을 졸업하고 독립된 학자로서 세상에 발을 디뎠음에도 나 또한 그런 퀴즈 방식의 독서법에서 오랫동안 벗어나지 못했다. 전문적인 학자들이 쓴 논문이나 책도 그런 범주 속에 여전히 갇혀 있기 마련이다. 우리에게 책을 읽는다는 것은 고전에 대한 훈고학, 유명 사상가에 대한 해설에 다름 아니다. 이런 방식으로 책을 읽는 한, 예전의 남산골 샌님의 훈고학적 책 읽기나 고시생의 책 읽기와 전문적 학자들의 책 읽기가 별반 서로 다르지 않다.

성리학적 근본주의가 지배하던 시절 우리는 오랫동안 중국의 고전을 읽는 동방의 모범생이었다. 훈민정음을 발명하고도 훈민정음으로 쓰여진 글은 고작 왕권을 찬양하는 『용비어천가』와 규방문학에 불과했을 뿐, 우리의 말은 우리의 생각을 담는 도구가 되지 못했다. 성리학 근본주의가 식민화에 의해 힘을 잃었을 때, 우리는 우리의 생각을 가질 수 있는 권리조차 박탈당했다. 식민 지배란 그렇게 가혹한 것이다. 해방 이후 독립국으로 비로소 우리의 생각을 우리 글에 담을 수 있는 권리를 획득했을 때, 이제 막 학문의 언어로 시민권을 얻은 한국어는 서양 텍스트에 주석을 다는 언어로 전락했다. 단지 차이는 모범생의 텍스트가 동양 고전에서 서양 고전으로 바뀌었을 뿐, 책을 읽는 방법에 관한 한 '모범생'의 책 읽기에서 벗어나지 못했다.

모범생은 "밑줄 쫙!"에 능하다. 모범생은 퀴즈에 단골로 출제될 예상 문제를 잘 정리한다. 그래서 모범생은 높은 점수를 받을 수 있다. 하지만 우리는 모범생에게서 삶에 대한 성찰의 깊이 따위는 기대할 수 없다. 모범생은 책 읽는 기계, 암기하는 기계에 가깝다. 기계의 책 읽기는 즐거움 따위와는 거리가 멀다. 기계의 암기하는 책 읽기는 합격이나 취업 같은 실용적인 목적과 결합될 때, 그 합격의 영광의 순간을 위해 억지로 참아내는 과정이지, 독서의 즐거움이나 깨달음의 황홀함과는 거리가 멀다. 스스로 생각하지 못하고 책을 통해서만 생각할 수 있는 모범생은 '세계로서의 사회' 속에서 전문가 대접을 받을 수 있지만, '세상으로서의 사회'에서는 애송이일 뿐이다. 동네 할아버지 청중 앞에서 사회학자가 느꼈던 당혹감은 '세계로서의 사회'

와 '세상으로서의 사회' 사이에 중력의 법칙이 작용하지 않는 한 불가피했던 것이다.

―

사회학은 개인에 대한 언급이 전체에 대한 언급과 조우할 때 경이로운 학문이 된다. 거대 조직에 대한 사회학 언설이 전문가의 지식이라면, 개인과 전체가 조우하는 그 순간 사회학적 경이라는 빛나는 순간이 잠시 반짝인다. 한 사람의 삶을 설명할 수 없다면, 그 사람들이 모여 있는 사회도 설명될 수 없는 것이다. 그것이 사회학의 운명이며, 한 사람의 삶에 대한 설명(자전)을 통해 사회를 비로소 설명할 수 있을 때 사회학은 감동적일 수 있다. '세상으로서의 사회'와 '세계로서의 사회'가 조우할 때 스파크처럼 발생하는 공감으로 인한 감동을 빚어내지 못한다면 사회학은 그저 여러 가지 분과학문 중의 하나일 뿐이다. 감동을 빚어내지 못하는 사회학은 자신의 존재 이유를 제시하지 못한다. 그 황홀한 순간은 사회학자가 세속으로 걸어 들어갈 때 비로소 열릴 것이다. 아니 이미 언제나 사회학자는 세속의 존재였다. 단지 자신이 세속의 존재였음을 깨닫고 있지 못했을 뿐이다.

　세속에선 특정 이론의 권위보다, 그 권위 있다는 이론에 대한 해설보다 더 중요한 문제가 부각된다. 바로 평범한 사람들의 고민 덩어리이다. 그 고민 덩어리는 어느 이론에 대한 해석과 해설보다 긴급하고 중요하다. 사회학자가 세상으로부터 고립되어 있는 위치에서 벗어나기 위해서는, 사회학이 사회 이론에 대한 해설의 지위가 아니라 세속을 영위하는 삶의 문제에 대한 탐색의 지위로 옮겨가야 한다. 그럼으로써 사회학자는 '세계로서의 사회'와 '세상으로서의 사회'를 연결하는 중재자 헤르메스가 되어야 한다. 하지만 사회학자는 두 세계를 중재하되, 위안을 주는 따뜻한 언어만을 일삼지 않는다. 오히려 그는 '세상으로서의 사회'에 살고 있는 자전적 전문가들이 구축한 상식의 세계에 '콜드 팩트Cold Fact'라는 냉정한 자극을 주는 중개자로 모습을 드러낸다.

상처받은 사람들을 감싸 안는 힐링과 따뜻한 카운슬링은 분명 쓸모 있다. 하지만 치유의 순간적 효과는 우리를 결국 중독으로 이끈다. 치유되었다고 느끼는 순간은 오래 가지 못한다. 치유는 휘발성이 강하다. 마약 중독자가 호기심으로 시작한 마약에서 결국 헤어 나오지 못하듯 힐링에 중독된 사람은 타인에 의한 끊임없는 힐링의 대상으로 전락하고 만다. 그는 순간 힐링될지 몰라도 결국 고통의 중심인 자신을 자신의 모습 그대로 볼 수 있는 기회를 잃어버린다. 타인에 의존해 달성한 힐링은 고통을 가리는 위장막에 가깝다.

사회학이 상처 받은 사람에게 들이대는 '콜드 팩트'는 고통스럽다. '콜드 팩트'로 충격을 가하는 사회학은 〈콜드 팩트Cold Fact〉라는 저주 받은 걸작 앨범을 내 놓은 전설적인 무명가수 로드리게스Sixto Diaz Rodriguez의 운명과 비슷하기도 하다. 상처받은 사람들이 거리에 넘쳐 나는 시대, 그들이 위안을 받고자 서점에 들렸을 때 그들의 손길은 당연히 '콜드 팩트'의 충격을 주는 사회학보다는 위안의 말로 가득 찬 책에 닿을 것이다.

'콜드 팩트'와 마주했을 때 발생할 고통을 회피하려는 사람들이 모르고 있고, 고통을 치유해 준다고 나서는 사람들이 침묵하고 있는 사실이 하나 있다. 당신의 고통은 당신 탓이 아니라는 점이다. 대부분의 경우 우리가 세상에서 느끼는 고통에 당신은 책임이 없다. 모습을 드러내지 않은 채 당신 마음 속의 고통을 끝없이 만들어 내는 어떤 존재가 있다. 그 어떤 존재를 우리는 '콜드 팩트'라 부를 수 있다. 그렇기에 상처받은 삶은 상처받은 사회를 치유하지 않은 채 치유될 수 없다. 이 명확한 사실을 인정하지 않는 이상, 혹은 마치 상처받은 사회가 치유되지 않아도 개인의 상처가 치유될 수 있다고 주장하거나, 우리가 좋은 사회 속에 살고 있지 않아도 개인이 좋은 삶을 살 수 있다고 말한다면, 그 권유는 성공할 수 있다는 근거 없는 긍정성으로 뒤범벅된 자기계발서만큼이나 거짓말에 가깝다.

나의 불행의 근원이 모두 기구한 팔자 때문이라고 믿게 만드는 환등상의 불을 끄고 그 어둠 속에서 세속의 리얼리티와 마주칠 때 그리고 '콜드 팩트'를 찾아낼 때 우리는 비로소 힐링의 대상은 나의 마음이 아니라 각자가 살고 있는 사회임을 깨닫게 된다. '세상물정의 사회학'은 죄가 없는 개인들이 죄가 많은 사회에게 불만을 말하는 애처로운 시도이다. 모두가 리얼리티에서 눈을 돌리고 위안을 찾기 위해 위안의 노래만을 듣는 시대에 사회학자는 '콜드 팩트'를 혼자 부르고 있다. 그 외로운 노래가 합창이 될 때, 상처받은 사회는 비로소 자기 치유의 길을 발견하게 될 것이다.

| 키워드로 책 읽기 |

| 1부 세속이라는 리얼리티 |

상식

**안토니오 그람시(Antonio Gramsci, 1891~1937)와
『옥중수고』(거름, 1993)와 『감옥에서 보낸 편지』(민음사, 2000)**

어떤 사상가들은 불우한 전기적 배경 때문에 관심과 연민의 대상이 되기도 한다. 그람시도 그런 경우에 속한다. 꼽추라는 신체적 장애와 사회주의자라는 기묘한 결합, 오랜 감옥 생활과 이로 인한 단명, "지성의 비관주의와 의지의 낙관주의"라는 자주 인용되는 너무나 멋진 글귀, "이 사람의 두뇌를 20년 동안 정지시켜야 한다"고 판사가 말했다는 재판의 에피소드 등은 그람시에 대한 신화를 만들기에 충분한 조건들이다.

하지만 그람시는 연민의 대상으로만 보기에는 마르크스주의 이론의 발전에 뚜렷한 족적을 남긴 사상가이다. 사회주의 혁명은 불가피하다는 믿음에서 출발한 레닌과 달리, "왜 사회주의 혁명은 일어나지 않았는가?"라는 질문에서 출발한 그람시의 고민은 폭력이 아닌 동의에 기반을 둔 지배의 유형인 '헤게모니'라는 개념을 우리에게 남겼다. 감옥에서 남긴 노트를 바탕으로 그람시 사후 출간된 『옥중수고』는 사상가로서의 그람시를 만날 수 있는 입구이다. 하지만 그람시는 냉혹한 사상가만은 아니었다. 그의 마르크스주의는 삶에 대한 성찰과 깊게 연결되어 있다. 『옥중수고』에서 그람시가 마르크스주의 이론을 발전시키는 사상가의 모습으

로 등장한다면, 감옥에서 가족들에게 보낸 편지를 모아 편집한 『감옥에서 보낸 편지』에서는 사상과 삶에 대한 모습을 결합시키는 구체적인 인간 그람시를 만날 수 있다.

신영복(1941~)과 『감옥으로부터의 사색』(돌베개, 1998)

신영복은 1968년 통일혁명당 사건으로 구속되어 무기징역을 선고받았다. 20년 동안 수감 생활을 하다가 1988년에 특별가석방으로 출소했다. 수감 중 지인들에게 보낸 서신이 『감옥으로부터의 사색』이라는 책으로 묶여 출간되었다. 신영복체로 알려진 독특한 글씨체로도 유명하다. 신영복은 그의 사상 때문에 감옥에 갇혔지만, 감옥은 오히려 그의 사상을 발전시켜 주었다. 감옥에서 신영복은 책으로 읽는 현대사가 아니라 삶 자체가 한국 현대사인 비전향 장기수들과의 만남을 통해 "피가 통하고 숨결이 이는 화석"과 같은 역사 체험을 하게 되었고, 그로 인해 삶에서 출발하는 사상을 발전시킬 수 있는 계기가 되었다. 신영복은 역사 속에서 자신의 삶을 읽었다. 그리고 그것을 편지로 남겼고, 그 편지는 『감옥으로부터의 사색』이라는 책이 되어 우리에게 전해진다.

명품

소스타인 베블런(Thorstein Veblen, 1857~1929)과 『유한계급론』(우물이있는집, 2005)

1899년에 출간된 『유한계급론』은 미국의 사회학자이자 경제학자인 베블런의 대표적인 저작이다. 『유한계급론』은 그 당시 미국 사회에 대한 베블런의 사회학적 반응을 담고 있다. 남북전쟁이 끝난 지 반세기 만에 미국은 세계 제일의 공업대국으로 성장했다. 짧은 시간 동안 주체할 수 없을 정도로 많은 돈을 번 졸부들이 등장하면서, 신흥 부자들은 자신의 부를 과시하기 위해 노력했다. 그들은 호화 연회를 열어 자신의 부를 자랑했고, 부를 외부에 전시하기 위해 호화 주택을 건립했다. 그리고 호화 주택의 실내를 장식할 미술품을 사기 위해 유럽의 기술관을 탐방했고, 딸을 유럽 귀족의 아들과 결혼시켜 축적한 부의 완성을 과시하려고 했다. 『유한계급론』은 바로 이러한 신흥 부자들이 돈의 과시를 위해 벌이는 갖가지 기행에 대한 도덕적 비난으로 가득 차 있다. 벤저민 프랭클린이 대표하는 성실과 근면절약이라는 자본주의 정신과는 거리가 먼 사치의 정신에 포획당해 있는 신흥 부자에 대한 풍자가 『유한계급론』을 관통한다. 신흥 부자에게서 시작되어 중산층까지도 영향을 받기 시작한, 프로테스탄티즘의 나라를 정복한 과시적 소비에 대한 베블런의 조롱은 자본주의가 존속하는 한, 자본주의의 승자와 패자가 분리되는 한, 모든 나라의 현재를 담고 있는 책으로 남을 것이다.

나카무라 우사기(中村うさぎ, 1958~)와 『나는 명품이 좋다』(사과나무, 2002)

물론 사상가는 아니다. 카피라이터와 잡지 편집자로 일하면서 번 돈을 명품 구입에 쏟아붓는 이른바 된장녀 쇼핑 중독자이다. 하지만 나카무라 우사기는 자신의 명품 중독을 어떠한 포장도 없이 그대로 털어놓는다. 명품에 목숨을 거는 자신의 행위를 그럴싸하게 만들어줄 수 있는 어떤 구실도 내세우지 않고, 명품에 중독되어 있는 자신의 내면의 민낯을 그대로 보여 준다. 그렇기에 나카무라 우사기가 책에서 풀어놓는 명품의 유혹에 관한 이야기는 마르크스의 『자본』의 일부분을 읽기 쉽게 리라이팅한 것이 아닐까 하는 생각이 들 정도로, 우리를 포획하고 있는 자본주의의 상품 유혹을 일상의 언어로 그려 내고 있다.

프랜차이즈

조지 리처(George Ritzer, 1940~)와 『맥도날드 그리고 맥도날드화』(시유시, 2003)

조지 리처는 현대 사회 이론과 소비주의에 관한 연구로 국제적 명성을 얻은 미국의 학자이다. 1940년 뉴욕에서 태어났고, 현재 메릴랜드대학의 교수로 재직하고 있다. 『맥도날드 그리고 맥도날드화』는 그에게 국제적 명성을 가져다준 세계적 베스트셀러이다. 1993년에 초판이 출판된 이후 지속적으로 개정증보판이 발간되었으며, 2012년에는 발간 20주년 기념판이 출간되기도 했다. '맥도날드화'라는 핵심 아이디어는 새로운 판에 추가된 풍부한 사례를 통해 더욱 설득력을 더해 가고 있다.

패스트푸드의 대명사 맥도날드의 매장 수는 2011년 현재 전 세계에 무려 3만 2737개에 달한다. 맥도날드는 지역의 문화적 차이를 무색하게 만든다. 기독교 국가에도 불교 국가에도 이슬람 국가에도 맥도날드가 있고, 전 세계의 사람들이 표준화된 햄버거를 먹고 있다. 맥도날드화에 관한 한 한국도 예외가 아니다. 2010년 경제총조사에 의하면 전국의 음식점과 술집의 14.6퍼센트가 프랜차이즈 가맹점이다. 빵집과 피자집, 치킨집의 7.9퍼센트가 프랜차이즈화되어 있다. 프랜차이즈화는 도시 지역에서 더욱 강하게 나타나는데, 신도시가 대표적인 경우이다. 프랜차이즈화된 빵집, 피자집, 치킨집, 식당과 술집이 연달아 늘어선 거리를 보고 있으면, 우리는 처음으로 방문한 도시에서도 꼭 언젠가 한번 방문했던 것 같은 느낌을 받는다. 마치 다른 나라에 있는 맥도날드에 들어갔을 때, 순간 그곳이 외국이라는 사실을 잊는 것처럼.

해외여행

유길준(1856~1914)과 『서유견문』(서해문집, 2004)

유길준은 최초라는 기록을 많이 갖고 있다. 그는 근대 한국 최초의 일본과 미국 유학생이며, 한국 최초의 신문인 『한성순보』의 발행에 참여했다. 1882년 박영효를 수신사로 하는 사절단이 일본에 파견될 때, 일본으로 건너가 후쿠자와 유키치가 경영하던 게이오기주쿠慶應義塾에 입학했다. 1883년 민영익을 전권대신으로 하는 보빙사 일행이 미국을 방문할 때도 유길준은 거기에 있었다. 미국의 각 기관을 시찰한 후, 유길준은 미국에 계속 남아서 국비로 유학할 수 있는 기회를 얻어 한국인 최초의 미국 유학생이 되었다. 1884년 갑신정변이 일어나자, 1885년 9월

2년간의 미국 유학 생활을 마치고 귀국길에 올랐다.

『서유견문』은 귀국한 유길준이 갑신정변과의 연루 혐의로 한규설의 집에 연금되었을 때, 서양에 대한 자신의 경험을 기록한 책이다. 1890년 『서유견문』이 완성되자, 유길준은 책을 고종에게 바쳤고 비매품으로 출간하여 관원들에게 무상으로 배포했다. 이 책의 상업적 출판은 연금에서 풀려난 유길준이 1894년 갑오개혁 이후 일본에 보빙사의 수행원으로 가게 되는 기회를 얻었을 때, 그의 스승인 후쿠자와 유키치에게 출판을 부탁하면서 이루어졌다. 『서유견문』은 한국이 아니라 일본의 고준샤(交詢社)에서 처음으로 상업적 출판이 이루어졌다.

유길준을 서양으로 인도한 사람도 후쿠자와 유키치였고, 『서유견문』을 상업적으로 출판해 준 사람도 후쿠자와 유키치였다. 유길준에 대한 후쿠자와 유키치의 영향력은 거기에 그치지 않는다. 『서유견문』은 후쿠자와 유키치의 베스트셀러 『서양사정』과 너무나 닮았다. 게다가 책 내용의 상당 부분은 유길준도 스스로 밝히고 있듯이, 자신의 견문록이 아니라 서양이 그렇다는 '카더라 통신'에 의해 지배되고 있다.

혜초(惠超, 704~787)외 『왕오천축국전』(학고재, 2004)

추정컨대 704년에 신라에서 태어난 혜초는 723년 멀고도 먼 구도의 길을 떠났다. 혜초는 바닷길로 동천축에 상륙한 뒤, 불교 성지를 참배하고 중천축과 남천축, 서천축, 분천축의 여러 곳을 두루 다닌 후 대식국(아랍)의 페르시아까지 갔다가 중앙아시아의 몇몇 호국 주위를 지나 파미르 고원을 넘어 돈황을 거쳐 장안으로 돌아왔다. 총 4년에 걸친 여정이다.

돈을 벌러 가는 출장길도 아니고, 돈 버는 일에 지친 심신을 회복하기 위한 휴양 여행도 아닌 구도의 길. 우리에겐 너무나 낯선 길 떠남이다. 하지만 길을 떠나기 전의 혜초와 되돌아온 혜초 사이에는 구도의 길을 떠난 사람만이 알 수 있는 깨달음의 공간이 있을 것이다. 평범한 우리들은 도달해 본 적이 없는 공간이지만, 마음속에 간직된 가장 가고 싶은 여행지이다.

구스타브 르 봉(Gustav Le Bon, 1841~1931)과 『군중심리』(W미디어, 2008)

르 봉의 『군중심리』는 사회심리학의 고전에 속한다. 군중에 대해 관심 있는 사람이라면, 혹은 군중에 관한 책을 읽는 사람이라면 르 봉의 이름을 피해 갈 수 없을 정도이다. 부르주아 가정에서 태어난 의사이자 여행가이며 동시에 미식가였던 르 봉은 부르주아의 관점에서 시대의 경험을 군중이라는 현상의 분석에 적용하는 사상가가 되고 싶어 했다. 르 봉은 실제로 많은 책을 썼으며, 그 시대의 베스트셀러 작가이기도 했다.

르 봉은 산업혁명의 시기, 자본주의로의 본격적 이행기, 프랑스 대혁명 이후 제정과 공화정이 번갈아 교대하던 시기를 살았다. 1789년 프랑스 대혁명과 구질서의 붕괴, 1814년 왕정복고, 1830년 7월 혁명과 1848년 2월 혁명, 1851년 나폴레옹의 쿠데타에 의한 왕정복고, 그리고 1871년 파리 코뮌에서 보여 준 군중이라는 무리는 부르주아 르 봉의 입장에서는 이해할 수 없는 두려움의 대상이었다. 『군중심리』는 부르주아의 관점에서 해석하는 19세기 프랑스의 역사와 부르주아가 왜 군중을 두려워했는지를 파악할 수 있는 통로를 제공한다. 르 봉은 『군중심리』를 부르주아의 시선에서 집필했기 때문에 당연히 그의 시선은 민중적이라기보다 엘리트적이고 심지어 귀족적이기까지 하다.

샤를 보들레르(Charles Baudelaire, 1821~1867)와 『현대적 삶의 화가』

비범한 사람들은 자신의 고유한 전문 분야 이외의 영역에서도 재능을 발휘하곤 한다. 1857년에 발간된 『악의 꽃 Les Fleurs du mal』의 시인으로 알려진 보들레르 역시 그러한 경우에 속한다. 파리의 풍경을 노래한 시인으로 널리 알려졌지만, 보들레르의 활동 영역은 꽤나 넓었다. 보들레르는 그의 시에 많은 영감을 주었던 작가 에드거 앨런 포Edgar Allan Poe, 1809~1849 소설의 번역자였다. 보들레르는 1851년 포의 소설 「군중 속의 남자 The Man of the Croud」를 프랑스어로 옮기면서 도시 속의 관찰자라는 포 특유의 모티프를 물려받았다. "지난 가을, 저녁이 끝나갈 무렵 런던에 있는 D 커피 하우스의 커다란 유리창가"[1]에 앉아 있는 한 남자는 도시 속 익명의 군중을 외양을 통해서 관찰하고 유형을 분류한다. "우선, 나는 피상적으로 한 바퀴 빙 둘러보았다. 사람들의 무리 속으로 지나가는 사람들을 쳐다보았으며, 그 전체 관계에서 그들을 생각했다. 그러다 나는 세부사항으로 내려와 외형, 옷, 태도, 걸음걸이, 얼굴, 그리고 표정 등 수없는 다양성의 세계를 세세한 관심을 갖고 바라보았다."[2] 에드거 앨런 포로부터 물려받은 도시 속의 군중 관찰에 대한 강력한 충동에 사로잡힌 보들레르는 그가 뛰어난 재능을 보여 주었던 미술 비평에서도 이 모티프를 사용하였다.

『현대적 삶의 화가』는 제2제정기(1852~1870) 파리의 풍경을 스케치하며 뛰어난 재능을 보여 주었던 영국 신문 특파원 콩스탕탱 기Constantin Guys, 1802~1892에 대한 비평문으로 보들레르가 1863년에 발표한 글이다. 미술 평론 모음집인 『현대적 삶의 화가』는 두껍지 않은 분량의 책이지만, 그 책에 담긴 가치는 미술비평이라는 영역을 벗어나는 의미를 담고 있다. 보들레르는 콩스탕탱 기의 모습에서 그가 도시의 관찰자 모델로 여겼던 플라뇌르Flâneur, 즉 산책자의 모습을 발견한다. 산책자는 한편으로 에드거 앨런 포에서 물려받은, 도시 속에 숨겨진 비밀을 탐구하는 탐정의 모습이며, 동시에 혐오의 감정을 품고 있으면서도 군중을 떠나지 못하고 그들을 관찰하는 보들레르가 '잠행하는 왕자'라고 표현했던 위치를 지닌 관찰자이다. "새에게 공기가 그리고 물고기에게는 물이 그렇듯이 군중은 그의 영역이다. 그의 정열, 그리고 그의 작업은 대중과 한 몸이 되는 것이다. 완벽한 산책자, 정열적인 관찰자에게 있어서 숫자와 물결치는 것, 움직임, 그리고 사라지는 것과 무한 속에 자신이 거주할 집을 세우는 것은 커다란 기쁨이다. 자신의 집 밖에 있으면서 어디서든지 자신의 집처럼 느끼는 것, 세계를 바라보고 세계의 중심에 있으면서도 세계로부터 숨어 있는 것, 이런 것들이 언어가 어색하게 정의할 수밖에 없는 독립적이고 정열적이며 공정한 정신의 소유자들이 느끼는 최소한의 몇 가지 쾌락들이다. 관찰자는 도처에서 자신의 익명을 즐기는 왕자이다."[3] 보들레르는 군중을 몰래 관찰하는 '잠행하는 왕자'가 되고 싶어 했다. 군중을 떠나지 않으면서도 군중을 무조건적으로 찬양하지도 않고 일방적으로 비난하지도 않는 보들레르는 비록 사회학자라 기록되어 있지는 않지만, 어떤 사회학자보다 사회학적 시선을 지녔다.

가브리엘 타르드(Gabriel Tarde, 1843~1904)와 『여론과 군중』(지도리, 2012)

타르드는 르 봉과 동시대에 살았던 사회학자이다. 하지만 군중에 대한 태도에서 타르드는 르 봉과는 매우 달랐다. 동시대를 살았기에 군중에 관해 논의할 때 르 봉과 타르드가 염두에 둔 군중은 유사했을 것이다. 하지만 르 봉이 우려와 공포 그리고 비하가 범벅이 된 시선으로 군중을 본다면, 타르드는 군중 속에서 '공중'을 발견함으로써 르 봉의 시각에서 벗어나 새로운 가능성을 찾는다.

군중은 물리적 의미로 파악한 인간 집단이다. 사람들이 물리적으로 매우 짙은 농도로 결집되었을 때 군중이라는 단어를 사용한다. 반면 타르드는 물리적 결합집단이 아니라 정신적 결합집단을 발견했고, 그들을 군중이 아니라 공중이라 불렀다. 타르드의 시대는 부르주아 시대를 대표하는 미디어인 신문이 본격적으로 창간되고 보급되던 시기이다. 신문은 지역적 거리의 한계를 뛰어넘어 의견을 중심으로 사람들이 결집할 수 있는 가능성을 열어 놓았다. 물리적 결합집단인 군중이 등장하기 위해서 물리적 결합을 수용할 수 있는 물리적 광장이 필요했다면, 신문은 의견을 중심으로 사람들을 결합시킬 수 있는 가능성을 제공했다. 의견을 중심으로 결합되는 사람의 집단은 물리적 광장을 반드시 요구하지는 않는다. 신문이라는 미디어가 물리적 결합집단인 군중이 등장하는 물리적 광장을 대체하는 터전이 될 수 있는 것이다. 타르드가 주목한 공중은 이렇게 탄생했다. 타르드가 주목한 공중은 가스통을 들고 광장에 집결한 '어버이연합'과는 달리, 우리 시대에는 SNS라는 가상의 광장을 사용하고 있다.

위르겐 하버마스(Jürgen Habermas, 1929~)와 『공론장의 구조변동』(나남, 2001)

『공론장의 구조변동』은 교수자격청구논문을 수정·보완하여 1961년에 출간한 하버마스의 초기 저작이지만, 현재까지 꾸준히 읽히고 있는 스테디셀러이기도 하다. 『공론장의 구조변동』이 현대의 고전 반열에 오를 수 있었던 가장 중요한 이유는 이 책의 핵심 주제인 '공론장', '공공영역'과 '여론' 개념이 우리가 살고 있는 사회의 현실성 있는 이슈로 남아 있기 때문이다.

부르주아 혁명은 밀실에 갇혀 있고 공개되지 않았던 의견의 형성 과정이 광장에서 펼쳐질 때 가능했다. 공론장은 다수의 개인들이 자신의 의견을 공개적으로 주장하고, 그 의견들이 공적 논증과 논의를 통해 여론으로 수렴되는 토의민주주의deliberative democracy의 현장이다. 하버마스는 『공론장의 구조변동』에서 근대 부르주아 사회의 출현 과정에서 부르주아 공론장이 수행한 반反봉건적이면서 혁명적인 역할을 분석하고, 이 부르주아 공론장이 상업화에 의해 등장하는 언론권력에 의해 왜곡되는 '구조변동'을 묘사하고 있다. 부르주아 공론장을 분석하는 앞부분은 밝고 긍정적이지만, 언론권력에 의해 공론장이 왜곡되는 과정을 분석하는 후반부는 어둡다. 『공론장의 구조변동』은 장조에서 단조로 끝나는 우리 사회의 여론을 테마로 한 음악과도 같다.

노엄 촘스키(Noam Chomsky, 1928~)·에드워드 허먼(Edward S. Herman, 1925~)과 『여론조작』(에코리브르, 2006)

노엄 촘스키는 변형생성문법 이론을 창시한 언어학자이자 동시에 미국의 폐부를 비판하는 지식인으로 명성이 높다. 그 노엄 촘스키가 에드워드 허먼과 함께 『여론조작』을 썼다. 어두운 책이다. 『여론조작』은 전혀 망설임 없이 언론에 대해 우리가 갖고 있는 신화를 첫 페이지부터 해체한다.

언론이 사실을 객관적으로 보도할 것이라는 우리의 믿음을 산산조각내면서,

『여론조작』은 『뉴욕 타임스』, 『타임』, 『워싱턴 포스트』, CBS, NBC 같은 미국의 주류 언론 미디어들이 인도차이나전쟁과 라틴아메리카 선거 등을 보도하는 과정에 메스를 들이대며, 언론이 사실이 아니라 언론을 통제하고 자금을 지원하는 사회의 이익집단을 위해 봉사하고 있음을 드러낸다. 촘스키와 허먼은 사실을 객관적으로 보도하지 않고, 이익집단을 대표하는 사람의 편에서 노골적으로 사실을 왜곡하는 언론권력의 행태를 '선전모델'이라 부른다. 『여론조작』은 미국의 언론권력을 비판하는 책이지만, 읽다 보면 한국의 언론권력을 분석하고 있는 게 아닐까 하는 생각이 들 정도로 언론권력이 지배하면서 벌어지는 일들은 보편적이다.

기억

**발터 벤야민(Walter Benjamin, 1892~1940)과
「역사의 개념에 대하여」(『발터 벤야민 선집 5』, 길, 2008)**

'역사철학테제'라는 이름으로도 잘 알려져 있는 「역사의 개념에 대하여」는 벤야민이 남긴 마지막 글이다. 1940년 1월에 쓰인 이 글은 매우 짧은 단편이지만, 마르크스의 「공산당선언」이나 「포이어바흐에 관한 테제」처럼 압축적으로 표현되어 있는 구절들을 풀어내면 거의 책 한 권의 내용이 튀어나올 정도로 풍부한 내용을 담고 있다. 벤야민의 핵심 키워드는 기억이다. 기억이라는 키워드를 통해 벤야민은 역사에 대한 우리 사유의 관습에 담긴 한계를 지적한다. 공식 역사 서술이 무시하거나 놓치고 있는 구원이라는 문제에 주목하는 벤야민은 이 글에서 새로운 천사의 모습으로 등장한다. 클레의 그림 〈새로운 천사〉를 매우 좋아했던 벤야민은 그림 속의 새로운 천사에 감정이입하여 공식 기록된 역사의 공허함에 진정한 기억과 구원이라는 문제틀로 도전한다.

서경식(1951~)과 『사라지지 않는 사람들』(돌베개, 2007)

재일 조선인 2세 학자인 서경식의 사상 뒤에는 재일 조선인이라는 특별한 사정과 가족사가 숨어 있다. 그의 형은 리쓰메이칸대학 교수인 서승과 인권운동가인 서준식이다. 1971년 서경식의 두 형은 한국의 군사정권에 의해 정치범으로 체포되었고, 그사이 부모님도 세상을 떠났다.

이런 가족적 비극의 비애감을 서경식은 자신의 가족을 넘어서서 절멸된 사람들에 대한 연민으로 승화시킨다. 연민은 망각에 의해 2차 죽음의 위협에 처해 있는 사람들에 대한 집요한 기억 작업으로 이어진다. 『사라지지 않는 사람들』은 그 기억 작업의 결과물이며, 이 책을 관통하는 것은 윤리적 의무감이다. 『사라지지 않는 사람들』이라는 책의 존재 이유를 서경식은 이렇게 설명했다. "팔레스타인 난민인 영화감독 미셸 클레이피는 '노스탤지어는 우리에게 하나의 무기다'라고 나에게 말한 적이 있다. 이때의 '노스탤지어'는 회고 취미와는 근본적으로 다르다. 권력자나 강자는 '시간의 흐름을 거스르지 말라'라는 틀에 박힌 말로 자신의 정당하지 않은 행위를 감추고, 부당한 권익을 기정사실화하려 한다. '노스탤지어'란 그것을 절대 용납하지 않는 정신을 가리킨다. 그것이 내가 이 책을 쓴 동기이기도 하다."[4] 『사라지지 않는 사람들』의 존재 이유를 이보다 어찌 설득력 있게 표현할 수 있겠는가?

불안

울리히 벡(Ulrich Beck, 1944~)과 『위험사회』(새물결, 1997)

고전 사회학자들이 전통 사회에서 근대 사회로의 이행을 설명하여 모더니티를 해명하는 데 관심을 기울였다면, 벡은 후기 근대 사회의 성격 규명에 이론적 초점을 맞추었다. 벡은 근대를 두 개의 과정으로 분리한다. 1차 근대는 농업사회에서 산업사회로 이행하는 산업사회적 근대를 말한다. 1차 근대는 자연과학적 연구 성과에 기반을 둔 기술적 진보를 통해서 이루어졌으며, 그랬기에 기술적 진보에 대한 낙관이 특징이다. 1차 근대 이후의 근대는 기술적 진보에 대한 낙관을 위협하는 위험이 등장하는 근대를 의미한다.

2차 근대 사회는 부와 함께 위험이 끊임없이 생산되는 사회이다. 과학은 1차 근대에서는 부의 생산을 가능하게 하는 기술적 진보의 원천이었지만, 2차 근대에서는 위험의 생산자가 된다는 것이다. 과학이 만들어 내는 2차 근대의 위험의 예가 원자력발전소, 유전자조작식품 등이다. 그러한 위험은 자연이 인간을 위협하는 위해와는 다른 것으로, 인간의 과학이 만들어 낸 것이기에 성찰적인 대상이 된다. 벡의 위험사회론이 성찰적 근대화라고 불리는 이유도 바로 이 때문이다.

벡은 강의실에 머물러 있는 사회학자가 아니라 시민사회 영역에서 활발한 활동을 하는 사회학자로도 유명하다. 특히나 그는 방사능, 기후 변화, 유전자조작식품 등 과학기술이 야기하는 현대적 위험에 대한 경각심을 울리는 활발한 사회적 활동을 하고 있다. 특히나 『위험사회』의 출간 이후 위험을 둘러싼 공적 논쟁에서 커다란 역할을 수행하고 있다.

2011년 독일 정부는 2022년까지 원자력발전소를 100퍼센트 철폐하겠다고 선언했는데, 이 선언의 배경에는 한편으로는 2011년 후쿠시마 원전 사고로 인한 충격이, 다른 한편으로는 2011년 3월 22일 출범한 '안전한 에너지 공급을 위한 윤리위원회Ethikkommision für eine sichere Energieversorgung'의 영향력이 숨어 있다. '안전한 에너지 공급을 위한 윤리위원회'에는 위원장인 전 독일 환경부 장관인 클라우스 퇴퍼와 더불어, 자연과학자뿐 아니라 울리히 피셔 가톨릭 주교, 독일 기업인 바스프의 위르겐 함브레히트 회장이 참여했는데, 울리히 벡도 17인 중 한 명이었다. 독일 공영방송인 피닉스Poenix가 이들의 토론을 10시간이 넘도록 생중계했는데, 위원회에서는 치열한 토론 끝에 원자력발전소의 전량 폐기라는 '윤리적' 결론을 내렸다.

종교

막스 베버(Max Weber, 1864~1920)와 『프로테스탄티즘의 윤리와 자본주의 정신』(길, 2008)
발터 벤야민과 「종교로서의 자본주의」(『발터 벤야민 선집 5』, 길, 2008)

『프로테스탄티즘의 윤리와 자본주의 정신』은 베버의 초기 저작에 속하지만, 베버의 저작 중에서 가장 논쟁적이고 동시에 많이 읽히는 저작이기도 하다. 유럽은 역사적으로 극적인 변화를 경험했다. 기독교가 유럽에 전파되면서 유럽 역사에서 가장 종교적이었던 이른바 중세 시대가 시작되었다. 중세 시대에 세상을 해석하고 인간의 행동을 결정하는 요인은 기독교의 가르침이었다. 하지만 르네상스와 계몽주의 시대를 거치면서, 신 중심의 사고방식에 대한 도전이 발생했고 그 결과 우리가 현재 알고 있는 세속화된 유럽이 등장했다. 신의 뜻을 대신하여 합리성이 행위의 기준으로 자리 잡는 이러한 거대한 전환의 과정을 베버는 합리화라 명명했다. 세속화는 합리화의 또 다른 측면이다. 중세 유럽에서 세상의 중심이었던 종교가 합리화 과정에 처하면서 독점적 지위를 상실해 가는 과정을 베버는 세속화라 불렀다. 『프로테스탄티즘의 윤리와 자본주의 정신』은 종교의 세속화 경향과 자본주의 정신의 발생 사이의 연관을 제시한 가장 논쟁적이면서도 상상력이 풍부한 책 중 하나이다.

「종교로서의 자본주의」는 오히려 짧기 때문에 거대한 저작보다 더 많은 성찰거리를 던져 주는 벤야민의 미완성 메모이다. 종교가 사람들의 근심과 고통 그리고 불안을 신에 의한 구원을 통해 잠재우는 기능을 하는 것이라면, 벤야민이 볼 때 세속화의 끝자락에서 자본주의는 마침내 종교의 기능을 대체함으로써 세속화를 마무리한다.

필 주커먼(Phil Zuckerman, 1969~)과 『신 없는 사회』(마음산책, 2012)

종교사회학자들은 주로 종교 현상을 설명하기 위해 연구하지만, 주커먼은 종교를 믿지 않는 사람들을 연구한다. 주커먼의 눈에 미국은 세계에서 가장 종교적인 나라 중 하나이다. 미국과 이슬람의 차이, 혹은 문명의 충돌과 같은 비교는 어찌 보면 식상한 주제이다. 기독교 근본주의와 이슬람 근본주의는 서로 믿는 신은 다르지만, 근본주의라는 공통점을 지니며 계율의 소소한 차이는 있다 하더라도 옳고 그름을 판단하는 체계의 형식 논리에서는 놀랍도록 유사한 점들이 발견되기도 한다. 그렇기에 기독교 근본주의와 이슬람 근본주의를 비교하는 건, 그다지 근본적인 연구는 아니다.

주커먼은 좀 더 근본적인 연구를 한다. 주커먼은 서로 다른 신을 믿고 있는 지역의 비교가 아니라, 신을 믿고 있는 지역과 아예 신에 대한 개념과 종교에 대한 관념이 희미한 지역의 비교를 연구 대상으로 삼는다. 그래서 주커먼은 미국과 이라크를 비교하지 않고, 매우 종교적인 미국과 매우 종교적이지 않은 덴마크와 스웨덴을 비교한다.

| 2부 삶의 평범성에 대하여 |

이웃

로버트 퍼트넘(Robert Putnam, 1941~)과 『나 홀로 볼링』(페이퍼로드, 2009)

사람들은 네트워크에 편입될 때 이득을 얻을 수 있다. 그래서 네트워크는 사회적 자본이 될 수 있는 것이다. 사람은 두 가지 이유로 네트워크를 구성한다. 결속 Bonding이 동질성을 기반으로 한 네트워크라면, 연계Bridging는 이질적 집단 사이의 네트워크를 의미한다. 결속형 네트워크가 동일성을 공유하고 있는 사람에게만 혜택을 주기 위해 사람들을 결집한다면, 이질성을 전제로 한 연계형 네트워크가 추구하는 이익의 범위는 포괄적이어서 이익의 혜택은 멤버에게만 국한되지 않는다.

'나 홀로 볼링'은 미국 사회에서 포괄적 호혜적 관계가 쇠퇴하는 상황을 묘사하기 위해 사용되는 하나의 은유이다. 퍼트넘은 공동체적 관계의 붕괴의 원인을 찾기 위해 여러 요인들을 검토하는데, 이 책에서 검토되는 요인들은 우리 사회에서도 유사한 결과를 낳는다. 과도한 노동시간, 교외 지역으로의 주거지 확장, 텔레비전, 잦은 이사와 이혼율의 증가로 인한 전통적 가족의 해체 등등이 공동체가 쇠퇴한 원인으로 꼽히는 요인들이다. 이 요인들은 매우 높은 설명력으로 한국 사회의 공동체 붕괴 현상을 설명할 수 있다.

경향신문 특별취재팀과 『어디 사세요?』(사계절출판사, 2010)

처음 만난 사람의 주거 지역을 알자마자 우리의 머릿속에선 자동연상 작용에 의해 그 사람을 추측하는 번뜩이는 두뇌의 회전이 일어난다. 직장이 서울인데 서울 근교의 신도시에 살고 있는 사람이라면 대략 짐작이 간다. 부모로부터 부동산을 물려받지 못했고, 월급으로 집을 마련하기 위해 아등바등하고 있는 모습이 자동적으로 떠오른다. 혹 '하우스 푸어'가 아닐까 살짝 의심하면서. 반면 고소득을 올리는 직종도 아니고 나이도 그다지 많지 않은데, 사는 곳이 청담동이나 압구정동이라 하면 반쯤은 부러움과 반쯤은 질투의 시선이 마음속에 생긴다.

한국 사회에서는 '어디 사세요?'라는 질문이 그 사람의 계급을 묻는 질문과 동일한 정도로, 주거 지역에 따라 부동산 가격은 천차만별이고 그 가격에 따라 주거지의 계층별 분화가 이루어진다. 미친 집값이 일상이 되어 버린 사회에서 그 사람의 소득을 중심으로만 계층을 추정한다면 오판하기 쉽다. 주거지는 그 사람의 계층뿐만 아니라 심지어 그 사람의 이웃이 누구인지까지 짐작할 수 있도록 하는 기호이다.

어린아이의 학력 수준은 부모의 부가 아니라 할아버지, 할머니의 부에 의해 결정된다는, 술집에서 반쯤은 농담으로 반쯤은 진담으로 하는 이야기는 결코 과장만은 아니다. 『어디 사세요?』는 바로 그 무시무시한 질문을 실제로 사람들에게 던졌고, 생생한 인터뷰와 현장탐사를 통해 부동산에 저당 잡힌 우리 시대의 집 이야기를 전해 준다.

성공

새뮤얼 스마일즈(Samuel Smiles, 1812~1904)와 『자조론』(비즈니스북스, 2006)

공식 교육을 받은 사람이라면 사실 『자조론』은 읽지 않았어도 읽은 셈이다. 교육을 통해 현대의 도덕으로 우리에게 알려져 있는 내용의 상당수가 『자조론』에 들어 있다. 『자조론』은 근면·자조·협동을 핵심 구호로 내걸었던 박정희 시대의 새마을 운동 구호에서, '하면 된다'와 같은 학교 교실에 걸려 있는 급훈, 지하철 화장실에 붙어 있는 '좋은 생각'에 이르기까지 우리의 삶 곳곳에 상식으로 스며들어 있다.

워낙 인기 있는 베스트셀러라 그런지, 한국어 번역판은 다양하다. 한국어 번역판에서 『자조론』을 소개하는 글을 읽고 있으면, 『자조론』이 어떤 독자를 겨냥한 책인지 분명하게 나타난다. 한 번역판은 『자조론』을 이렇게 소개한다. "이 책은 산업혁명 당대 인물들의 삶을 흥미롭고 감동적으로 그려 내어 인생의 성공과 행복을 꿈꾸는 수백만 명의 젊은이들이 밤을 새우게 만들었으며, 이 책 자체가 지은이 스마일즈의 열정적인 근면의 산물이다."[5]

또 다른 번역판의 『자조론』 소개는 읽는 사람의 손을 오글거리게 만들 정도이지만, 이 책의 현대판 수용 목적을 날것 그대로 보여 준다. 책은 스스로를 이렇게 소개한다. "새뮤얼 스마일즈의 『자조론』, 『인격론』, 『검약론』, 『의무론』 네 권은 '스마일즈의 4대 복음서'로 불리는 그의 대표작들이다. 특히 '하늘은 스스로 돕는 자를 돕는다'로 시작되는 스마일즈가 쓴 *Self Help, with Illustrations of Character and Conduct*, 『자조론』은 출간 첫해 2만 부, 1864년까지 5만 5000부, 1889년까지 15만 부를 발행하여 그즈음으로서는 밀리언셀러 기록을 남겼다. 이는 세계 출판 역사상 매우 놀라운 사건이었다. 이 책들에서 인생론적 에센스를 모은 고전적 교훈서 『자조론』과 영국 신사의 이상적 인격인 젠틀맨십을 구체화한 『인격론』을 한 권으로 엮은 것이다. 『자조론』, 『인격론』은 바로 저자의 영혼 전기이자 치열한 인간 정신의 전기라고 할 수 있다. 우리가 끊임없이 역동적으로 얽혀 움직이는 실핏줄 같은 정신세계의 미로에 갇혀 당황할 때, 스마일즈는 스스로 감동을 느껴 고동치는 심장을 느끼며 신의 아이가 될 수 있도록 우리에게 바른 길을 알려 준다."[6]

한국어판 역자의 약력 또한 이 책의 숨은 메시지이다. 역자는 성공한 사람이다. 성공하지 못한 자들은 역자의 이력을 읽고 반성에 반성을 거듭해야 한다. 역자처럼 성공하고 싶다면 역자의 경력을 참조하고 배워라 그렇지 않으면 당신은 실패한다.

명예

요한 하위징아(Johan Huizinga, 1872~1945)와 『호모 루덴스』(연암서가, 2010)

'호모 루덴스'라는 표현이 미디어 용어가 되었기에 하위징아의 『호모 루덴스』는 읽지 않고도 읽은 듯한 친숙한 느낌을 준다. 이 책 덕택에 '놀이하는 인간'이라는 뜻을 지닌 호모 루덴스는 누구나 알고 있는 표현이 되었다. 그런데 막상 『호모 루덴스』를 펼치면 유쾌하고 명랑한 책일 거라는 우리의 기대와는 달리, 과거의 여러 가지 호모 루덴스의 사례들이 다소 지루하다고 느낄 정도로 많이 나열되어 있다.

이러한 서술의 이유는 분명하다. 하위징아는 역사학자였다. 『호모 루덴스』는 사회과학 서적이 아니라 역사학 서적이다. 그래서 호모 루덴스에 대한 정교한 이론적 체계화보다는 풍부한 사례 서술이 돋보이는 책이다. 워낙 다양한 사례들이 책 속에서 소개되고 있기에, 우리는 『호모 루덴스』를 통해 놀이하는 인간의 세계로 시간여행을 할 수 있다.

『호모 루덴스』에 등장하는 놀이하는 인간들은 모두 귀족적이다 하위징아는 언어에서, 철학에서, 시에서, 예술에서, 법률에서, 심지어 전쟁에서까지 놀이의 사례들을 찾아내어 우리에게 제시하는데, 그것들은 모두 귀족적 흔적을 지니고 있다. 민중적 놀이의 세계를 발굴하고, 민중적 놀이로부터 카니발적 요소를 찾아낸 미하일 바흐친Mikhail Bakhtin, 1895~1975과는 전혀 다른 과거 시대에 대한 접근이 다.[7] 이런 점에서 하위징아는 문화 보수주의적 관점을 지니고 있다고 할 수 있다. 하위징아는 19세기를 기점으로 귀족적인 놀이의 세계가 몰락했다는 입장을 견지하고 있었다. 그래서 책의 후반부는 귀족적 놀이의 세계가 몰락하는 것에 대한 노스탤지어적 관점의 서술로 끝이 난다.『호모 루덴스』는 보수주의적 색채가 강하지만, 과거의 상실을 안타까워하는 보수주의자의 시선은 황금만능의 시대에서는 오히려 비판적으로 빛난다.『호모 루덴스』의 보수주의는 잘 먹고 잘사는 삶이 아니라 '올바른 생활 방법'이라는 플라톤으로부터 내려오는 고민을 담고 있다.

놀이하는 인간을 속류적으로 해석하면 '잘 먹고 잘사는 삶'이다. 미디어 용어화된 호모 루덴스는 언제든 마이크만 쥐어 주면 노래를 부르고, 음악만 틀면 춤출 수 있는 '잘 노는 사람'쯤으로 간주되지만, 하위징아의 '놀이하는 인간'은 개인기가 뛰어난 사람이 아니라 명예를 통해 '올바른 생활 방법'에 도달하려는 인간이라는 뜻이다. 그래서 우리는 현대의 호모 루덴스를 '잘 노는 사람'들이 모여 있는 나이트클럽이 아니라 전혀 예상하지 못했던 장소에서 발견할 수 있을 것이다. 왜냐하면 현대의 호모 루덴스는 카사노바나 돈 주앙의 모습이 아니라, 마더 테레사에 가까운 모습을 하고 있기 때문이다.

수치심

노베르트 엘리아스(Norbert Elias, 1897~1990)와『문명화 과정』(한길사, 1996)

독일의 사회학자이자 역사학자인 엘리아스의 대표 저작『문명화 과정』은 장기간에 걸친 심성구조의 변화를 연구하는 아주 독창적인 책이다. 엘리아스는 이 책에서 "개인의 심리구조(이른바 인성구조)와 상호 의존 관계에 있는 여러 개인들이 구성하는 결합태(이른바 사회구조) 간의 얽힌"[8] 문제를 함께 다루는 방법론적 특이성까지도 겸비하는 데 성공했다. 개인의 심리구조와 사회구조가 교차하며 빚어내는 변화의 양상을 엘리아스는 매너라는 자기통제술 분석을 통해 보여 준다.

보통 학문적 의미가 높은 책들은 따분하기도 하지만, 엘리아스의 『문명화 과정』은 읽는 재미도 있다. 특히나 "서구적으로 문명화된 사람들에게 전형적이라고 간주되는 행동 양식"인 매너가 만들어지고 확산되어 마침내 정착되는 과정을 다루는 『문명화 과정』 1권은 '매너의 역사'라는 별칭이 있을 정도로 서양식 매너가 탄생하고 확산되는 과정을 생생하게 독자들에게 제시한다.

장 보드리야르(Jean Baudrillard, 1929~2007)와 『소비의 사회』(문예출판사, 1992)

『소비의 사회』는 프랑스의 철학자이자 사회학자인 보드리야르의 대표적인 초기 저작이다. 보드리야르는 1960년대 서구 자본주의가 소비자본주의 단계, 이른바 신자본주의에 접어들면서 생산 과정 중심의 사회 분석에서 벗어나야 한다는 필요성을 느꼈고, 신자본주의의 사회를 '소비의 사회'라 명명했다. 『소비의 사회』에는 1960년대 신자본주의 시대를 살았던 프랑스 사람들의 삶이 소비, 여가, 섹스, 광고 및 대중매체에 대한 분석을 통해 다각도로 조명된다.

밑 빠진 독에 물 붓기처럼 사도 사도 줄어들지 않은 구매 리스트, 텔레비전을 새로 구입했더니 덩달아 거실 소파까지 바꾸게 되는 악순환에 허덕이는 사람이라면 보드리야르가 『소비의 사회』에서 강조하는 파노플리 효과effet de panoplie의 그물에 빠져 있다고 생각하면 된다. 애초에 기사의 갑옷과 투구 등의 한 벌의 세트를 지칭하는 말이었던 파노플리는 소비의 사회에 오게 되면 사람들이 창피하지 않기 위해 구입해야 하는 쇼핑 리스트의 세트를 의미하는 단어로 바뀐다. 뉴요커의 라이프스타일을 추구하는 사람이라면 적어도 DKNY의 옷을 입고, 스타벅스에서 커피를 마셔야 하고, 거실에 팝아트 그림을 걸어야 한다고 믿고 있다면, 당신은 파노플리 효과의 마법에 빠진 사람이다.

피에르 부르디외(Pierre Bourdieu, 1930~2002)와 『구별짓기』(새물결, 1995)

부르디외가 남긴 다양한 저서 중에서 『구별짓기』는 부르디외의 트레이드 마크라 할 수 있는 아비투스habitus, 문화자본과 같은 중요 개념을 통해 프랑스 사람들의 취향을 분석한 매우 논쟁적인 책이다. 아비투스는 부르디외가 사회구조와 개인의 행위 사이의 연결을 설명하기 위해 사용하는 개념으로, 개인이 사회화 과정을 통해 습득한 지속적인 성향의 체계를 의미한다. 대학교수와 노동자계급은 말투가 다르고, 입는 옷이 다르고, 좋아하는 음악이 다르고, 심지어 즐겨 먹는 음식까지도 다른데, 이러한 차이는 부르디외에 의하면 대학교수와 노동자계급의 아비투스가 다르기 때문이라고 해석된다. 아비투스의 형성에는 경제적 자본(소득의 차이)뿐만 아니라 학력자본, 어떤 인맥에 속해 있는가를 표시하는 사회자본, 취향의 체계를 표시하는 문화자본 등이 작용한다.

『구별짓기』는 실증적 자료를 통해 프랑스의 아비투스의 계급적 분화와 그 분화에 영향을 미치는 요인을 분석하는 매우 방대한 책이지만, 방대한 자료 제시를 통해 부르디외가 전달하려는 메시지는 매우 간결하다. 그는 다양한 자료를 통해 개인의 취향은 개인 특성의 산물이 아니라 계급적 요인에 의해 영향받은 아비투스가 작동한 결과로 해석한다. "여러 조사 결과를 보면 모든 문화적 실천(박물관 관람, 음악회 참가, 독서 등), 문학, 회화, 음악에 대한 선호도는 교육 수준(학위나 학교에 재학한 햇수에 의해 측정된다)과 그리고 이차적으로는 출신계급과 밀접하게 관련되어 있음을 알 수 있다. …… 이 때문에 취향은 '계급'의 지표로 기능할 수 있는 것이다. 문화 획득 방식은 사용 방식에서도 그대로 남아 있게 된다. 매너에 그토록 커다란 중요성이 부가되는 것은 다음과 같은 이유 때문이다. 즉 이처럼 제대로 측량하기 어려운 실천이 문화 획득의 다양하고 서열화된 양식과 각 양식을 통해 특징을 부여받은 개인들의 집단을 구분해 주기 때문이다."[10]

『구별짓기』의 틀을 통해 사람들의 취미를 들여다보면, 취미는 본래의 의미인 직업 이외의 활동이라는 뜻에서 벗어나 의도적으로 선택된 취향의 체계에 가까워진다. 매일매일 골프를 치는 사람 가운데는 물론 골프가 진정한 의미의 취미인 사람도 있겠으나, 많은 사람에게 골프는 성공했다는 표식이거나 사업상 어쩔 수 없이 선택한 취향이기도 하다. 그래서 취미가 유행을 하기도 하고, 사장님과 사모님들은 하나같이 취미가 같은 희한한 상황도 벌어지는 것이다. 우리가 살고 있는 시대에 취미는 더 이상 개인의 내면을 들여다볼 수 있는 통로가 아니라, 그 사람의 계급을 짐작할 수 있는 표식이 된 지 오래되었다.

섹스

**빌헬름 라이히(Wilhelm Reich, 1897~1957)와
『성혁명』(새길, 2000)과 『파시즘의 대중심리』(그린비, 2006)**

광인일 수도 있고 어느 누구도 보지 못한 진실을 발견한 천재일 수도 있는 사상가들이 있다. 빌헬름 라이히도 그런 경우에 속한다. 독특성이 너무 지나치면, 그것이 받아들여질 수 있는 범위를 넘어서게 되고, 그 때문에 독특성이 장점이 아니라 오히려 약점이 되는 경우가 있다. 표준적인 주장이 아니라, 아무도 주목하지 않았던 주장을 시작한 사상가들이 보통 그런 처지에 처한다.

라이히에게는 보통 겹쳐지지 않는 이론적 흐름들이 동시에 나타난다. 의학을 전공한 라이히는 프로이트를 알게 되면서 정신분석학의 세계로 접어들었다. 여기서 그쳤다면 라이히는 수많은 프로이트의 후예 중 한 명에 불과했을 것이다. 하지만 라이히는 정신분석학에 그치지 않았다. 라이히는 정신분석학과 마르크스주의를 통합하고자 했다.

라이히의 모든 책을 관통하는 핵심적 메시지는 마르크스주의와 정신분석학의 결합이다. 서로 관련 없어 보이는 지적 전통을 결합함으로써, 라이히는 세상에 알려진 현상을 매우 독특한 시각으로 분석하는 데 성공한다. 『파시즘의 대중심리』는 나치즘에 대한 정치학적 분석과는 달리, 성정치학적 접근을 시도했다. 물론 라이히의 이런 시도는 한편으로 나치주의자에 의해, 또 다른 한편으로 마르크스주

의자들에 의해 매우 위험한 것으로 간주되었다. 나치는 『파시즘의 대중심리』를 금서로 지정했고, 마르크스주의자들은 마르크스주의에 대한 오염이라고 여겨 라이히를 반反혁명분자라고 매도했다. 『파시즘의 대중심리』는 왜 사람들이 히틀러에 열광했는지를 분석하고 있으니 나치가 이 책을 좋아했을 리가 없다. 마르크스주의자들은 라이히의 분석 방법을 경계했다. 라이히는 파시즘을 자본주의의 발달 단계로부터 필연적으로 등장하는 정치권력체로 분석하지 않고, 성경제학이라는 독특한 틀로 분석했기 때문이다.

성경제학은 생물학적 에너지 조절 방식을 가리키기 위해 라이히가 사용하는 개념으로 개인이 성적 에너지를 조절하는 방식을 의미한다. 성경제학을 통해 라이히는 개인이 성적 에너지를 얼마나 오르가슴으로 방출하는가 혹은 방출하지 못하고 가두고 있는가를 분석한다. 그에 따르면 성적 에너지를 오르가슴으로 방출하지 못해서 오르가슴 억압을 지닌 사람은 반대급부로 권위주의에서 매력을 느끼게 된다. "사소하고 무가치하며 이른바 비정치적인 것처럼 보이는 인간의 성생활이 근본적으로 권위주의 사회에 대한 질문과 관련하여 연구되고 극복"[11] 되어야 한다는 라이히의 생각은 그 이후 『성혁명』에서 더욱 구체화된다.

에리히 프롬(Erich Fromm, 1900~1980)과 『사랑의 기술』(문예출판사, 2006)

사랑으로 인한 고통에 관한 한 에리히 프롬은 전문가라 할 만하다. 그는 자신의 약혼자를 오래된 친구인 레오 뢰벤탈에게 빼앗긴 후, 연상의 정신과 의사와 결혼했으나 그 결혼은 오래 가지 못했다. 프롬은 공식 결혼만 3번 했을 정도로 삶 자체가 사랑과 실패의 연속으로 구성되었다. 프롬의 이러한 인생 경험은 그 누구보다 사랑에 관해 사실에 가까운 진술을 할 수 있는 조건을 마련해 주었다. 그는 자신의 삶 속에서 성욕이라는 강력한 충동과 유효기간이 있는 사랑이 빚어내는 아이러니에서 성찰의 모티프를 찾아냈고 『사랑의 기술』을 완성했다.

한 개인이 자신의 사랑과 섹스의 경험을 털어놓는 자기고백에 대해서는 매우 극단적이다. 하나는 일종의 노출증적 관점에 따라 자신의 섹스 경험을 까발리는 경우이고, 반면 사랑에 대한 고백은 사랑이라는 개념 자체가 하나의 관념으로 포장되어 있는 경향이 매우 강하다. 프롬은 『사랑의 기술』에서 그 어느 쪽으로 기울어지지 않은 채 균형을 유지하고 있다. 그럼으로써 프롬의 사랑 분석론인 『사랑의 기술』은 사랑의 다양한 형태에 대해 정신분석학적 분석과 사회학적 분석을 결합하되, 본래 휘발적일 수밖에 없는 성 충동에 관한 분석을 놓치고 있지 않다.

남자

전인권(1959~2005)과 『남자의 탄생』(푸른숲, 2003)

사회과학의 문체에 주어는 등장하지 않는다. 학술적 문체는 연구자의 객관적 태도를 보장하기 위해, 3인칭으로 쓰기를 권장하지 1인칭 시점은 사회과학과는 거리가 멀다. 하지만 1인칭 시점의 사회과학 문체는 3인칭 시점이 갖고 있지 못한 설득력을 획득하기도 하는데, 전인권의 『남자의 탄생』은 3인칭 시점을 포기하고 1인칭 시점을 택한 드물면서도 성공한 사례에 속한다. 『남자의 탄생』은 두 남자의 탄생을 다룬다. 한 남자는 전인권의 아버지이다. 유년 시절을 회고하면서 전인권은 자신의 아버지와 어머니가 어떻게 달랐는지를 기억해 내고, 근대 한국 사회의 남자의 원형을 자신의 아버지의 모습에서 찾아낸다. 또 다른 남자는 그 남자를 보고 자라나 어른이 된 자신, 한국 사회의 남자의 원형인 아버지를 흉내 내고 있는 전인권이라는 남자이다.

『남자의 탄생』은 전인권의 가족에 대한 이야기이지만, 독자들은 전인권의 가족이 유별나다는 느낌을 받지 않는다. 오히려 전인권의 아버지와 어머니에 대한 회상에서, 한국 가족의 보편성을 느낄 수 있다. 한 가족의 이야기 속에 담긴 보편적인 한국 가족의 이야기, 전인권의 아버지 이야기 속에 담긴 평균적인 한국 남자의 탄생 스토리는 1인칭 시점이 객관적인 척하는 3인칭 시점보다 오히려 보편적일 수 있음을 보여 주는 좋은 사례이다.

주디스 버틀러(Judith Butler, 1956~)와 『젠더 트러블』(문학동네, 2008)

현재 가장 주목받는 여성주의 이론가인 주디스 버틀러는, 가부장제하에서 억압받는 여성들의 분노를 표현한 1세대 여성주의 이론가와는 달리 조롱의 시학을 표현하는 학자이다. 버틀러는 헤겔 철학의 프랑스 수용사를 주제로 철학 박사학위를 받고 난 후, 오스틴의 언어 이론에 바탕을 둔 수행성 개념을 중심으로 섹스와 젠더에 관한 기존의 이론을 뒤흔든 『젠더 트러블』로 일약 스타덤에 올랐다.

버틀러는 섹스는 과학, 생물학, 의학에 소속되고 젠더는 사회, 문화에 소속된다는 섹스/젠더 이분법을 개별 주체의 탄생, 개별 젠더 정체성이 어떻게 재구성되는가에 관한 질문으로 바꾸어 놓음으로써 젠더를 문제 삼는다. 섹스는 일종의 하부구조이고 젠더는 섹스 위에 구성된 이데올로기적인 상부라는 오래된 가정을 교란시키는 버틀러의 이러한 기획은 1990년의 저서 『젠더 트러블』에서 시작된다.

버틀러에 따르면 섹스는 이미 젠더이다. 모든 육체는 사회적으로 존재할 때부터 이미 젠더화되어 있다. 젠더는 존재being가 아니라 행하기doing이다. 버틀러는 젠더를 가면무도회라는 개념틀로 이해한다. 가장무도회에 참가하는 사람들이 하나의 가면 쓰기에 머무르지 않고 다른 가면으로 언제든지 바꿀 수 있는 것처럼, 젠더 역시 가면을 바꾸듯이 자유롭게 선택할 수 있다는 것이다. 물론 젠더가 가면무도회라는 버틀러의 주장은 젠더에 대한 고정관념과 선입견을 불편하게 만들어 무력화하려는 전략이 표현된 하나의 은유이다.

자살

에밀 뒤르켐(Émile Durkheim, 1858~1917)과 『자살론』(청아출판사, 2008)

뒤르켐이 태어났을 때, 프랑스는 프랑스 대혁명 이후 왕정과 공화정이 번갈아 수립되는 정치적 격변을 겪고 있었다. 뒤르켐의 책들은 프랑스의 이런 상황을 반영이라도 하듯, 혼란기를 겪고 있는 프랑스 사회에 대한 우려, 그리고 그 혼란에서 벗어날 수 있는 길을 모색하는 시도를 담고 있다. 뒤르켐은 『자살론』에서 일관되게 자살은 개인적 원인이 아니라 사회적 원인에 의해 설명될 수 있으며, 심리적 동기가 아니라 통계학적 규칙의 분석을 통해 확인할 수 있다고 주장한다. 그래서 그는 개개의 자살이 아니라 자살들이 모여 있는 집합체인 자살률에 주목했고, 자살률에 대한 분석을 통해 자살은 사회집단에 개인이 통합되어 있는 정도와 반비례한다는 유명한 결론에 도달했다.

C. 라이트 밀스(Charles Wright Mills, 1916~1962)와 『사회학적 상상력』(돌베개, 2004)

『사회학적 상상력』은 밀스의 독창성이 엿보이는 가장 대표적인 저작이다. 이 책은 전문 사회학자를 위한 책처럼 보인다. 2장에서 10장은 사회학적 훈련을 받지 않은 사람이라면 읽기에 어려움을 느낄 수도 있다. 하지만 '약속'이라는 타이틀이 붙은 1장과 부록으로 실린 '장인기질론'은 사회학에 대해 전혀 알지 못하는 사람들도 쉽게 공감하며 읽을 수 있는 내용이다.

『사회학적 상상력』을 관통하는 밀스의 메시지는 분명하다. 한 사회 속에서 개인이 고통스러운 문제trouble에 시달리고 있다면, 그 문제는 사적인 문제가 아니라 공공의 문제public issues라는 것이다. 사회학은 밀스에게 사람들이 개인의 문제가 공공의 문제와 연결되어 있음을 보여 주는 학문에 다름 아니었다. "한 개인의 삶과 한 사회의 역사는 그 두 가지를 함께 이해하지 않고는 이해할 수 없다. 그런데도 사람들은 대개 자신이 겪고 있는 고통을 역사적 변동과 제도적 모순으로 규정하려고 하지 않는다. 그들이 누리는 안락 역시 자신이 살고 있는 사회의 큰 흥망성쇠 탓이라고 생각하지 않는다. 사람들은 자기들의 생활양식과 세계사 행로 간의 복잡 미묘한 관계를 별로 의식하지 못하기 때문에, 이 곤계가 자신의 미래와 장차 자신이 주체적으로 참여할지도 모를 역사 형성에 어떤 의미를 갖는지 일반적으로 모르고 있다. 그들은 인간과 사회, 개인의 일생과 역사, 그리고 자아와 세계 사이의 상호작용을 파악하는 데 긴요한 정신적 자질이 부족하다. 그들은 개인적 문제를 그 이면에 항상 존재하는 구조적인 변모를 통제하는 방식으로 다룰 줄 모른다."[12] 밀스는 사람들이 파악하지 못했던 개인의 일생biography과 역사history 사이의 연결점을 찾는 탐정이다.

| 3부 좋은 삶을 위한 공격과 방어의 기술 |

노동

칼 마르크스(Karl Marx, 1818~1883)와
「임금노동과 자본」(『칼 맑스 프리드리히 엥겔스 저작선집 1』, 박종철출판사, 1991)

『임금노동과 자본』은 1789년 프랑스 대혁명에 의해 봉건적 지배질서에서 부르주아적 지배질서로 이행하면서 유럽이 정치적 격변에 돌입했던 시기의 저작이다. 정치적 격변기에서 노동자계급의 위치에 대한 해명은 부르주아적 질서를 넘어서려는 정치적 지향을 지니고 있는 마르크스에게 핵심적 문제였다. 마르크스가 몰두했던 정치경제학 비판의 핵심은 노동력이라는 특별한 상품의 분석이었다. 『임금노동과 자본』은 1849년 4월 5일부터 마르크스가 『신라인신문』에 연재했던 논설을 모아 책으로 출판한 초기 저작으로, 후기 저작의 입장에서 볼 때는 부적절한 표현, 상대적으로 명료하지 않은 개념의 사용 등 불충분한 점이 많지만 철학적인 노동이 아니라 임금노동이라는 자본주의에 고유한 인간 활동의 성격을 해명하기 시작한 기원으로서 여전히 빛을 발하고 있다.

**프리드리히 엥겔스(Friedrich Engels, 1820~1895)와
「잉글랜드 노동계급의 처지」**(『칼 맑스 프리드리히 엥겔스 저작선집 1』, 박종철출판사, 1991)

학자들 간에 학문적 소울메이트가 가능하다면, 마르크스와 엥겔스가 가장 적절한 사례일 것이다. 마르크스가 없는 엥겔스, 엥겔스 없는 마르크스를 상상할 수 없을 정도로, 그들은 학문적 소울메이트이자 사회주의라는 정치적 신념을 공유한 동지였다.

하지만 아이러니하게도 사회주의자 엥겔스는 부르주아의 자제였다. 아들을 자신 같은 자본가로 키우려는 아버지의 뜻을 따라 엥겔스는 김나지움을 중퇴하고 아버지의 회사에서 일을 시작했는데, 그곳에서 자본가들의 착취와 법과 결탁한 탄압으로 고통받는 노동자들의 현실을 보았다. 군 복무를 마친 그는 영국의 맨체스터로 건너가 영국 노동계급의 비참한 삶을 깊이 연구했고, 그 기록은 『잉글랜드 노동계급의 처지』에 담겼다. 엥겔스는 이 책의 탄생 과정을 이렇게 설명하고 있다. "21개월의 기간 동안 나는 가까이에서 개인적인 관찰과 개인적 교류를 통하여 잉글랜드의 프롤레타리아트, 그들의 노고, 그들의 고통과 기쁨을 알 수 있는, 그리고 동시에 필요하고 믿을 만한 출전들을 이용하여 나의 관찰을 고충할 수 있는 기회를 가졌다. 내가 보고 듣고 읽은 것들이 이 책에 쓰여 있다."[13] 마르크스의 『임금노동과 자본』이 자본주의의 임금노동에 대한 과학적 분석의 시도라면, 『잉글랜드 노동계급의 처지』는 그들의 비참한 상황에 대한 르포문학과도 같다.

게으름

폴 라파르그(Paul Lafargue, 1842~1911)와 『게으를 수 있는 권리』(새물결, 2005)

자본주의의 숨겨진 역사는 노동시간을 둘러싼 노동자와 자본가 사이의 대립이다. 자본의 축적법칙에 따르면 자본가에게 노동시간의 연장은 생산 과정의 혁신 없이도 이윤율을 높이는 가장 손쉬운 방법이다. 하지만 이윤율의 극대화를 위한

가장 간단한 해법인 노동시간 연장은, 직접 일을 하는 노동자에겐 생명의 안위까지 위협당하는 심각한 문제이다.

그래서 19세기 후반부터 하루 8시간으로 노동을 제한하는 운동이 광범위하게 일어났고 각 나라에서는 노동시간의 단축을 둘러싼 끈질긴 투쟁이 벌어졌다. 1886년 미국노동연맹이 8시간 노동제 도입을 요구하며 전국적인 파업을 선언하고 노동자들의 시위가 벌어졌을 때, 시카고에서 경찰이 파업 중인 노동자에게 실탄을 발사하여 네 명이 죽은 사건이 발생했다. 이를 계기로 노동시간 단축을 포함한 노동자의 권리 보장은 중요한 사회적 이슈로 부각되었고, 이날을 기억하고 그 정신을 살리기 위해 1890년부터 5월 1일을 메이데이May Day(노동절)로 기념하고 있다. 라파르그의 『게으를 수 있는 권리』는 그 시대에 대한 해법이다. 해법은 단순하다. 노동시간을 줄이고 노동을 나누어서 노동의 노고로 인한 고통을 최소화하자는 것이다. 라파르그의 영향력은 노동시간 단축과 일자리 나누기를 통한 문화사회의 비전을 모색했던 앙드레 고르Andre Gorz[14]에게로, 모든 사람에게 조건 없이 최소의 소득을 보장하여 노고의 고통으로부터 인간을 해방시키자는 2000년대의 기본소득론[15]등으로 이어지고 있다.

조영래(1947~1990)와 『전태일 평전』(아름다운전태일, 2009)

1948년 대구에서 태어나 1966년부터 평화시장의 통일사에서 미싱 보조로 일을 하던 전태일은 1970년 스물두 살이 되던 해 11월 13일 오후 2시경 평화시장에서 석유를 온몸에 끼얹고 근로기준법 책을 손에 쥔 채로 자신의 몸에 불을 붙였다. 전태일은 역사에 화려한 시대로 기록되어 있는 한국 경제의 고도성장기의 이면을 삶 속에 고스란히 품고 있는 인물이다. 한국 경제의 고도성장기의 이면에는 장시간 노동과 저임금에 시달리는 노동자들의 희생이 숨어 있었고, 청계천은 그 이면이 압축적으로 나타나는 곳이었다.

인정

악셀 호네트(Axel Honneth, 1949~)와 『인정투쟁』(사월의책, 2011)

악셀 호네트는 프랑크푸르트학파 1세대인 아도르노와 호르크하이머, 그리고 2세대 주자인 하버마스의 뒤를 잇는 프랑크푸르트학파 3세대를 대표하는 철학자이다. 1949년 독일 에센에서 태어나 본대학, 보훔대학, 베를린대학 등에서 철학, 사회학, 독문학 등을 전공한 뒤, 1996년 하버마스로부터 프랑크푸르트대학 철학 교수직을 물려받았고, 2001년부터는 프랑크푸르트학파의 산실이자 산 역사의 현장인 '사회연구소'의 소장을 맡고 있기도 하다.

1992년에 처음 출간된 『인정투쟁』은 많은 후속 논의를 이끌어 낸 현대의 고전이다. 『인정투쟁』은 사회에서 벌어지는 투쟁을 이익을 둘러싼 투쟁, 정치권력 획득을 둘러싼 투쟁의 스펙트럼에서만 해석하는 것에서 벗어나, 투쟁의 심연 속에 인정이라는 문제를 둘러싼 도덕의 층위가 있음을 밝혀냄으로써, 투쟁을 이익 갈등이라는 측면에서만 파악했을 때 이해되지 않았던 많은 갈등의 양상에 대한 이해의 폭을 넓혔다는 점에서 큰 의미가 있는 책이다.

인정투쟁은 '무시'와 '모욕'에 대한 반작용이다. 『인정투쟁』은 '무시'와 '모욕'의 세 가지 형태를 구별하고, 그에 상응하는 인정투쟁의 형태를 제시한다. 폭력, 고문처럼 인간의 신체의 불가침성을 훼손하는 행위도 무시와 모욕의 한 형태이다. 호네트가 제시하는 두 번째 형태는 "개인의 자기 존중을 훼손하는 굴욕"[6]이다. 이 형태는 "사회 내에서 특정한 권리의 소유에서 배제된 개인들에게 가해지는 무시의 방식"[17]이다. 또한 개인이나 집단의 사회적 가치가 부정될 때 개인이나 집단은 '모욕'을 느낄 수 있다. 자신들이 추구하는 가치가 부정되는 무시의 상황 속에서, 모욕당한 사람이 자신의 명예와 품위를 되찾기 위한 행동이 인정투쟁의 세 번째 형태이다.

호네트의 인정투쟁의 개념을 통해 세상을 살펴보면, 왜 투쟁하는지 이해할 수 없었던 세상의 많은 갈등들의 내면을 들여다볼 수 있다. 투쟁이 있는 곳에는 그 이전에 무시와 모욕이 있었다. 무시와 모욕의 재생산이 중단되지 않는 한, 무시당하고 모욕당한 사람들이 존엄을 되찾기 위해 벌이는 인정투쟁은 중단될 수 없다.

그러니 투쟁으로 인한 사회적 비용을 줄이는 최선의 방법은 경찰력의 강화도 집회와 시위에 관한 법률의 엄격한 적용도 아니라, 무시와 모욕이 재생산되는 과정 자체에 대한 조절일 것이다.

개인

테오도르 아도르노(Theodor W. Adorno, 1903~1969)와 『**미니마 모랄리아**』(길, 2005)

자신의 운명과 저작이 결부되어 있는 사상가들이 있다. 독일의 철학자이자 사회학자 그리고 미학자인 아도르노가 그런 경우에 속한다. 나치 시대를 살았던 유대인 아도르노의 삶은 나치즘의 흥망성쇠와 결부되어 있다. 나치즘이 독일을 장악하자, 유대인 사상가 아도르노는 독일에서 뿌리 뽑힌 존재가 되어 미국으로 망명길에 올랐다. 나치즘의 기원을 계몽이라는 서양 정신의 원리에서부터 규명하는 아도르노와 호르크하이머의 공동저작 『계몽의 변증법』은 한편으로는 현대적 야만의 뿌리를 찾는 지적 노력이지만, 다른 한편으로는 디아스포라의 길을 걸어야만 했던 자신의 운명에 대한 탐색이기도 했다.

1944년에서 1947년까지 쓴 자기 성찰적인 에세이를 모은 『미니마 모랄리아』는 『계몽의 변증법』의 외전이라고도 할 수 있다. 『미니마 모랄리아』는 상처받은 삶에 대한 아도르노의 개인적 고백처럼 보이지만, 그 고백 속에는 상처받은 삶이 보편화된 나치 시대에 대한 성찰이 오롯이 담겨 있다.

아도르노는 독특한 문체를 구사하기로 유명하다. 쉽게 요약될 수 있다면 철학이 아니라고 생각했던 그의 원칙이 관철되어 있는 그의 문체는 독자로 하여금 깊은 해석적 개입과 능동적 독해를 요구한다. 해석적 개입과 능동적 독해가 없으면, 아도르노의 문장은 풀리지 않는 수수께끼와도 같다. 하지만 '상처받은 삶에서 나온 성찰'이라는 부제를 달고 있는 『미니마 모랄리아』는 아도르노의 그 어떤 책보다 덜 고통스럽게 읽을 수 있다. 단 인간의 '상처받은 삶'에 대한 관심은 필수이다.

작가선언 6·9와 「지금 내리실 역은 용산참사역입니다」(실천문학사, 2009)
|
용산은 본래 전자제품의 대명사이다. "용산에 간다"는 말이 전자제품을 산다는 뜻과 동의어일 정도로, 용산은 전자상가의 상징이다. 하지만 2009년 1월 20일 대한민국 서울특별시 용산구 한강로 2가 남일당 건물 옥상에서 재개발 철거에 반대하며 점거농성을 벌이던 세입자와 경찰, 용역 직원들 간의 충돌로 철거민 다섯 명과 경찰 한 명이 사망하는 참사가 일어난 후, 용산은 더 이상 전자상가와 동일시될 수 없다. 유대인 아도르노가 나치즘의 인종주의에 의해 구축된 개인이라면, '용산참사'는 자본의 이익에 의해 구체적 인간이 구축된 야만의 또 다른 현장이다.

그 야만을 기억하는 192명의 작가들이 모였다. 그들은 7월부터 용산참사 현장에서 1인 시위를 시작했다. 그리고 각종 매체에 용산참사를 알리는 릴레이 기고를 시작했다. 이 책 『지금 내리실 역은 용산 참사역입니다』는 이렇게 만들어졌다. 신용산역 2번 출구 부근 남일당이라는 이름의 금은방이 있던 그 건물터에는 용산참사를 기억하는 사람의 눈에만 보이는 '용산참사역'이 있는데, 이 책은 우리를 그곳으로 안내한다.

가족

프란츠 카프카(Franz Kafka, 1883~1924)와 「아버지에게 드리는 편지」(문학과지성사, 1999)
|
카프카는 설명이 별도로 필요 없을 정도로 잘 알려진 체코 프라하 출신의 소설가이다. 어느 날 깨어났더니 벌레로 변했다는 이야기에서 시작하는 「변신」을 비롯하여, 이유도 모르는 채 법정에 회부되고 처형되는 시민 요제프 K를 다루는 『심판』에 이르기까지 카프카의 문학은 아직도 현재형에 속한다. 놀랍게도 중요 소설들을 집필하는 동안, 카프카는 보험회사의 직원으로 일을 했다. 1908년 입사를 한 카프카는 1922년 은퇴할 때까지 14년간 보험회사에서 일을 했고, 이 기간 동안 중요 소설을 남기고 1924년 6월 3일 마흔한 번째 생일을 앞두고 사망했다.

카프카는 겉으로 드러내지 않고 있던 아버지에 대한 생각을 서른여섯 살이 되던 1919년 편지 형식으로 표현한다. 『아버지에게 드리는 편지』는 이렇게 탄생했다. 아버지는 카프카에게 기성의 권력이자, 강력한 영향력을 행사하고 있는 관습의 대변자이자, 가부장적 질서의 대리인이었다. 그랬기에 아들 카프카는 아버지 카프카와의 관계에 서툴 수밖에 없었다. 『아버지에게 드리는 편지』는 구체제의 상징인 아버지와 그에 대해 불만을 느끼는 아들 사이의 소송문과도 같다. 아들은 처음으로 세밀하게 구체제의 문제점을 낱낱이 파헤친다. 아들 카프카는 이 비밀 '심판'을 통해 아들 카프카에서 우리가 알고 있는 성숙하고 독립적인 소설가 카프카로 '변신'한다.

강상중(1950~)과 『어머니』(사계절출판사, 2011)

구마모토 출신의 재일 한국인 2세 강상중의 어머니는 한국의 남쪽 바닷가 진해에서 태어나 16세 때 규슈의 구마모토로 건너와 살았던 '식민지의 여자'였다. 대학 교수로 성장한 아들 강상중은 문맹이었던 어머니를 대신해 '식민지의 여자'들에 대한 기록을 『어머니』로 남겼다. 『어머니』는 글을 쓸 줄 몰랐던 어머니를 대신하여 아들 강상중이 쓰는 어머니의 자서전이다. 하지만 『어머니』는 강상중의 어머니에 대한 단순한 사적 기록에 머무르지 않는다. 이 책은 식민지 시대를 겪어야 했던 우리의 무수히 많은 어머니들 혹은 할머니들을 대표하는 시대의 기록에 가깝다.

공식 역사 혹은 지배자의 입장에서 쓰여진 식민지 시대의 기록과 달리, 강상중의 『어머니』에 기록되어 있는 '한 시대'는 우리들의 아버지와 어머니 혹은 할아버지와 할머니가 젊은이였던 그 시절에 대한 기록이고, 우리의 전前 세대가 세상을 바라보는 사고방식이 만들어지는 여명기에 대한 기록이기도 하다. 구한말과 식민 시대를 살았던 우리의 어머니와 할머니에 대해 우리는 과연 무엇을 알고 있다고 말할 수 있을까? 기록으로 남겨져 우리가 알고 있는 그 시대에 살았던 '식민지의 여자'들이 '신여성'뿐이라면, 균형을 회복하기 위해서라도 『어머니』에 기록되어 있는 또 다른 '여수'에 대한 기록을 읽을 필요가 있다.

집

나카무라 요시후미(中村好文, 1948~)와 『집을 생각한다』(다빈치, 2008)

나카무라 요시후미는 건축가다. 이 건축가는 상업용 건물이 아니라 사람들이 사는 주택을 전문으로 설계한다. 나카무라 요시후미의 특이함은 주택 전문 설계에서 유래하지 않는다. 진정한 특별함은 그가 교환가치가 아니라 철저하게 사용가치의 관점에서 집에 대해 생각한다는 점이다. 집을 부동산이라는 개념의 틀 속에서만 생각하는 사유의 관습에 사로잡혀 있는 한, 우리는 삶의 터전인 집조차도 시가라는 교환가치의 맥락에서만 생각하게 된다. 그래서 우리에겐 집보다는 부동산이라는 개념이 더 친숙하다. 하지만 나카무라 요시후미의 질문은 우리의 관습과는 너무나 다르다. 그는 '좋은 집'에 대해 묻는다.

'좋은 집'은 꼭 비쌀 필요는 없다. 모든 비싼 집이 '좋은 집'은 아니다. 주택의 가격은 교환가치를 표현하지만, '좋은 집'은 그 집에 살고 있는 사람과 주거지의 관계에서 발생하는 안락함과 편안함을 묻기 때문이다. '좋은 집'이란 그곳에 살고 있는 사람을 표현하는 집이다. 어떤 사람이 주택에 살고 있는가에 따라서 그 주택이 갖추어야 할 조건들도 바뀌어야 한다. 모든 사람들에게 유니폼이 어울리지 않고, 비싼 옷이라도 그 옷을 입는 사람과 겉돌면 잘 어울리는 싼 옷보다 값어치를 못하는 것처럼.

지그문트 바우만(Zygmunt Bauman, 1925~)과 『모두스 비벤디』(후마니타스, 2010)

모더니티의 신생 학문 사회학은 분과학문으로 제도화되면서 동시대적 감각이 약화되는 대가를 치러야 했다. 하지만 바우만은 학문적 깊이를 희생하지 않으면서도, 동시대적 감각 또한 유지하고 있는 드문 사회학자 중 한 명이다. 또한 깊이가 있는 문장은 반드시 읽기 어려운 문장일 것이라는 우리의 추측을 빗나가게 만드는 문장력 있는 학자이기도 하다.

문장의 스타일은 좋은데 깊이에서 아쉬움을 느끼고, 깊이 있다고 평가는 받는데 이해 불가능한 문장으로 가득 찬 사상가의 책으로 인한 피로감에 지친 사람이라면 바우만의 책을 손에 쥐면 좋다. 바우만은 사유의 깊이와 문장의 유려함을 모두 느낄 수 있는 독서의 즐거움을 우리에게 선물한다. 바우만은 '유동성'이라는 문제틀로 우리가 살고 있는 시대를 관찰하는 책들을 연달아 선보였는데, 『모두스 비벤디』는 '불확실성'이 지배하는 '지금', 유동하는 자본이 만들어 낸 '잉여 인간 human surplus'에 대한 보고서이다.

성숙

이마누엘 칸트(Immanuel Kant, 1724~1804)와 『칸트의 교육학 강의』(철학과현실사, 2007)

칸트는 계몽주의 시대를 대표하는 철학자 중 한 명으로 1724년에 현재는 러시아 땅인 당시 프로이센의 쾨니히스베르크에서 태어났다. '자기주도학습'이니 'PBL'과 같은 온갖 교육공학적 용어들이 지배하고, 일류대학을 갔다는 이유만으로도 '공부의 신'이라 불리는 가벼운 세상에서 철학자의 교육학 강의는 왠지 낯설다. 게다가 『순수이성비판』, 『실천이성비판』, 『판단력비판』이라는 철학 3부작으로 유명한 칸트가 교육에 관한 책을 썼다니 더더욱 신기하게만 느껴진다.

칸트는 1770년 쾨니히스베르크대학의 논리학 담당 교수직을 얻었는데, 당시 철학부 소속 교수들은 교육에 관한 강의를 의무적으로 개설해야 했다. 칸트는 1776년, 1780년, 1783년, 1786년 네 차례에 걸쳐 교육에 관한 강의를 열었고, 이 강의용 대본이 1803년 책으로 출간되면서 우리에게 『칸트의 교육학 강의』로 알려지게 되었다. 칸트가 이 책에서 펼치는 교육에 관한 견해는 후에 그가 쓴 중요 저작 속에도 살아 숨 쉬고 있다. 『칸트의 교육학 강의』는 신임 교수였던 칸트가 자신이 생각하는 이상적인 교육에 대한 비전과 더불어 필생의 연구의 밑그림을 담고 있는 연구계획서인 셈이다.

클라이브 해밀턴(Clive Hamilton, 1953~)과 『성장숭배』(바오, 2011)
|
호주의 경제학자인 해밀턴은 성장 이데올로기에 대한 치밀한 비판을 꾸준히 제기하고 있는 실천적 지식인이다. 『성장숭배』의 메시지는 분명하다. 경제성장이 정부의 핵심 목표라는 믿음에 대한 도전이다. 해밀턴의 주장은 성장이 숭배의 단계를 넘어 건국신화이자 사회적 유전자로 굳은 한국 사회에 충격적인 메시지이다. 하지만 성장에 대한 오래된 신앙과 잠시 거리를 두고 우리의 삶을 되돌아보면 고개를 끄덕일 수밖에 없는 설득력 있는 주장들이 『성장숭배』에는 가득하다.

월급이 오른다고 꼭 행복해지는 건 아니다. 월급이 오르면 행복해질 거라고 막연히 기대하지만, 막상 월급이 오른 후 소비주의에 의해 기대했던 행복이 실망으로 바뀌는 경험은 누구에게나 있다. "사람들은 경제성장이 만족을 줄 거라고 믿었지만 전혀 그렇지가 않다. 오히려 만족을 주던 많은 것들이 경제성장으로 인해 파괴되고 있다. 경제성장과 더불어 허황된 소비지상주의는 갈수록 심해지고, 자연환경은 악화되고 있다. 또 사회적 유대도 취약해지고 있을 뿐 아니라, 사람들의 품성마저 야금야금 병들고 있다."[18] 그래도 성장이 여전히 행복을 가져다주리라 굳게 믿고 있다면, 『성장숭배』를 끝까지 읽어 보면 생각이 바뀌게 될지도 모른다.

죽음

수전 손택(Susan Sontag, 1933~2004)과 『타인의 고통』(이후, 2004)
|
양성평등이 더디게 나타나는 영역을 꼽으라면, 인문학과 사회과학을 빼놓을 수 없을 정도로 우리가 알고 있는 거의 모든 철학자와 사회 이론가들은 남성이다. 이렇게 남성 지배적인 세계 속에서 자기만의 독특한 세계를 구축하는 데 성공한 여

성학자를 찾는다면, 수전 손택이 아마도 첫 번째로 꼽을 수 있을 정도로 널리 알려졌고 많이 읽히는 이론가이다.

손택의 명성은 손택만의 유명한 문체 때문이기도 하다. 우리 시대 이름 있는 이론가들의 책이 난해한 문체와 우물거리며 제자리를 맴도는 듯한 개념의 나르시스적 유희로 인해 정작 이론가의 명망만 소비되지 내용은 읽히지 않는 것과 달리, 손택의 책은 이론가로서의 명망뿐만 아니라 실제로도 읽힐 수 있는 문체로 구성되어 있다.

미국인들을 제외한 세계의 모든 나라 사람들이 미국을 미워하는데, 정작 미국인들만 왜 다른 나라 사람들이 자신을 미워하는지 모른다고 한다. 미국인들은 타인의 고통을 미디어로 소비한다. 그리고 미국의 고통은 미디어로 재현되지 않는다. 그런 환경에 둘러싸여 있는 미국인들에게 미국은 타인의 고통을 미디어로 소비하는 안전한 국가이고, 미국이 아닌 다른 나라는 고통의 현장이다. 『타인의 고통』은 미디어 비평인 듯 보이지만, 미국인들의 미국 중심주의라는 상식의 기원에 대한 탐색을 담고 있다.

노베르트 엘리아스와 『죽어가는 자의 고독』(문학동네, 1998)
에드워드 사이드(Edward Wadie Said, 1935~2003)와 『말년의 양식에 관하여』(마티, 2008)

『죽어가는 자의 고독』은 엘리아스의 말년 저작에 속한다. 현대 사회에 나타나는 죽음의 배제 경향에 대한 비판이 『죽어가는 자의 고독』을 관통하는 핵심적 메시지이다. 우리가 직접적으로 관련된 죽음은 낯선 세계이다. 미디어화된 죽음은 스펙터클로 축적되지만, 개인이 목격하거나 관여하는 죽음은 사회적 배제의 대상이다. 『죽어가는 자의 고독』은 배제되고 있는 죽음을 다시 성찰의 대상으로 복귀시킨다. 죽음은 누구도 피해갈 수 없는 과정이기에. 그래서 죽음에 대한 성찰은 불가피하기에.

『말년의 양식에 관하여』의 저자는 에드워드 사이드이지만, 이 책의 숨은 주인공들은 인생의 황혼기에 특별한 업적을 남긴 예술가들이다. 베토벤과 쇤베르크의 위대함이 말년에 있다는 아도르노의 성찰에서 영향을 받은 사이드는 자신의 말년을 준비하려는 듯 예술가들의 '말년성Lateness'을 탐구했다. 이 책에서 우리는 작곡가 슈트라우스와 모차르트, 작가 장 주네와 프루스트, 토마스 만과 그의 소설 『베네치아에서의 죽음』을 영화로 남긴 영화감독 비스콘티의 말년을 만날 수 있다.

| 주 |

| 프롤로그 |

1 에르빈 슈뢰딩거, 김태희 옮김, 『물리학자의 철학적 세계관』, 필로소픽, 2013, 42~61쪽.

| 1부 세속이라는 리얼리티 |

1 안토니오 그람시, 이상훈 옮김, 『그람시의 옥중수고 2』, 거름, 1993, 283쪽.
2 앞의 책, 170쪽.
3 1932년 4월 25일, 타니아에게 보내는 그람시의 편지(안토니오 그람시, 양희정 옮김, 『감옥에서 보낸 편지』, 민음사, 2000, 316~317쪽).
4 소스타인 베블런, 김성균 옮김, 『유한계급론』, 우물이있는집, 2005, 49쪽.
5 앞의 책, 102쪽.
6 나카무라 우사기, 안수경 옮김, 『나는 명품이 좋다』, 사과나무, 2002, 18~19쪽.
7 앞의 책, 59쪽.
8 조지 리처, 김종덕 옮김, 『맥도날드 그리고 맥도날드화』, 시유시, 2003, 24쪽.
9 앞의 책, 46쪽.
10 앞의 책, 171~172쪽.
11 앞의 책, 24쪽.
12 앞의 책, 247~248쪽.
13 구스타브 르 봉, 차예진 옮김, 『군중심리』, W미디어, 2008, 22쪽.
14 앞의 책, 25~26쪽.

15 가브리엘 타르드, 이상률 옮김, 『여론과 군중』, 지도리, 2012, 25쪽.
16 앞의 책, 16~17쪽.
17 위르겐 하버마스, 한승완 옮김, 『공론장의 구조변동』, 나남, 2001, 145~146쪽.
18 앞의 책, 31~32쪽.
19 노엄 촘스키·에드워드 허먼, 정경옥 옮김, 『여론조작』, 에코리브르, 2006, 76쪽.
20 발터 벤야민, 최성만 옮김, 「역사의 개념에 대하여」, 『발터 벤야민 선집 5』, 길, 2008, 334쪽.
21 앞의 글, 339쪽.
22 앞의 글, 332쪽.
23 서경식, 이목 옮김, 『사라지지 않는 사람들』, 돌베개, 2007, 331~332쪽.
24 울리히 벡, 홍성태 옮김, 『위험사회』, 새물결, 1997, 52쪽.
25 앞의 책, 123쪽.
26 앞의 책, 288쪽.
27 필 주커먼, 김승욱 옮김, 『신 없는 사회』, 마음산책, 2012, 253쪽.
28 앞의 책, 169쪽.
29 앞의 책, 31~32쪽.
30 발터 벤야민, 최성만 옮김, 「종교로서의 자본주의」, 『발터 벤야민 선집 5』, 길, 2008, 125쪽.
31 앞의 글, 121~122쪽.
32 필 주커먼, 앞의 책, 63~64쪽.

| 2부 삶의 평범성에 대하여 |

1 경향신문 특별취재팀, 『어디 사세요?』, 사계절출판사, 2010, 28쪽.
2 앞의 책, 30~31쪽.
3 새뮤얼 스마일즈, 공병호 옮김, 『새뮤얼 스마일즈의 자조론』, 비즈니스북스, 2006, 132쪽.
4 앞의 책, 132~133쪽.

5 요한 하위징아, 이종인 옮김, 『호모 루덴스』, 연암서가, 2010, 41쪽.
6 노베르트 엘리아스, 박미애 옮김, 『문명화 과정 1』, 한길사, 1996, 176쪽.
7 앞의 책, 227쪽.
8 앞의 책, 200쪽.
9 장 보드리야르, 이상률 옮김, 『소비의 사회』, 문예출판사, 1992, 144쪽.
10 앞의 책, 144쪽.
11 로렌스 스턴, 홍경숙 옮김, 『트리스트럼 샌디 2』, 문학과지성사, 2001, 143쪽.
12 앞의 책, 351쪽.
13 빌헬름 라이히, 황선길 옮김, 『파시즘의 대중심리』, 그린비, 2006, 163쪽.
14 빌헬름 라이히, 윤수종 옮김, 『성혁명』, 새길, 2000, 146쪽.
15 에리히 프롬, 황문수 옮김, 『사랑의 기술』, 문예출판사, 2006, 77쪽.
16 앞의 책, 78쪽.
17 전인권, 『남자의 탄생』, 푸른숲, 2003, 293쪽.
18 앞의 책, 141~142쪽.
19 주디스 버틀러, 조현준 옮김, 『젠더 트러블』, 문학동네, 2008, 95쪽.
20 에밀 뒤르켐, 황보종우 옮김, 『자살론』, 청아출판사, 2008, 33쪽.
21 앞의 책, 413쪽.
22 자살률 출처: 박형민, 『자살, 차악의 선택』, 이학사, 2010, 411쪽 및 경찰청, 『경찰통계연보』, 각 연도(사이버 경찰청 홈페이지 www.police.go.kr); 경제성장률 출처: 나라지표 중 국내총생산 및 경제성장률(www.index.go.kr).
23 에밀 뒤르켐, 앞의 책, 361쪽.
24 앞의 책, 257쪽.
25 *OECD Factbook* 2013(www.oecd-library.org)

| 3부 좋은 삶을 위한 공격과 방어의 기술 |

1 칼 마르크스, 「임금노동과 자본」, 『칼 맑스 프리드리히 엥겔스 저작선집 1』, 박종철출판사, 1991, 548쪽.

2　프리드리히 엥겔스, 「잉글랜드 노동계급의 처지」, 『칼 맑스 프리드리히 엥겔스 저작선집 1』, 박종철출판사, 1991, 134쪽.
3　칼 마르크스, 앞의 글, 549쪽.
4　앞의 글, 548쪽.
5　앞의 글, 546쪽.
6　칼 마르크스, 김수행 옮김, 『자본론』 1권 상, 비봉출판사, 1989, 338쪽.
7　조영래, 『전태일 평전』, 아름다운전태일, 2009, 108~109쪽.
8　폴 라파르그, 조형준 옮김, 『게으를 수 있는 권리』, 새물결, 2005, 80~81쪽.
9　앞의 책, 67~68쪽.
10　앞의 책, 81쪽.
11　앞의 책, 95쪽.
12　악셀 호네트, 문성훈·이현재 옮김, 『인정투쟁』, 사월의책, 2011, 302~303쪽.
13　테오도르 아도르노, 김유동 옮김, 『미니마 모랄리아』, 길, 2005, 31쪽.
14　앞의 책, 182쪽.
15　작가선언 6·9, 『지금 내리실 역은 용산참사역입니다』, 실천문학사, 2009, 285쪽.
16　프란츠 카프카, 이재황 옮김, 『아버지에게 드리는 편지』, 문학과지성사, 1999, 32~33쪽.
17　앞의 책, 39~40쪽.
18　강상중, 오근영 옮김, 『어머니』, 사계절출판사, 2011, 13쪽.
19　앞의 책, 233쪽.
20　나카무라 요시후미, 정영희 옮김, 『집을 생각한다』, 다빈치, 2008, 7쪽.
21　앞의 책, 8쪽.
22　지그문트 바우만, 한상석 옮김, 『모두스 비벤디』, 후마니타스, 2010, 76쪽.
23　이마누엘 칸트, 조관성 옮김, 『칸트의 교육학 강의』, 철학과현실사, 2007, 33쪽.
24　앞의 책, 39쪽.
25　클라이브 해밀턴, 김홍식 옮김, 『성장숭배』, 바오, 2011, 33쪽.
26　수전 손택, 이재원 옮김, 『타인의 고통』, 이후, 2004, 39쪽.
27　노베르트 엘리아스, 김수정 옮김, 『죽어가는 자의 고독』, 문학동네, 1998, 42~44쪽.
28　에드워드 사이드, 장호연 옮김, 『말년의 양식에 관하여』, 마티, 2008, 47쪽.

29 앞의 책, 47쪽.

| 키워드로 책 읽기 |

1 에드거 앨런 포, 홍성영 옮김, 「군중 속의 남자」, 『우울과 몽상』, 하늘연못, 2002, 591쪽.
2 앞의 책, 592쪽.
3 Charles Baudelaire, *The Painter of Modern Life*, Arts and Letters, 1964, 9쪽. 『현대적 삶의 화가』는 『보들레르의 수첩』에 일부 발췌되어 한국어로 번역되어 있기도 하다. 샤를 보들레르, 이건수 옮김, 『보들레르의 수첩』, 문학과지성사, 2011.
4 서경식, 이목 옮김, 『사라지지 않는 사람들』, 돌베개, 2007, 332쪽.
5 새뮤얼 스마일즈, 공병호 옮김, 『새뮤얼 스마일즈의 자조론』, 비즈니스북스, 2006.
6 새뮤얼 스마일즈, 장만기 옮김, 『완역 자조론 인격론』, 동서문화사, 2006, 810~811쪽.
7 미하일 바흐친, 이덕영·최건형 옮김, 『프랑수아 라블레의 작품과 중세 및 르네상스의 민중문화』, 아카넷, 2001.
8 노베르트 엘리아스, 박미애 옮김, 『문명화 과정 1』, 한길사, 1996, 59쪽.
9 앞의 책, 45쪽.
10 피에르 부르디외, 최종철 옮김, 『구별짓기 상』, 새물결, 1995, 21~22쪽.
11 빌헬름 라이히, 윤수종 옮김, 『성혁명』, 새길, 2000, 24쪽.
12 C. 라이트 밀스, 강희경·이해찬 옮김, 『사회학적 상상력』, 돌베개, 2004, 271쪽.
13 프리드리히 엥겔스, 「잉글랜드 노동계급의 처지」, 『칼 맑스 프리드리히 엥겔스 저작선집 1』, 박종철출판사, 1991, 127~128쪽.
14 앙드레 고르, 임희근·정혜용 옮김, 『에콜로지카』, 생각의나무, 2008.
15 브루스 액커만·앤 알스콧·필리페 반 빠레이스 외, 너른복지연구모임 옮김, 『분배의 재구성』, 나눔의집, 2010; 최광은, 『모두에게 기본소득을』, 박종철출판사, 2011.
16 악셀 호네트, 문성훈·이현재 옮김, 『인정투쟁』, 사월의책, 2011, 253쪽.
17 앞의 책, 253~254쪽.
18 클라이브 해밀턴, 김홍식 옮김, 『성장숭배』, 바오, 2011, 21쪽.